● 罗马雕像

前言

吃喝玩乐在罗马

“从传说的前753年建城之日起，罗马就同人类的历史紧密相连。它曾是统治地中海世界5个世纪之久的帝国的首都，后来又成为基督教世界的首都，今天仍然履行着这些重要的宗教和政治功能。”——这是世界遗产委员会把罗马历史中心区列入《世界遗产名录》的理由。

罗马，是意大利的政治、历史、文化和交通中心，同时也是古罗马和世界灿烂文化的发祥地，已有2500余年历史。它是一座艺术宝库、文化名城，是罗马天主教廷所在地，也是意大利占地面积最广、人口最多的城市，更是世界最著名的游览地之一。选择在罗马旅游，的确有着众多的理由。

罗马，这个曾经辉煌一时的古罗马帝国的文化中心，它的饮食文化自然也不可小觑。在这里，你可以品尝种类繁多的意大利面、色彩鲜艳的意大利比萨、融入鱼肉的各种菜式和料理，以及红极一时的美味的罗马式冰激凌、具有罗马特色的葡萄酒……

来到罗马，你会看到饱含历史沧桑的古迹遗址——见证帝王家族追逐血腥场景的斗兽场、有着“露天博物馆”之称的古罗马市场、被米开朗琪罗誉为“天使的设计”的万神殿；你会看到充满浪漫故事的巨大广场——浪漫休闲的避暑胜地西班牙广场、参照东方风格设计的罗马最大广场图拉真广场、堪称罗马最美广场的纳沃纳广场；你会看到马赛克艺术完美呈现的大教堂——罗马艺术与建筑收藏馆人民圣母堂、清楚呈现丰富的罗马历史资料和文化资源的圣克莱门特教堂、有着“所有教堂之母”之称的圣约翰教堂；你会看到神秘莫测无限惊险的地下古迹——罗马最大的地下墓穴系统多米提拉地下墓穴、埋葬着罗马最高贵的女儿的墓穴圣卡利斯托地下墓穴、古罗马最主要的囚禁犯人之所马梅尔定监

CITS 中国国旅

旅游书架

给力呈献

最新超值版

全罗马吃喝玩乐情报书

《玩乐疯》编辑部 编著

中国铁道出版社
CHINA RAILWAY PUBLISHING HOUSE

图书在版编目(CIP)数据

全罗马吃喝玩乐情报书/《玩乐疯》编辑部编著.—北京：中国铁道出版社，2011.12

(玩乐疯)

ISBN 978-7-113-13704-5

Ⅰ.①全… Ⅱ.①玩… Ⅲ.①旅游指南—罗马 Ⅳ.①K954.69

中国版本图书馆CIP数据核字（2011）第205191号

书　　名：全罗马吃喝玩乐情报书
作　　者：《玩乐疯》编辑部 编著

策划编辑：聂浩智
责任编辑：凌遵斌
版式设计：缪利军 仝莎莎
责任印制：郭向伟

出版发行：中国铁道出版社（北京市西城区右安门西街8号　邮码：100054）
印　　刷：北京精彩雅恒印刷有限公司
版　　次：2012年1月第1版　2012年1月第1次印刷
开　　本：889 mm×1194 mm　1/24　印张：10　字数：270千字
书　　号：ISBN 978-7-113-13704-5
定　　价：36.80元

狱；你会看到空前完美与奢华的宫殿别墅——罗马有史以来最大、最奢华的宫殿尼禄金殿、最具文艺复兴时期风格的建筑法尔内塞宫、有着意大利最佳埃特鲁斯坎收藏的朱利亚别墅；你会看到美丽灵动的、或大或小的喷泉——罗马最大的也是知名度最高的特雷维喷泉、有着浪漫传奇色彩的乌龟喷泉、宏伟巨大的喷泉仙女喷泉……

罗马，当然更不乏休闲娱乐的地方。你可以去各大商场和购物街淘宝，罗马的“第五大道”唐多提路、罗马中轴线上的柯索大道、最有名的精品购物大街孔多蒂街都是极好的购物地；你可以去温泉中心做一个SPA，去高尔夫球馆打打高尔夫，去艺术展馆和博物馆看看艺术作品和藏品，去罗马大剧院欣赏罗马歌剧与音乐；你可以去罗马的电影院看看电影，去体育场看看球赛，感受现场音乐的魅力和活力，你还可以端着一杯浓浓的咖啡，坐在罗马古老的大街上看看见证罗马沧桑的建筑以及街头巷尾穿梭在人群中的异国美女……

2000多年历史造就的罗马，背负着“永恒之城”的盛名，但并没有被永恒的规矩所制约。所以才有了万神殿前咖啡厅的火爆，所以才有了四河广场上艺术家们的从容表演，所以才有了街边墙壁上的随意涂鸦，所以才有了节假日找不到营业餐馆的尴尬……

罗马，有太多让你无法回避的魅力，也有太多扣人心弦的故事，吸引着你，一步一步地走进罗马，揭开罗马美丽而神圣的面纱。

《全罗马吃喝玩乐情报书》以独特的视角，制定、解析了罗马旅行的各种TOP榜单，涵盖了罗马旅游景点、特色餐厅、购物场所及娱乐场所等有关吃、喝、玩、乐、住、行、娱的制霸情报，还详细介绍了罗马的基本情况以及去罗马旅游该作什么样的准备：比如怎样办理签证、住在哪里等。其中还详细列举了一些罗马旅游的常用语，大体能保证你的罗马之行没有太多的语言障碍。参考本书情报，你可以毫不费力地制订出你的出游计划，我们也希望通过这本书的编写，为那些向往到罗马游玩的背包客、旅游族提供便利，使之更加全面和清晰地走进罗马这座“永恒之城”。

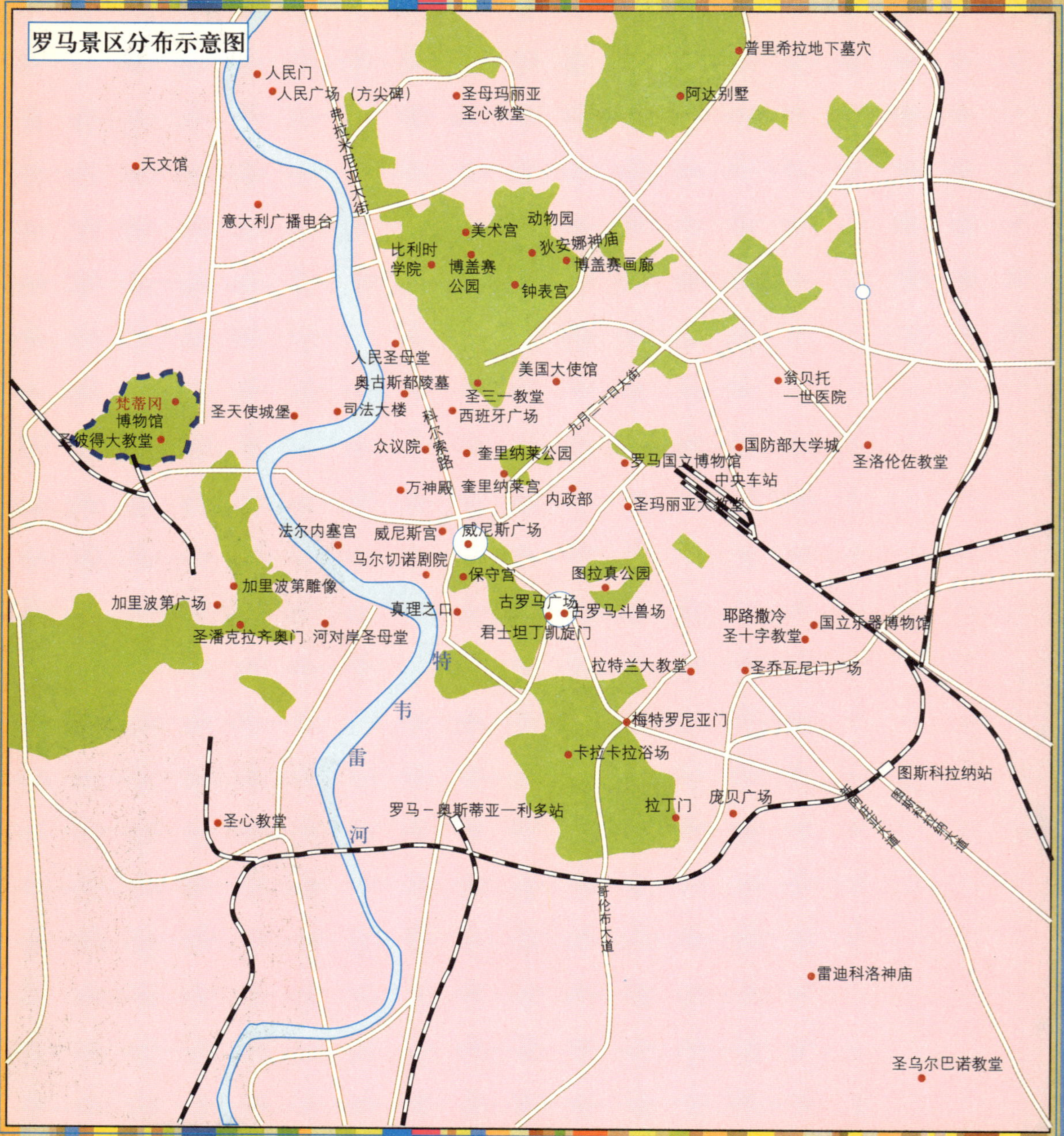
罗马景区分布示意图
人民门
人民广场（方尖碑）
圣母玛丽亚
圣心教堂
普里希拉地下墓穴
阿达别墅
天文馆
弗拉米尼亚大街
意大利广播电台
美术宫
动物园
比利时
学院
博盖赛
公园
狄安娜神庙
博盖赛画廊
钟表宫
人民圣母堂
奥古斯都陵墓
美国大使馆
圣三一教堂
西班牙广场
九月二十日大街
翁贝托
一世医院
梵蒂冈
博物馆
圣彼得大教堂
圣天使城堡
司法大楼
科尔索路
众议院
奎里纳莱公园
国防部大学城
圣洛伦佐教堂
罗马国立博物馆
中央车站
万神殿
奎里纳莱宫
内政部
圣玛丽亚大教堂
法尔内塞宫
威尼斯宫
威尼斯广场
马尔切诺剧院
保守宫
图拉真公园
加里波第雕像
加里波第广场
古罗马广场
古罗马斗兽场
真理之口
君士坦丁凯旋门
耶路撒冷
圣十字教堂
国立乐器博物馆
圣潘克拉齐奥门
河对岸圣母堂
特
韦
雷
河
拉特兰大教堂
圣乔瓦尼门广场
梅特罗尼亚门
卡拉卡拉浴场
图斯科拉纳站
圣心教堂
罗马－奥斯蒂亚－利多站
拉丁门
庞贝广场
哥伦布大道
雷迪科洛神庙
圣乌尔巴诺教堂

目录

导读

A.制霸！我的罗马旅游计划书

B.给力！罗马旅行TOP榜

目录

PART 2 罗马美食情报

PART 3 罗马淘宝情报

目录

PART 6 罗马旅游情报

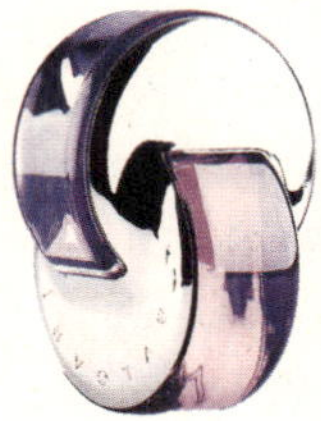

目录

PART 7 玩转罗马全攻略

●图拉真柱

I ♥ ROME

导读

制霸！我的罗马旅游计划书

给力！罗马旅行TOP榜

制霸！我的罗马旅游计划书

I ♥ ROME

5天经典游

DAY 1 第一天 在“永恒之城”领略纳沃纳广场之美

踏入“永恒之城”的第一天，收拾完一切后，便开始了罗马的游览之旅。第一站是位于罗马中心地带的纳沃纳广场区，这里遍布着贝尔尼尼和伯洛密尼两位建筑大师的经典杰作，游客将在这欣赏到最具代表性的巴洛克式罗马建筑风格。

首先是参观纳沃纳广场，在这座漂亮的行人专用广场上，到处点缀着喷泉。漫步在古旧的广场内体会着罗马2000多年的历史韵味，一定很有感觉。游览过广场中央的四河喷泉后，还可以去附近的和平圣母教堂以及弗兰切西的圣路易吉教堂，感受这座宗教气息极为浓厚的城市带给我们的震撼。

DAY 2 第二天 从万神殿到西班牙广场

行程第二天，可以踏上连诗人拜伦都要努力寻找字眼表达其神奇的万神殿。我们知道，拜伦给出万神殿最后的评价是：简单、直立、朴素、

庄严、高贵。不知道当你踏上这块神奇的土地时心底是何感想。游览过万神殿，再寻觅那道高雅奇特的也是最受喜爱的洛可可风格纪念物——西班牙广场台阶。登上西班牙广场，你一定感受不到旅途的劳累，这里给你的感觉只会是震撼和喜爱。

DAY 3 第三天 从花之田野广场到卡皮托利尼

从花之田野广场到卡皮托利尼这片区域刚好构成了一个楔形地区。据说，这很有可能是凯撒大帝遇刺的地方。行程第三天来这里绝对不虚此行。从中世纪开始，花之田野广场就是罗马最有活力的地方，不管是王公贵族还是虔诚的朝圣者都在此活动。但在另一个层面上，这里也存在着最黑暗的一面，因为支持并宣扬哥白尼的“日心说”，哲学家吉欧达诺·布鲁诺在此被执行死刑。在这块楔形区域内还有大阿根廷塔、乌龟喷泉等特色建筑，十分值得一看。晚上还可以登上帝国大厦，欣赏一下都市的夜景。22：00去的话，排队大概需要半个小时。

DAY 4 第四天 游览河对岸区，进入“国中之国”

行程第四天，要游览的肯定就是期待已久的“国中之国”梵蒂冈了。首先，要先去位于罗马的河对岸区。这里以前多是劳工阶级的犹太人的居所，而现在则到处林立着酒吧、夜店，想感受异国夜店风情的游客一定不能错过。经过罗马最大的广场“圣彼得广场”后就能进入梵蒂冈，欣赏全世界第一大教堂“圣彼得大教堂”的雄姿了。这里不仅是罗马基督教的中心教堂，还是欧洲天主教徒的朝圣地与梵蒂冈罗马教皇的教廷，意义非凡。位于圣彼得大教堂北边的普拉蒂开发于19世纪，是罗马最地道的中产阶级非观光区，有兴趣的朋友也别忘了来这里。

DAY5 第五天 探访古罗马

说起罗马，最先钻入你脑子里的可能便是那著名的古罗马斗兽场了，临别罗马，最后一天的行程就是这里。罗马斗兽场又被叫做竞技场，在古罗马时代，这里展示了帝王家族对血腥场面的追求。站在斗兽场，仿佛还能从这些古迹中感觉当年这里的疯狂与悲凉。古罗马地区除了斗兽场之外，还有享誉全球的帝国广场、古罗马市场和帕丁山以及卡拉卡拉浴场，最后一天的行程，就忘记困乏，好好欣赏其中的胜景吧。

3天精华游

DAY1 第一天 领略古罗马建筑的代表作——古罗马斗兽场

古罗马斗兽场遗址位于意大利首都罗马市中心，它在威尼斯广场的南面，古罗马市场附近。从外观上看，它呈正圆形；俯瞰时，却是椭圆形的。它的占地面积约为2万平方米，大直径为188米，小直径为156米，圆周长527米，围墙高57米，可以容纳近9万名观众，被称作是罗马建筑史上的奇迹。游览过罗马斗兽场，还可以去欣赏雄伟无比的图拉真广场，它所拥有的高贵气质无不震撼着到访的每一位游人，如果时间充足，君士坦丁凯旋门、图拉真集市都是很好的观光场所。

DAY2 第二天 欣赏“国中之国”梵蒂冈的精彩

梵蒂冈是世界上最小的主权国家，也是世界上人口最少的国家。它位于意大利首都罗马城西北角的梵蒂冈高地上，四面都与意大利接壤，所以被称之为“国中之国”。其领土包括圣彼得广场、圣彼得大教堂、梵蒂冈宫和梵蒂冈博物馆等。国土大致呈三角形，除位于城东南的圣彼得广场外，国界以梵蒂冈古城墙为标志。梵蒂冈是个神权国家，这里没有田野，没有农业，没有工业，没有矿产资源，有的只是让人流连忘返的景点和文化。来到罗马，“国中之国”的“梵蒂冈”是必不可缺的一站。

DAY 3 第三天 品味罗马生活

罗马旅行的最后一天，就不要特意去某个景点了，在罗马，即使你就只坐在路边台阶，只是简单地四处走走，都是一种很美的享受。找一家当地人喜欢去的特色餐馆，品尝一下正宗的罗马美食，还有冰激凌。然后再去著名的康多提路或柯索大道，欣赏一下品牌时尚店和路边雅致的小商品屋，大肆采购一番，岂不美哉?

● 罗马市内喷泉

给力！罗马旅行TOP榜

1 罗马10大旅游景点

TOP 1 罗马斗兽场

这座公元前80年建成的圆形斗兽场（Colosseo）堪称公共建筑的楷模。在这里可以见到古罗马建筑最基本和最伟大的拱券结构。一系列的拱、券和恰当安排的椭圆形建筑构件使整座建筑极为坚固。当时的建筑就是依靠这种高水平的结构形式，使内部空间得以解放。斗兽场设计了宽敞的阶梯和走廊，并拥有80个拱门，每一个拱门的入口处都标有数字，方便让观众很快地找到自己的座位，周到精密的设计可以让5万人于10分钟内进入剧场内坐定。这样的设计即使在今天也算是很先进的。斗兽场的功能性设计也非常合理，角斗士从何处出入，在哪里休息，猛兽关在哪里，死伤者从何处抬出，都有清晰的分布。“何时有Colosseo，何时就有罗马，当Colosseo倒塌之时，也是罗马灭亡之日。”由此可以看出罗马斗兽场之于罗马是何等的重要，游罗马，一定不能错过这里。

TOP 2 万神殿

万神殿于前27年为庆祝奥古斯都大帝的胜利而兴建，后来在120年哈德连大帝时代增建了圆顶建筑，被米开朗琪罗赞叹为“天使的设计”。

万神殿Pantheon的Pan是指全部，Theon是神的意思，指供奉罗马全部的神。由于608年它被献给教会作为圣母的祭堂，所以在中世纪消灭罗马异教痕迹的清洗行动中逃过一劫，成为罗马时代独创的建筑物中保存最好的。现在的万神殿是为意大利带来荣耀的艺术家拉斐尔和为意大利统一作出了贡献的埃马努埃莱二世、温贝尔特一世等人的陵墓。

TOP 3 西班牙广场

西班牙广场的大台阶是巴洛克建筑大师贝尼尼的杰作。“圣三位一体” 教堂居高临下地俯视着台阶上的芸芸众生，台阶下的“破船喷泉”前面总是有人在弹吉他或拍照，也有口渴的游客掬水畅饮。这座喷泉是贝尼尼的父亲彼得罗•贝尼尼的作品。

西班牙广场一带曾经是瓦格纳、李斯特、勃朗宁等大文豪和艺术家的居住地。西班牙台阶右边还保存有英国著名作家济慈的家，现在是济慈和雪莱纪念馆。这是文学爱好者必去参观的地方。

TOP 4 古罗马广场

现在的古罗马广场看上去更像是一个众多建筑废墟的集散地，但是，从这些废墟中我们依然可以想象出当时在罗马帝国时期这一带的人们生活时的场景。在这些遗迹中，很多建筑都来自不同的时期。根据遗迹，可以看出这里曾经有3座凯旋门以及地区元老院、撒旦神殿、外斯塔神庙、维斯太贞女故居、罗穆卢斯神庙、维纳斯罗马神庙等。

对于喜欢西方历史的人而言，古罗马广场无疑为一处圣地，这占地极广的古罗马广场，重现了古罗马的风貌。据说现今出土的遗迹只是冰山一角，还有绝大半部分仍深埋于土中。

TOP 5 君士坦丁凯旋门

君士坦丁凯旋门建于315年，是为了纪念君士坦丁大帝击败马克森提皇帝统一罗马帝国而建的。凯旋门上方的浮雕板是当时从罗马其他建筑上直接取来的，主要内容为安东尼、哈德连等历代皇帝的生平业绩，下方则是君士坦丁大帝的战斗场景。所以，君士坦丁凯旋门虽然是罗马3座凯旋门中建造最晚的一座，但仍然可以看出早期罗马艺术的影子，而且保存比较完好，值得一看。

TOP 6 特雷维喷泉

特雷维喷泉别称“少女喷泉”，但它最著名的称号还是“许愿泉”。据说，背对着喷泉、从肩上投出1枚硬币，如果能投进水中，就能梦想成真。许多游人排着队来到泉边，背对着泉池，把硬币抛进水里，许下今生能够重返罗马的愿望。

喷泉是15世纪修建的阿格利帕水道的水源所在地。“特雷维”是三岔路口的意思，前面有3条道路延伸出去。喷泉的主雕塑为海神尼普顿。喷泉背后是雄伟的宫殿，设计师萨维巧妙地借景，使喷泉与宫殿雕塑融为一体，更显壮观。宫殿墙面上的浮雕讲述着喷泉的来历：传说一位少女指示了泉眼所在的位置，阿格利帕按照她的指示找到泉水，修建了水道，这就是“少女喷泉”这个名字的由来。

TOP 7 罗马国家博物馆

罗马国家博物馆建于1899年，是世界上最重要的古典艺术博物馆之一。博物馆收藏了自1870年起在罗马发现的大多数古代遗物，以及一些重要的收藏品。博物馆的展品大多是个人收藏的艺术品，由意大利政府购买后置于此地，供人参观、研究。现在国家博物馆被分为5个馆，其中的本馆是利用蒂奥库勒兹阿诺公共浴场废墟改建的，与罗马中央火车站隔1个广场遥遥相对。建于4世纪的蒂奥库勒兹阿诺浴场是古罗马最大的浴场，这里不仅可以看到古罗马人生活的真实场景，更有许多脍炙人口的杰作展出，其中包括米开朗琪罗的《长廊》、《奥古斯都大帝像》、朗切罗蒂的《掷铁饼者》等。

TOP 8 威尼斯广场

位于罗马市中心的威尼斯广场是罗马最大的广场。它呈长方形，原先是巴士、出租车和观光马车等交通工具的聚集地，全市的交通中枢地带。从1980年下半年起，罗马市政府对它进行了整顿，使之更加美丽壮观。广场的正面是绰号叫“结婚蛋糕”、“打字机”的维克多·埃马努埃莱二世纪念堂，它用白色大理石建造，是一座新古典主义建筑，台阶下2组喷泉寓意深刻；纪念堂右手边的玛契罗剧场大街通往科斯美汀圣母教堂，这个教堂很小、很安静，但里面却有名扬世界的“真理之口”；广场左侧是威尼斯宫，这是一座文艺复兴时期的哥特式建筑，在威尼斯共和国繁荣时期，这里曾经是威尼斯大使馆所在地，因此有了这个名称。而墨索里尼曾经从2楼的阳台向广场上挤满的人群发表了著名的“阳台演说”，现在，这里已经成为汇集意大利文艺复兴时期艺术品的博物馆了。

TOP 9 真理之口

科斯美汀圣母教堂里面有着名扬世界的“真理之口”。这是一块雕刻着海神头像的圆盘，据说把手放在他的嘴里，如果说谎就拔不出来。在《罗马假日》里，就是它吓坏了可爱的公主。其实这是一只古罗马时代的井盖，1632年在教堂外墙边发现的。教堂本身的建筑在6世纪兴建，以柯林特圆柱和拜占廷风格的镶嵌画为装饰，也很值得一看。教堂前还残留着罗马现存最古老的神殿——方特纳神殿的遗迹。

TOP 10 圣天使城堡

圣天使城堡由2世纪时的哈德良皇帝（Hadrian）设计并亲自指挥建造，作为他自己以及其继承者的安息之地。几个世纪过去了，圣天使城堡曾是阻止西哥特人和东哥德人入侵的要塞，而后成为监狱，最后改建成一座华丽的罗马教皇宫殿。6世纪时教皇格里高里一世（Gregory I）在堡顶竖立持剑的大天使雕像，用以对抗当时流行的黑死病，遂有“圣天使城堡”之名。目前，内部有专门收藏从古罗马到现在之武器的博物馆，建筑上层同时也是眺望罗马古市区的绝佳地点。

2 罗马10大知名餐厅

TOP 1 伽奇诺1887

这家Testaccio的顶级餐厅创立于1887年，其经典菜式就是由这家餐厅发明的“炖牛尾”。牛尾用芹菜与西红柿汤炖煮，充分利用了屠宰当天不用的部分。19世纪屠宰场就是用牛尾来抵掉工人部分工资的，随之，这道“炖牛尾”也就在伽奇诺1887（Checchino Dal 1887）应运而生了。据说，这里是罗马酒种最多的餐厅，而且这里还有全市最丰富的意大利与法国奶酪。

TOP 2 阿格塔与罗密欧

这家店的老板叫做罗密欧·卡拉邱，他的妻子是阿格塔·帕丽塞拉，所以夫妻俩的名字也就成为这家店的招牌。店面位于大圣母堂附近，特色是采用自由创意的风格烹制罗马美食，尤其老板娘做的肉、鱼和新鲜蔬菜的创意组合更是极为美味，值得一试。

TOP 3 阿尔贝托西亚拉

这家餐厅以烹调各式海鲜和鱼出名，位于河对岸区。菜品价位相当高，即使一些简单的海鲜也是如此。不过，近年来菜品的品质起起伏伏广受质疑，但好的时候这里的食物确实特别美味。现代化的房间内虽然有种昏暗的压迫感，但仍有不少罗马人流连忘返。

TOP 4 萨巴提尼

萨巴提尼是罗马最著名的餐厅之一，以夸张的方式吸引食客。费德里科·费里尼曾钟爱此地。这里提供最为精致的罗马食物与海鲜，当然，这里的菜品也是贵得惊人。

TOP 5 哈斯勒大酒店楼顶餐馆

哈斯勒大酒店（Hassler Hotel）的楼顶餐馆是个激动人心的地方。在这里客人可以看到罗马的全景。从电梯里走出就进入了一个宽敞的遮有华盖的餐厅，具有19世纪的风格。从1916年以来，这里就为沃斯（Wirth）家族所拥有，西班牙阶梯、圣彼得大教堂都尽收眼底。其中角落里的14号餐桌最受欢迎，当年约翰·肯尼迪最喜欢坐在这儿。这里的食品具有当地的传统特色，特色菜肴是烤全羊，配红酒的炖牛尾等。另外，酒品也是不错的，感兴趣的游客可以尝试一下。

TOP 6 拜伦旅馆

这家餐厅位于罗马的一家高档旅馆内。这里的大厨把传统的意大利菜加以改造，赋予新的创意，使可口的意大利美食变成了精美诱人的艺术品，这也使得这家特色餐厅成为了罗马著名餐厅榜单上不可缺少的一员。

TOP 7 凯撒小馆

这家店于1886年开始营业，尽管地处罗马高价房屋出租区，但现在的价位较之以前仍没有太大的涨幅，价位相当便宜，主营地道的罗马特色美食，像热烤“烫指”小羊肉、炭烤意大利面、罗马式面团等都能在这家店品尝到。

TOP 8 皮沛诺

皮沛诺开张于1856年，至今仍是罗马犹太区最好的犹太餐馆。不过价格也与美味成正比，这里也算是最贵的餐馆。美味的菜肴甚至曾引来电视节目主持人想要偷偷溜进后厨揭示烹调秘诀，虽然这里的服务稍微有些冷淡随性，不过这里的美食，还是吸引了不少食客。

TOP 9 美味

这家餐厅地处当年墨索里尼修建的一栋豪华建筑内，玻璃墙装潢与露天座位可以让你眺望到奥古斯都的陵墓。这里主餐提供创意餐，并另有比萨饼区和供应泰式料理的酒吧。想要在这里就餐，最好先订位子。

TOP 10 佩若尼啤酒屋

这家店创立于1906年，老板是意大利最大的酿酒商。直至今日，仍有不少生意人定期在这家餐馆进行午餐。自助式的点心与绝佳的主菜综合了罗马和日耳曼风味，另外，特色的房屋装饰也是一大亮点。

3 罗马10大购物街区

TOP 1 康多提路

康多提路（Via Condotti）有着罗马最时髦的品牌商店。店里销售着最时髦的商品。这里是追求品牌潮流、前卫奢侈的人们不得不来的地方。无论你是什么身份，这里的店员总会让你感觉自己犹如王公贵族一般。古驰（Gucci）、路易·威登（Louis Vuitton）、乔尔吉奥·阿玛尼（Giorgio Armain）、范思哲等世界名店都聚集在这里。

TOP 2 柯索大道

柯索大道（Via Del Corso）位于罗马的中轴线上。这条大街有各种各样的商店，供应给不同需求的人。其中以音乐商店和年轻人喜爱的时尚小店为主。另外在这条大街上，还有罗马很少见的大型百货公司。

TOP 3 科拉·迪·瑞安佐路

相对于康多提路，这里的商品大多满足于中等消费者的需求，很少有品牌服装店，是游客挑选中等价位衣服的天堂，而且这里还有一家百货公司，里面的各式商品也很不错，价格也不贵。

TOP 4 波哥纽纳路

波哥纽纳路（Via Borgognona）与康多提路平行，与康多提路一样，这里也充斥着引领潮流的前卫品牌服饰和奢侈品。很多世界品牌名店都驻扎在这里，相信一定能满足你的奢华需求。

TOP 5 柯罗纳利路

罗马是个宗教气息非常浓厚的城市，这条街上曾经就以念珠制造业最为出名，以前还是信徒前往圣彼得大教堂朝圣的主要路线。如今柯罗纳利路（Via Dei Coronari）以古董销售为主，不过价位有些夸张。

TOP 6 奥斯维亚诺大街

这条大街位于地铁A线的终点站Ottaviano的左边，消费更趋于平民化，是普通罗马青年人休闲购物的场所。这里每家店铺都给人以亲切感，虽没有品牌时尚店的富丽堂皇，少有的清新雅致反而成了这里吸引人的重要原因。

TOP 7 齐内齐塔多艾大街

这条大街位于地铁A线的Subaugusta站，这里形成了以超市为首，共聚集100多家店铺的大型购物中心。

TOP 8 马尔古塔路

这里开设了很多艺术品、古董与古玩的商店供客人鉴赏、购买。并且在45号与86号还经常有惊人的商品拍卖，这也使得马尔古塔路成为了知名的购物场所。

TOP 9 狮口路

狮口路（Via Bocca Di Leone）与康多提路以及波哥纽纳路相接，也有几家高级品牌商店，但这里最著名的还是一家叫做席拉古萨（Siragusa）的珠宝店，里面出售古缠丝玛瑙印章、雕刻的石头与硬币制作的特殊戒指、手链和项链等。

TOP 10 国家路

国家路（Via Nazionale）有鞋店、服装店、东方地毯店以及国际书店等，足以提供给你一个丰富的、轻松的购物环境。

4 罗马10大娱乐场所

TOP 1 亚历山大普拉兹

亚历山大普拉兹（Alexander Platz）定期会邀请国际一流音乐家到场助兴，是罗马最好的爵士音乐所在地。每到这个时候，这里必定人头攒动、烟雾弥漫。不仅有好音乐，这里还会推出美味食物供客人享用，不过来这之前，一定记得要提前订座。

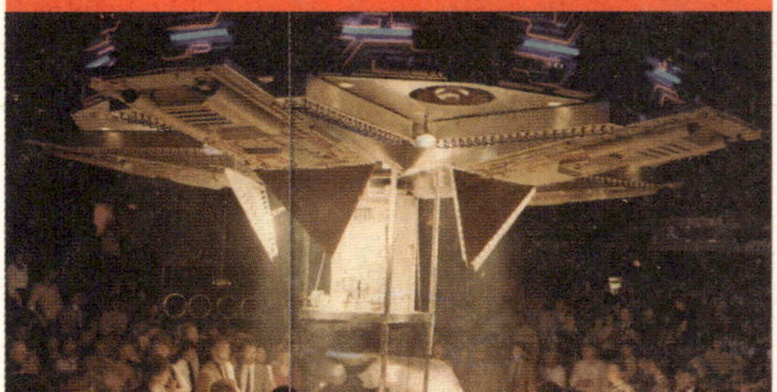

TOP 2 醉船

醉船（Drunken Ship）地处罗马的花之田野广场地区，是罗马夜店聚集地里最闪亮的明星。不仅是罗马本地的俊男靓女，许多国外年轻的游客也把这里当做休闲娱乐的必来之地。店内有主流的摇滚乐，经常能看到外边排起的长队。

TOP 3 Qube

Qube是罗马城里最大的迪斯科舞厅，拥有3层楼面，吸引着追逐时尚的人群。这里常常主办现场表演，每周至少1次卡巴莱之夜，另外通常还在周五推出男同性恋专场。舞厅里面的音乐大多为主流的商业流行音乐。

TOP 4 星尘

星尘（Stardust）是河对岸区公认的最颓废的地方。每晚当班的音乐都极具特色，总会有让你惊喜的节目推出，包括热闹的现场演出。在这里，要等到午夜时分气氛才会到达最高潮，是夜猫子们不能错过的休闲娱乐之地。

TOP 5 Parcodella · Musica音乐馆

罗马拥有浓厚的音乐艺术氛围，不失为一个聆听古典音乐会的好地方。Parcodella ·Musica音乐馆集新颖的建筑与完美的音像于一身，是一个极具现代气派的建筑群。这里经常会举办免费音乐会，尤其是在复活节、圣诞节和新年时分，不过位子往往是先来先得，表演通常都不会令人失望。

TOP 6 Ex－Magazzini

这是一个十分前卫的大型迪斯科舞厅，由一家仓库改装而成，楼下1层总是挤满了随着音乐节奏尽情狂舞的漂亮罗马人。楼上有豪华沙发供精疲力竭的人们小坐，但是要作好排队的准备，另外在这偶尔还能看到现场表演。

TOP 7 强纳森的天使

强纳森的天使（Jonathan’s Angels）的老板叫做强纳森，他曾是一名马戏团表演者，也是一位艺术家。这家店的整体装潢都是出自他的设计，具有巴洛克风格，很值得一看。里面设有钢琴酒吧和歌舞表演供到访者欣赏。

TOP 8 I Locale

城里的名流经常光顾的I Locale是中心地带现场音乐最好的演出地之一。它离时尚的Viadel Goberno Vecchio（纳沃纳广场一带）不远，规模不大，气氛随意，到了周五、周六晚上，人们都会排起长队。进去以后，一定要记得尝一尝这里五彩缤纷的鸡尾酒。

TOP 9 大妈妈

大妈妈（Big Mama）这家店可谓是历史悠久，地处罗马河对岸区。每晚这里会推出不同的爵士、蓝调、节奏蓝调以及世界各地的音乐节目，唯一遗憾的是周五、周六晚上的音乐会只开放给年度会员，我们只能望“大妈妈”兴叹了。

TOP 10 提琴手之肘

提琴手之肘（Fiddler’s Elbow）这家爱尔兰风情的酒馆在罗马也是历史悠久，直到现在都是本地人和外地人特别喜欢的地方。坐在这里悠闲地品着酒，当即兴的小提琴声传来时，绝对是一番惬意的享受。

5 罗马7大教堂

TOP 1 圣克莱蒙特大教堂

长期以来，圣克莱蒙特大教堂（San Clemnete）被认为是12世纪成熟的罗曼式建筑，1857年，道明会圣克莱蒙特修道院院长穆洛利神父在这座建筑的方形会堂下方，发掘出一座4世纪教堂，还有很多古老的罗马建筑，将这座教堂的建筑时间提前到中世纪早期。

教堂真正的完整修建是在12世纪，当时的教堂建筑已经进入了成熟的罗曼式阶段。建筑中的核心部分最下层是一座神秘的光神庙，是当年自波斯传入的一种全男性宗教，教义神秘。教堂内部的装饰极为讲究，主要以精美的镶嵌画为主。在连续拱券和四壁上都绘满了美丽的宗教故事，如十字架凯旋等，色泽艳丽，笔触细腻，都是传世的珍品，光神庙中还有1幅表现光神在祭坛上屠牛情形的浮雕，神态极为生动。

TOP 2 人民圣母堂

人民圣母堂（Santa Maria Del Popolo）之所以有名是因为教堂内存有不少著名雕塑家、画家的作品，如在切拉西（Cerasi）礼拜堂里不仅有巴洛克（Baroque）艺术的2位奠基人卡拉瓦乔（Caravaggio 1571～1610年）和卡拉奇（Annibale Carracci 1560～1609年）的作品，也有宾杜里乔（Pinturicchio 1454～1531年）的壁画；在银行家基吉（Agostino Chigi）的私人礼拜堂里有拉斐尔（Raphael Sanzio 1483～1520年）为之穹顶留下的马赛克画，也有贝尔尼尼（Gian Lorenzo Bernini 1598——1680年）的2件雕塑；非常具有观赏价值！另外，由于教堂的建设基金由人民大众出资，因而得名为人民圣母堂。

TOP 3 圣彼得镣铐教堂

圣彼得镣铐教堂（San Pietro In Vincoli）是意大利古罗马长方形基督教堂，其中教堂最有名的是米开朗琪罗的摩西雕像。头上长角的摩西，右臂紧夹着十诫，眼神也刻画出愤怒与失望的表情，十分传神，是米开朗琪罗非常重要的作品。

圣彼得镣铐教堂经历多次的修复和重建，其中由罗马教皇艾德里安一世（Pope Adrian I）进行的修复，以及罗马教皇西克斯图斯四世（Sixtus IV，1414年7月21日至1484年8月12日）和朱利欧二世(Pope Julius II，1443～1513年）进行的重建。1505年教皇朱利欧二世命令米开朗琪罗开始为其墓地制作40座葬礼纪念雕像。然而不久，教皇又要求米开朗琪罗翻修圣彼得大教堂，于是墓地工程被搁置一边。1513年教皇去世后，米开朗琪罗重新开始着手墓地的建设，但他仅仅完成了《奴隶》（现存于巴黎和佛罗伦萨）与《摩西》2尊雕塑，很快又被命令去绘制西斯廷教堂的《最后审判》。教堂在1875年再一次又进行翻新，当时还加入一些现代化设施。

TOP 4 密涅瓦圣母堂

“密涅瓦圣母堂（Basilica of Saint Mary Above Minerva）是罗马天主教道明会（Dominican Order）最重要的教堂之一，具有天主教次级圣殿的地位，也是罗马唯一的哥特式（Gothic）教堂。和许多早期基督教教堂一样，它于1280～1370年建在古埃及生育女神艾西斯（Isis）神庙的遗址上，但被错误地当成了罗马神话中的胜利女神密涅瓦（Minerva，希腊神话中叫雅典娜 Athena），故取名为密涅瓦圣母堂。

TOP 5 马杰奥尔圣母堂

传说356年，教皇在梦中见到了圣母玛利亚，她命令“在今晚下雪的地方建一座教堂”。当时虽然是8月，这里却下了雪，于是在下雪的地方建了马杰奥尔圣母堂（Santa Maria Maggiore）。由于建成以来经过多次改建，现在的圣母堂融合了各个时期的建筑风格，非常值得一去。

TOP 6 罗马千禧教堂

由美国建筑师理查·迈尔（Richard Meier）设计、于2003年完工的罗马千禧教堂(Jubilee Church)是迈尔近年来最重要的作品。其中最引人注目的莫过于高19~30米不等，如船帆状的3片白色弧墙，墙体层次井然地朝垂直与水平双向弯曲，似球状的白色弧墙曲面。这座地标性的建筑成为了教堂设计的一个典范。

TOP 7 圣乔万尼大教堂

圣乔万尼大教堂(San Giovanni in Laterano)，位于罗马郊外拉特兰，是罗马、甚至全世界最重要的并有历史渊源的教堂，也是罗马城和全世界的首座基督教堂，比梵蒂冈圣彼得教堂的大殿还古老13年。圣乔瓦尼大教堂是公元314年最早承认基督教的君士坦丁大帝修建捐赠给教皇的。罗马有四大著名的教堂，圣乔万尼大教堂是罗马仅次于梵蒂冈的圣彼得大教堂(Basilica Di San Pietro)的第二著名大教堂，另外2个是圣马利亚大教堂(Basilica Di S. Maria Maggiore)和圣保罗大教堂(Basilica Di S. Paolo)。

6 不可不知的意大利9大奢侈品

TOP 1 Armani

Giorgio Armani（乔治·阿玛尼）在1975年出生，作为Armani 品牌创始人，Giorgio Armani在当时的时装界有着相当大的影响力，设计的时装倍受人们的欢迎，并且得到了许多奖项。

Armani的服饰，颠覆了男士服饰的传统，设计者把与女士服饰相关的元素也放入了设计中，因而Armani的男装既不性感也不算惹眼，但却在做工和布料质地上展现一流品质，是职场精英必备的品牌。Armani的配件包括了皮件、鞋子、眼镜、领带、丝巾等，与服装一样，讲究精致的质感与简单的线条，完美得衬托了款式单纯的意大利风格服装。即使是泳装，也都省去繁复的装饰线条，以雕塑性感曲线的剪接为主，有着一种无法形容的优雅气质。

TOP 2 Prada

Prada（普拉达）是意大利的老字号，其创始人Mario Prada于1913年在米兰市中心开办了首家精品店，那些时尚而品质卓越的手袋、旅行箱、皮质配件及化妆箱等系列产品，得到了来自皇室和上流社会的宠爱和追捧，因而这个品牌迅速壮大。现在的普拉达品牌，从皮件、服装到鞋子、内衣都有，已经成为一个完整的精品王国，版图也拓展到全世界。

来自全球不同城市的设计师们，很多都是Prada皮件的拥趸者。在鞋子方面，Prada一直是鞋类流行的领导指针，例如方形的楦头、楔型鞋跟金属色娃娃鞋……这些都是Prada所带起的风潮。所以，在某种程度上，我们可以说，Prada左右着相当程度的时尚潮流趋势。对于时尚贵女们来说，没有几件Prada傍身怎么行?

普拉达旗下，还有一家名为Miu Miu（缪缪）的年轻副牌，服饰的风格清纯可爱，颜色以橙黄、粉红居多，再配上可爱的图案，就为一众童心未泯的女性们提供了可爱又可穿性高的衣服。

TOP 3 Gucci

Gucci（古驰）由古驰奥·古驰在1921年创办，产品包括时装、皮具、皮鞋、手表、领带、丝巾、香水、家居用品及宠物用品等。这是一个以高档、豪华、性感，及以“身份与财富之象征”闻名于世的品牌，是上流社会的消费宠儿，一向被商界人士垂青，产品风格时尚之余不失高雅。

从20世纪40年代末到60年代，Gucci接连推出了带竹柄的皮包、镶金属袢的软鞋、印花丝巾等一系列的经典设计，其产品的独特设计和优良材料，成为典雅和奢华的象征。渐渐地，Gucci的箱包行业已发展成为与法国的Louis Vuitton（路易·威登）齐名的品牌。同时也成为世界各地其他制造商抄袭、模仿的物件。

TOP 4 Bulgari

Bulgari（宝格丽）由希腊裔的索提里欧·宝格丽于1884年在意大利罗马创立，其产品线除了创立之初的高级宝石系列之外，后来也增加腕表、皮包、香水等高级精品。2004年开始涉足高级旅馆的经营。

由于Bulgari的创始人是希腊裔，因而他在产品中加入了希腊元素，和罗马古典主义结合，加上意大利精湛的制造艺术，便造就了Bulgari产品的独特风格。你会发现，Bulgari的色彩搭配艺术流光四溢，闪耀夺目，交替演绎着时尚与典雅，故而Bulgari的产品拥护者既有皇室成员、政客名流、影视明星，也有事业有成的中产阶层。现在，Bulgari已经成为了精致生活品味的标志，并且稳居全球知名品牌的金榜。

TOP 5 Versace

Versace（范思哲）创立于1978年，品牌Logo是神话中的蛇妖美杜莎（Medusa)，代表着致命的吸引力。这个创造了一个时尚帝国的品牌，其产品除了女装系列、男装系列、男士手表、女士手表外，还有香水、眼镜、丝巾、领带、内衣、玻璃器皿等，渗透了生活的每个领域。而它鲜明的设计风格，独特的美感，极强的先

锋艺术都是让它风靡全球的必要因素。

范思哲的设计风格非常鲜明，强调快乐与性感，女士服装的领口常开到腰部以下，并融合了古典贵族风格的豪华、奢丽。范思哲的设计师们还特别善于采用高贵豪华的面料，借助斜裁方式，在生硬的几何线条与柔和的身体曲线间巧妙过渡。在男装上，范思哲品牌服装也以皮革缠绕成衣，创造一种大胆、雄伟甚至有点放荡的廓型，而在尺寸上则略有宽松而感觉舒适，无怪乎能成为都市新贵的心头之物。

TOP 6 Bottega Veneta

Bottega Veneta（宝缇嘉）这个品牌创建于1966年，是全球皮革品牌中的翘楚，素有“意大利的爱马仕”，并以其“低调的高贵”备受赞誉，产品系列包括手袋、鞋履、香氛和男女装高级成衣、男装高级成衣等。

Bottega Veneta的产品以软包为主，编织皮革被处理得极为柔软，完全不用担心磨损衣服或者让身体不舒服。而它之所以能成为风靡全球的品牌，还在于它精湛的手艺以及纵横交错的皮革。这一工程简直就是耗时耗工的标准范本，比如这个品牌中著名的Cabat，其制作流程是先用4层最顶级Nappa小羊皮，每2块皮上下黏合在一块儿再裁成条状，然后以木制框架作为支撑手工编织，而整个包袋无切缝接边，其过程需要十分熟练的工匠花3～4天的时间才能完成。

更为独特的是，Bottega Veneta没有自己的Logo，在BV的标志性单品上，你找不到任何一处显眼的品牌Logo，但它仍在一众同类商品中耀眼到灼目。所以，这个品牌的拥护者与反对者的界限划分得非常清晰：爱它的人钟情其低调矜贵，恨它的人也总是不喜欢它的不够张扬。所以，时尚界有这样一个说法：“当你不知道用什么来表达自己的时髦态度时，可以选择LV，但当你不再需要用什么来表达自己的时髦态度时，可以选择BV。”

TOP 7 Dolce &Gabbana

Dolce &Gabbana（杜嘉班纳）在1985年诞生，名字取自2位意大利设计师的名字——Domenico Dolce和Stefano Gabbana。这2位同性恋人设计师将他们感性而独特的风格演绎并推行到全球，把充满魅力和多元化的意大利精神变成一面旗帜。

Dolce &Gabbana的产品，其创意除了有南意大利西西里岛的创作灵感，还强调性感的曲线，男性的内衣式背心裁剪搭配西装，是最经典的服装造型；女性服饰的配件非常华丽，从皮草制

的复古提包，到搭配绣满图案的及膝袜，都是Dolce &Gabbana的出名产品。当然，狂野的豹纹曾经一度是Dolce &Gabbana的代表性图案，成为年轻人向往的欧洲风格的流行标志。

不过，中规中矩的人是不适合穿Dolce &Gabbana的，但它却是个性女人的致命毒药。你想穿它，就要看看你的血液里面有没有狂野的因子，不然，即使你再有钱也没办法，谁叫它的风格是如此浓烈、华丽、妖艳和妩媚呢？

TOP 8 Salvatore Ferragamo

Salvatore Ferragamo（萨尔瓦多·菲拉格慕）在1927年成立，以制鞋起家，现在已经发展至男女时装、手袋、丝巾、领带、香水等领域。这个品牌历经全球经济大衰退、第二次世界大战，但是依然屹立不倒，并于今时今日成为一个历久不衰的意大利经典品牌。

Ferragamo之所以屹立不倒的秘诀在于对产品质量的坚持，即使在生产机械化的今天，Salvatore Ferragamo的产品依然采用手工缝制，而且每名技术人员只负责一道工序，令工序更完美。在每一季的新款中，Ferragamo通常会保持2条路线：一是经典的鞋款，二是流行的鞋款。当然，它也创造了许多的经典，其中最出名的便是蝴蝶结款式，包括平跟、中跟、高跟等多个形态，颜色非常多。由于这个品牌的产品稳重又不失内涵，成为了众多OL的最爱，也成为了众影视名流的最爱。

TOP 9 Fendi

Fendi（芬迪）成立于1925年，起初专门生产高品质毛皮制品，后来，产品还涉及了针织服装、泳装、成衣等种类，还在珠宝、男士香水这一领域占有一席之地。

Fendi有2款经典的包，一是Baguette，又被称为法棍包，它小巧细长，线条简约，但是材料、色调与贴花装饰非常大胆；二是SPY，被称为间谍，这种包的容量大，并且有很多隐藏着的空间，能放香水、小镜子、纸巾、口红……只要你想放东西，都能在里面寻找到一个恰当的位置。只是很多人都认为这款包包不是什么人都能驾驭的，只适合事业型女士使用。

I ❤ ROME »

PART 1

搭地铁玩罗马

搭地铁玩罗马

中央车站

罗马的大门

中央车站（Termini），始建于1870年，受教皇庇护九世指示修建而成。1938年，意大利王国首相墨索里尼下令重建中央车站，车站由其构想用玻璃和大理石建成，如今，国际线路和国内线路都在此交集，罗马地铁线路A线与B线唯一的交叉换乘点也在此处，所以，中央车站对罗马交通、旅游业的发展极为重要。而且，这里聚集着很多通过火车入境的外地游客，也被称为是罗马的大门。中央车站附近交通便利，不用担心住宿问题，而且罗马著名的旅游景点也就在附近，已经成为罗马不可忽略的地标性建筑。

达文西诺

达文西诺（Da Vincenzo）邻近市中心，与中央车站相距很近，是专门从事罗马料理和鱼类美食的餐厅。这里环境雅致，虽地处闹区却有一份难得的清静，常常会吸引很多罗马的商务人士到此用餐。整个店内的气氛非常融洽，想要品尝真正有特色的罗马美食的朋友不要错过此地！推荐这里加入鱼的通心粉，值得一试。这家餐厅离中央车站走路也只需15分钟，具体位置是Via Castelfidardo 6号，电话是06-484-596。

首都

从中央车站出发，沿着独立广场西北侧向前走就能找到首都（La Capitale）。这家餐厅比较趋于平民化，主要以烹调罗马菜式为主，同时也有不错的鱼肉类菜肴出售。特色菜式有Prosciutto e Melone、Spaghetti Alla Carbonara、Saltinbocca等。具体地址是Via Goito 50号，电话是06-494-1391。

桑提

沿着中央车站西侧的马尼大道大圣母教堂方向前行，穿过阿梅迪奥大道后不久，你就能发现这家名为桑提（Ristorante Santi）的餐厅。家族式经营模式和自家独创的特色风味是这家餐厅吸引人的地方，主营罗马菜肴。具体地址是Via Darriele Manin 55～57号，电话是06-482-0651。

五百人广场

五百人广场（Pizza Dei Cinquecento）位于罗马火车站前，原来是为意大利远征埃塞俄比亚时500位为国捐躯的意大利士兵而建的，现在主要是罗马人集会的场所。游客面向广场，站在罗马火车站前，从右边可以看到城墙的遗迹。这是2000前罗马共和时代的城迹，名叫“塞维尔之墙”，是当时包围整个罗马城墙的一部分。古色古香的城墙和现代式的罗马火车站，形成鲜明的对比。同时这里也是休闲、拍照、嬉戏的好地方。

乌庇姆

乌庇姆（Upim）成立于1928年，目前是意大利最大的非食品零售集团，拥有350多家店，分布在意大利各个城市的位置中心。家用纺织品和软装饰材料是其主要的销售范围之一，各类产品年销售总额达到8亿欧元。此处推荐的Upim商店就位于中央车站附近，具体地址是Via Gioberti 74号。

国立罗马博物馆

国立罗马博物馆是世界著名艺术博物馆，于1889年设立。这里主要收藏有1870年以后在罗马发现的古代雕像、浮雕、镶嵌画和1901年收购的原意大利枢机主教L.卢多维西所藏珍宝，以及后来在罗马市区、近郊的出土物。许多文物是贵族府邸、神庙、公共设施和墓室的装饰品，极为珍贵。其中，公元前5世纪到早期基督教时期的希腊、罗马纪念物最为丰富。此外还收藏有20400枚钱币和纪念章，其中包括凯撒、庞培、安东尼、尼禄时代的古罗马硬币。国立罗马博物馆就在地铁中央车站附近，五百人广场的左手边，联系电话是06-4890-3500，门票是6欧元/人，开放时间是9：00～19：00，周一休息。

Sallustio酒店

罗马市中心这家新升级为三星级的罗马Sallustio酒店，低价为顾客提供一流的酒店服务，酒店没有游泳馆，但是如果你正在探索罗马这座城市的魅力和伟大，你会对酒店紧邻中央车站的优越位置而满意，它将使你轻松便捷出行，而价格却极为优惠。

罗马Sallustio酒店拥有38间客房。设计温馨，简单而安全，一系列现代化设施满足顾客切实舒适的需要，让你的住宿远离城市的喧嚣。优雅而简洁的装饰，是酒店所有客房的特色，每一个细微之处尽显酒店为顾客创造优雅而轻松的住宿氛围的用心。柔和的灯光，取代光秃秃大理石的地毯，健康的阳光，这些都不需要顾客花费太多即可享受得到。具体地址是Servio Tullio大街7号，电话是06-4201-1651。

罗马铁路交通图

图例
地铁 A Anagnina - Battistini
地铁 B Laurentina - Rebibbia
市区铁路
Roma - Lido
Roma - Pantano
Roma - Viterbo
郊区铁路
fr1 Orte/Fara Sabina - Fiumicino Aeroporto
fr2 Tivoli - Roma Tiburtina
fr3 Viterbo/Cesano - Roma Ostiense
fr4 Albano/Frascati/Velletri - Roma Termini
fr5 Civitavecchia - Roma Termini
fr6 Frosinone - Roma Termini
fr7 Latina - Roma Termini
fr8 Nettuno - Roma Termini
Fiumicino Aeroporto - Roma Termini
换乘站
车站
长途汽车始发站
国铁换乘站
停车场
fr3 Viterbo
Vigna di Valle
Anguillara
Cesano di Roma
Olgiata
La Storta
La Giustiniana
Ipogeo degli Ottavi
Ottavia
S.Filippo Neri
Monte Mario
Gemelli
Balduina
Appiano
Roma Viterbo
Viterbo
Sacrofano
La Giustiniana
(di prossima apertura)
Prima Porta
La Celsa
Labaro
Centro Rai
Saxa Rubra
Grottarossa
Due Ponti
Tor di Quinto
Monte Antenne
(di prossima apertura)
Campi Sportivi
Acqua Acetosa
Euclide
fr1 Orte
Fara Sabina
Piana Bella di Montelibretti
Monterotondo
Settebagni
Fidene
Nuovo Salario
Nomentana
TIBURTINA
Quintiliani
Monti Tiburtini
Rebibbia
Ponte Mammolo
S.M.del Soccorso
Pietralata
Bologna
Policlinico
C.Pretorio
fr5 Civitavecchia
Cerveteri - Ladispoli
Torre in Pietra - Palidoro
Maccarese Fregene
Aurelia
Battistini
Cornelia
Baldo degli Ubaldi
VALLE AURELIA
Cipro-Musei Vaticani
Ottaviano-S.Pietro
Lepanto
FLAMINIO PZA del POPOLO
Spagna
Barberini-Fontana Trevi
Repubblica-Teatro Opera
S.PIETRO
TERMINI
Cavour
Colosseo
Circo Massimo
PIRAMIDE
OSTIENSE
TRASTEVERE
Vittorio Emanuele
Manzoni
S.Giovanni
Re di Roma
Ponte Lungo
TUSCOLANA
Furio Camillo
Colli Albani-Parco Appia Antica
Arco di Travertino
Porta Furba-Quadraro
Numidio Quadrato
Lucio Sestio
Giulio Agricola
Subaugusta
Cinecittà
Anagnina
Laziali
S.Bibiana
Porta Maggiore
Ponte Casilino
S.Elena
Villini
Alessi
Filarete
Tor Pignattara
S.Marcellino
Centocelle-Balzani
staz Centocelle
Togliatti
Grano
Alessandrino
Torre Spaccata
Torre Maura
W.Tobagi
Giardinetti
S.Antonio
Torrenova
Torre Angela
Torraccio di Torrenova
Torre Gaia
Grotte Celoni
Fontana Candida
Borghesiana
Finocchio
Pantano
Colle Mattia
Lavori in corso
Roma Pantano
Prenestina
Tor Sapienza
La Rustica
Salone
Lunghezza
Bagni di Tivoli
Guidonia
fr2 Tivoli
Villa Bonelli
Magliana
Muratella
fr1 Fiumicino Aeroporto
Ponte Galeria
Garbatella
BASILICA S.PAOLO
Marconi
EUR MAGLIANA
EUR Palasport
EUR Fermi
Laurentina
Tor di Valle
Vitinia
Casal Bernocchi Centro Giano
Acilia
Ostia Antica
Lido Nord
Lido Centro
Stella Polare
Castel Fusano
C.Colombo
Roma Lido
Leonardo express
Capannelle
Torricola
Tor Vergata
Frosinone fr6
CIAMPINO
Frascati fr4
Casabianca
S.Maria d.Mole
Pavona
Cancelliera
Cecchina
Lanuvio
S.Gennaro
S.Eurosia
Velletri
Acqua Acetosa
Sassone
Pantanella
Marino Laziale
Castel Gandolfo
Villetta
Albano Laziale fr4
Pomezia - S.Palomba
CAMPOLEONE
Nettuno fr8
fr7 Latina
fr4

共和国站

奢华享受的包围圈

共和国站（Repubblica）位于地铁A线，紧邻中央站，其名是根据地处罗马共和国广场而起。附近不仅宾馆林立，还有罗马歌剧院、天使的圣母教堂等十分具有参观价值的游览胜地。此外，罗马国家大道就在共和国站旁边，这可是罗马著名的逛街场所，尽显意大利的流行时尚。

达尼诺

达奇诺（Dagnino）位于共和国站附近，是罗马最受欢迎的西西里糕饼店。这里会让所有人忘却热量和蛀牙这些不和谐的东西，沉浸在传统西西里美食和达尼诺自己的概念甜食的美味中难以自拔，若有机会来这里，一定不要错过。具体地址是Via Vittorio Emanuele Orlando 75号，联系电话是06-481-8660。

共和国广场

共和国广场（Piazza Della Repubblica）是为了纪念1885年意大利从王制改为共和制而命名的。而当地人更喜欢沿用旧名，称它为埃塞得拉广场（Esedra），“埃塞得拉”的意思是古罗马的会议堂。广场为圆形，西半部有富丽堂皇的柱廊。这个广场以纳亚蒂仙女喷泉（Nayadie）而闻名，它是全罗马最大的喷泉之一，中央喷泉由4个美女形象构成，相当华丽。夏天夜里露天咖啡店座无虚席、热闹非凡，而晚上则灯火通明、流光溢彩，是体会罗马晚间生活的好去处。

罗马国家大道

罗马国家大道就在共和国站旁边，是罗马著名的商业街，就连罗马国家大道上的橱窗也是一道靓丽的风景。除了商铺店面的大型落地橱窗以外，还有固定在店铺外墙上的长方形小橱窗，里面悬挂着领带、皮带、胸罩、鞋袜、短款小衫等小型衣饰。由此你可以大致了解意大利的流行时尚，尽情享受购物之趣。不过，价格也不菲。

共和国宾馆

共和国宾馆（Hotel Repubblica）坐落于罗马市中心繁华的国家大道，是罗马第一家华人三星级酒店。拥有标准客房87间，配有独立的卫生间，客房均配有电视、电话、冰箱、空调。除西式自助早餐外，另有为中国客人提供的中式早餐，并且24小时供应开水，使远道而来的中国客人有宾至如归的温馨感受。宾馆配有各类汽车，专职司机和导游将为你提供一流服务。此外，共和国宾馆地处黄金要道，交通也极为方便，与共和国站（Repubblica）相距不远。具体地址是Via Nazionale 251号，电话是06-4890-4420。

罗马歌剧院

罗马歌剧院（Teatro Dell'Opera Di Roma）建于1880年，作为歌剧的诞生地，罗马歌剧院拥有辉煌的歌剧史，同时又对歌剧发展也产生了重要的推动作用。罗马的歌剧历来备受瞩目，在表演上追求奢侈豪华的场面，在歌剧演出中常常加入舞蹈、大合唱，舞台布景也力求达到罗马式歌剧的富丽堂皇。因此，罗马歌剧院在世界歌剧界有着特殊的地位和影响力。与米兰的斯卡拉歌剧院、那不勒斯的圣卡尔洛歌剧院并称为意大利三大歌剧院。

罗马歌剧院的外表四四方方的，像箱子一样，从建筑学上看，只是一般般。但是歌剧院的内部就很豪华，天鹅绒般的细腻、精致。不过千万不要只被它的外表迷惑住而忽略它深厚的内涵。

如果你计划去罗马歌剧院，要注意的是，在演出开始之前想找个地方吃东西是很困难的。因为演出一般在8：00，而很多饭店在这个时间之前是不开门的。所以，欣赏歌剧之前，一定要先把肚子问题解决了。

巴尔贝里尼站

感受个性的首选

巴尔贝里尼站（Barberini）是罗马地铁A线的一个地下车站，靠近浪漫的特莱维喷泉。从这个地铁站出来后，可以发现很多享受美食和购物的好地方。斯卡拉、爱米利亚丘、伊甸园为你提供个性美食，嘉布遣洞穴带给你绝对刺激的感受，布鲁诺·马格利、阿瑞昂引领你经典的购物之旅，Bernini Bristol酒店则为你提供观看巴尔贝里尼广场美景的最佳视角。

斯卡拉

斯卡拉（La Scala）紧邻巴尔贝里尼地铁站，位于一条宽阔的台阶之上，场地极为迷人，有着镶木隔板与彩绘的玻璃天窗。坐在这里已经是一种很美好的享受了，而且这里还供应很特殊的例如通心粉配旗鱼与茄子等美食，雅致的环境再配上可口的美食，这是何等的惬意啊！地址是Via Di S Isidoro 5号，电话是06-481-9264，周二休息。

巴尔贝里尼广场

巴尔贝里尼广场（Piazza Barberini）因靠近旁边的巴尔贝里尼宫（Palazzo Barberini）而得名。广场上最著名的是贝尔尼尼（Gian Lorenzo Bernini 1598～1680年）设计与建造的特里同喷泉（Triton Fountain）和蜜蜂喷泉（Fontana Delle Api）。直到18世纪，巴尔贝里尼广场的一个重要功用就是将无名尸体摆放在这里供辨认。

巴尔贝里尼广场四周都是5~6层的高楼，当楼下面的酒吧和餐馆里的人开始多了起来时，意大利人的夜生活便从此开始。沿着广场悠闲地漫步，也是一种十分惬意的享受吧.

爱米利亚丘

爱米利亚丘（Colline Emiliane）是一个非常受欢迎的家庭经营式餐厅，紧邻巴尔贝里尼站（Barberini），以烹制意大利中北部艾米利亚-罗马涅地区的美食作为餐厅特色。主要包括自制面食和各式火腿，菜单选择相对有限，但食物绝对美味，会让你流连忘返。详细地址是Via Degli Avignonesi 22号，电话是06-481-7538。

伊甸园

这家酒吧餐厅算得上拥有罗马最好的视野，它位于昔日罗马最负盛名、名流汇集的伊甸园宾馆顶层，游客可以一边在顶层谈笑饮酒一边远眺整个罗马，是非常适合浪漫的双人约会或者重要纪念日庆祝的地点！具体位置在Via Ludovisi 49号。

阿瑞昂

阿瑞昂（Arion）是一家专营精美艺术书籍的书店，若是你对此类商品感兴趣，想要为家人或朋友送上一本精美又有内涵的礼物，这家店应该是个不错的选择。而且这家店在周日还特意会延长营业至22：00，具体地址是Via Veneto 42号。

嘉布遣洞穴

如果你喜欢寻找刺激，或许你只是喜欢骷髅想要跟它们亲密接触一下，那么来嘉布遣洞穴（Capuchin Crypt）吧。这里有绝对的刺激、绝对的惊险等着你们。

布鲁诺·马格利

布鲁诺·马格利（Bruno Magli）的产品形象鲜明，优雅时尚，主营时尚女鞋，是令人瞩目的超级名牌，备受各国名媛贵族的喜爱与欢迎。如果你是追求时尚的潮男潮女，购物血拼的快感对你有着强烈的吸引力的话，这家店一定不要错过！

西班牙站 奢侈与前卫

西班牙站（Spagna）是罗马地铁A线的一个地下车站，位于战神广场，以附近的西班牙广场来命名。在这个地铁站附近，你可以去麦当娜曾经用餐的饭店提壶必称美吃个饭，可以去玛特古他尝尝素食；可以去西班牙广场追寻安公主的足迹，也可以在巴宾顿的茶室度过休闲的下午；你还可以去罗马的“第五街”康多提路逛街，还可以去雪莱和济慈纪念馆瞻仰大师的作品。

提壶必称美

提壶必称美（Fiaschetteria Beltramme）是西班牙广场周边的一家餐厅，有点年头了，千万不要被它乡村客栈式的外观所蒙蔽，这家店在罗马可是很有名的。据说巨星麦当娜曾经为了逃避一场大型晚宴而到这里用餐。这里的招牌菜式有干酪黑胡椒拌面（Tonnarelli Cacio E Pepe）和辣椒鸡（Pollo Con i Peperoni）等，非常受欢迎。还有，这里不接受预约，当然，除非你是麦当娜。这家店的具体地址是Via Della Croce 39号。

玛特古他

玛特古他（Il Margutta）是罗马历史上著名的素食餐馆，就坐落在Via Margutta大街上，占地面积很大。这里的菜式很多，还有12道亚洲菜，菜肴多以意大利菜肴为基础，素食很有特色。具体地址在Via Margutta 118号。

西班牙广场台阶客栈

这家客栈就坐落在西班牙广场台阶上方。据说这家高级客栈曾接待过著名童话作家安徒生，这也更加提高了这座建于17世纪建筑的知名度。另外，这里优越的地理环境也是广受追捧，从屋顶花园就可以看到西班牙广场阶梯的景致，非常有感觉。客栈房间设备齐全，非常适合旅行居住。具体地址是Via Dei Condotti 85号。

巴宾顿的茶室

巴宾顿的茶室（Babington's Tea Rooms）开业于1893年，当时的老板是一位来自英国得比郡

的女士。这里服务很亲切，给人一种不紧不慢的感觉，与其茶室的气氛非常相符。茶室里不仅可以喝茶，还有一些美味的甜点供应，当你在游览过程中稍感疲惫时，可以在这里饮一壶散发着清香的玫瑰功夫茶，吃点小甜品，那该会是一种无法言表的享受。不过，价格也不低。

济慈和雪莱纪念馆

在西班牙广场台阶的右侧，是雪莱和济慈的纪念馆。珀西•比希•雪莱，是英国文学史上最有才华的抒情诗人之一。威廉华兹华斯（William Wordsworth）曾称其为“One of the best artists of us all”，同时期的拜伦称其为“Without exception the best and least selfish man I ever knew”，更被誉为诗人中的诗人。其一生见识广泛，是一位伟大的理想主义者。另一位约翰•济慈，出生于18世纪末年的伦敦，他也是杰出的英国诗人，而且是浪漫派的主要成员。

历史上两大著名文人纪念馆值得去欣赏和感悟的当然不少，千万不要错过。

西班牙广场台阶与西班牙广场

1725年，法国大使出资修建了台阶，但因为西班牙使馆坐落在此而得了个西班牙台阶的名字。这里当初本来是打算建造一座媲美许愿池的喷泉，但是经费庞大，于是改变主意建造了美丽宏伟的大台阶，并且由巴洛克大师贝尔尼尼亲自操刀设计，而电影《罗马假日》更使其闻名遐迩。这里不仅吸引了许多旅游者，卖花小贩和画像的街头艺术家也都聚集在这里。爬上西班牙广场台阶就是西班牙广场，上面的破船喷泉等也都是非常值得游览的地方。

康多提路

康多提路（Via Condotti）是罗马的“第五街”（Fifth Avenue），凭借街道两旁到处林立的时髦奢侈商店和各种世界品牌时装店成为罗马乃至世界上最著名的街道之一。这里的奢侈和前卫一定会让第一次来这里的人们大吃一惊，就算不买，在这里转一转，感受一下前卫潮流的气氛，也是一种不错的选择。

弗拉米尼奥站

历史留存的印迹

弗拉米尼奥站（Flaminio）是罗马地铁A线的一个地下车站，靠近人民广场，连接Roma–Viterbo线。出弗拉米尼奥站，最大的亮点在于充满历史沧桑感的人民广场和人民圣母院，这些历史留存的印迹，使得这座地铁站也充满了历史的厚重之感。

汉堡王

1954年，詹姆士•麦克拉摩（James Mclamire）及大卫•艾杰敦（David Edgerton）在美国佛罗里达州迈阿密共同经营创设了第一家“汉堡王”（Burger King）餐厅。如今，汉堡王已经是全球大型连锁快餐企业，在全球61个国家及地区拥有超过11220间分店。汉堡王提倡关注顾客口味变化，倡导满足顾客的个性化口味。“我选我味”的口号也沿用至今。当你急于游览景点或者时间匆忙时，来1份汉堡王快餐相信一定是不错的选择，具体地址是Piazzale Flaminio 15号，紧邻弗拉米尼奥地铁站。

人民广场

从弗拉米尼奥出发，然后穿过美丽又宁静的波各塞花园，从山顶朝着石塔的方向可以看到很棒的景色。穿过广场逐级而下你就可以到达人民广场了。说实话，这是罗马最好的露天广场。这里有4个很大的教堂位于广场四角，并且它不像佛那广场那么忙碌。周边还有一些餐馆，中间有个贝尔尼尼喷泉。广场西南角靠近拱门的教堂有许多游客到此参观。广场上有各种各样的雕塑。你还可以爬上台阶一角俯瞰这里的全景。

伯康内

伯康内（Buccone）位于弗拉米尼奥站与西班牙站之间，距弗拉米尼奥稍近。伯康内是一家历史悠久的店铺，酒品种类繁多，而且价位也极为合理。如果你喜欢饮酒或是爱好藏酒，这家店定会让你不虚此行。具体地址是Via Di Ripetta 19-20号。

Relais Piazza Del Popolo

Relais Piazza Del Popolo酒店位于一座古老建筑的3楼，距离弗拉米尼奥站只有几步之遥，交通十分方便。客房提供典雅的镶木地板和宽屏幕液晶电视，并且都配有独特的家具和由熟练的工匠制作的面料以及装饰。每间客房都设有空调、免费互联网和一间带按摩浴缸或水力按摩淋浴的大浴室。让人感觉遗憾的是，这里的房间没有冰箱，早餐不是很理想，16：00以后没有接待。不过交通的便利还是很吸引人的，适合来此住宿。

人民圣母堂

人民圣母堂是罗马众多教堂里面最为著名的几个教堂之一。这里之所以有名是因为教堂内存有不少著名雕塑家、画家的作品，如在切拉西（Cerasi）礼拜堂里不仅有巴洛克（Baroque）艺术的2位奠基人卡拉瓦乔（Caravaggio 1571～1610年）和卡拉奇（Annibale Carracci 1560～1609年）的作品，也有宾杜里乔（Pinturicchio 1454～1531年）的壁画；在银行家基吉（Agostino Chigi）的私人礼拜堂里有拉斐尔（Raphael Sanzio 1483～1520年）为之穹顶留下的马赛克画，也有贝尔尼尼（Gian Lorenzo Bernini 1598～1680年）的2件雕塑。这些都是难得一见的精品之作，欣赏人民圣母堂当然是这次旅行过程中不可缺少的环节。

奇普罗站

离梵蒂冈最近的地方

奇普罗站（Cipro）是罗马地铁A线的一个地下车站，靠近梵蒂冈博物馆。在这座地铁站附近，你可以去Pizzarium Bonci Gabriele尝尝正宗的罗马比萨，还可以去“国中之国”梵蒂冈游览观光。奇普罗站（Cipro）是去梵蒂冈旅游必经的一个地铁站。

Pizzarium Bonci Gabriele

这是一家专营比萨饼的餐厅。罗马的美食菜单里总少不了比萨饼，而这家比萨饼店，毫无疑问是其中的佼佼者。这家店以其独特的制作风格吸引了众多食客，而且店面紧邻梵蒂冈博物馆和地铁A线奇普罗站，交通十分的方便，是你补充能量和品味罗马美食的绝佳去处。

“国中之国”梵蒂冈

梵蒂冈是世界上最小的主权国家，它位于意大利首都罗马城西北角的梵蒂冈高地上。这个国家只有0.44平方千米，只有北京故宫的3/5大，是一个典型的城中之国。有趣的是，这个全世界最小的国家，却是8亿天主教徒的精神中心，每年吸引着上百万的游客前来参观、游览。梵蒂冈的景点也不少，包括圣彼得广场、圣彼得大教堂、梵蒂冈宫和梵蒂冈博物馆等。不亲自走在梵蒂冈的街道上，那种体会是你绝对感受不到的。

梵蒂冈博物馆

梵蒂冈博物馆是世界上最早的博物馆，公元5世纪末就有了雏形，在16世纪与圣彼得大教堂同时扩建，面积为故宫博物院的1/13，展出面积与故宫相仿，分12个博物馆和5个艺术长廊，还包括屋顶花园。梵蒂冈博物馆为欧洲宫廷式建筑，里面连成一体，九曲十折，幽深莫测。落地的高窗，采光很好，延绵不断的画顶、漆壁可以说是极尽富丽堂皇之能事。其中屋顶花园是梵蒂冈博物馆一绝，不但占地面积很大，而且繁花似锦，一扫博物馆的沉闷气氛。走累了，还可上到开阔宽敞的屋顶花园，环视整个罗马，赏心悦目。当然梵蒂冈博物馆的惊奇之处还有很多，只能留到你亲自欣赏后才能了解得全面。

埃马努埃莱站

名气越来越大

埃马努埃莱站（Vittorio Emanuele）是罗马地铁A线的一个地下车站，靠近埃马努埃莱二世广场。蒙提小吃馆的友善和亲切，马密阿尼路市场、MAS货物的多样和便宜，罗马市中心的住宿加早餐型的Carlo Alberto House酒店，以及有着精致藏画的罗马东方艺术博物馆，都可以带给你不一样的体验。

蒙提小吃馆

蒙提小吃馆（Trattoria Monti）给人的第一感觉就是友善和亲切，毫无拘束感。主要提供来自马尔切（Marche）地区的创意美食，其中的Tagliatelle Con Ragu美味至极，还有此店的招牌酒Verdicchio更是不能错过。当然，想来这里还是先预定吧！具体地址是Via di San Vito 13A，电话是06-446-6573。

马密阿尼路市场

马密阿尼路市场（Via Mamiani Market）是罗马最大的露天新鲜鱼肉市场，不仅如此，各国的风味食品、鲜花、衣服等，都能在这个市场里找到，非常值得一逛。想来这里要赶在周一至周六的早上前往。

MAS

MAS是埃马努埃莱站附近一个极具特色的购物地点。在这里购物，顾客会有一种在大仓库里拣货一样的感觉，大堆的商品堆在架子上而且价钱低得不可思议，具体地址是Pizza Vittorio Eman-uele 138号。

Carlo Alberto House酒店

Carlo Alberto House酒店是一家位于罗马市中心的住宿加早餐型酒店，靠近Termini火车站。距离酒店最近的地铁站（Vittorio Emanuele ）位于Piazza Vittorio Emanuele广场,你还将在那里找到全市最大的室内市场。

Carlo Alberto House酒店位于一座大型公寓之中，其所处建筑历史悠久靠近火车站。酒店内设有5间配有免费无线网路连接的空调客房，能满足不同旅客的需求。另外，请务必注意晚上归宿时间，单身女性避免晚上单独活动。具体地址是Via Carlo Alberto 63号。

东方艺术博物馆

东方艺术博物馆（Oriental Art Museum）就坐落于地铁A线埃马努埃莱车站附近，这里收藏的中东和远东的艺术品涵盖了由史前波斯陶器到18世纪的绘画作品。虽然数量并不多，但每一件都是极精致之物，值得细细品味。

曼佐尼站

价格合理的消费区

曼佐尼（Manzoni）站是罗马地铁A线的一个地下车站，围绕这个车站的是一个价格合理的消费区。传统的邻家式餐厅坎纳福塔（Cannavota）、欧维赛在罗马开设的最大的一家分店、位于A线的Manzoni地铁站旁的Milton Roma酒店，都会带给你不一样的感受。

坎纳福塔

坎纳福塔（Cannavota）是一家传统的邻家式餐厅。就在地铁A线曼佐尼（Manzoni）站的附近，十分方便。这里的海鲜菜饭受到很多罗马本地人的追捧，服务也很棒，另外，价钱也合理，值得一试。具体地址是Piazza Di San Giovanni in Laterano 20号。

欧维赛

这家在曼佐尼站（Manzoni）附近的欧维赛商店（Oviesse）是欧维赛在罗马开设的最大的一家分店。这里的衣服品质相当不错，而且价格也很划算，有时候还会有些折扣活动。除了出售衣服，这里还经营各式化妆品。喜欢淘衣服或是化妆品的女孩儿们，别忘了来这儿啊！具体地址是Piazza S Giovanni in Laterano 20号。

Hotel Milton Roma

Milton Roma酒店位于A线的曼佐尼地铁站旁，距离Termini火车站也只有2站地铁的距离。周围的区域设有很多商店、咖啡馆、典型的餐厅和比萨饼店。交通、饮食都非常的方便，酒店的员工也非常友好，而且能说多国语言。所有客房都配备了卫星电视、空调以及沏茶/泡咖啡设施。这里距离罗马斗兽场仅有500米，唯一遗憾是酒店客房稍小。具体地址是Via E.Filiberto 155号。

金字塔站 吃喝玩乐的全面体验

金字塔站（Piramide）是罗马地铁B线的一个地下车站，连接Roma-Lido和Ostiense火车站。在金字塔站周围，无论是顶级餐厅、比萨小店，还是有着拉丁风的东方咖啡馆，罗马最热门的夜店之一阿尔菲伍思，或者是历经风雨却仍然雄伟壮观的凯伍斯·赛斯提伍斯金字塔，都可以带给你吃喝玩乐的全面体验。

伽奇诺1887

伽奇诺1887（Checchino Dal 1887）是罗马的顶级餐厅之一，传说拥有着罗马最为丰富的酒藏。餐厅主要提供以内脏为主的食物，其中意大利传统美食“炖牛尾”就出自这家餐厅。有机会一定不要错过。

东方咖啡馆

东方咖啡馆（Caffe Latino）有时候会为顾客提供一场由巴西乐团合作的森巴，有时候则会提供一些带有拉丁风味的迪斯科音乐，让你砰然心动，甚至情不自禁地随着音乐晃动起来。这家店就在金子塔站附近，具体地址是Via Di Monte Testaccio 36号。

阿尔菲伍思

阿尔菲伍思（Alpheus）有3个迪斯科场地，分别演奏不同类型的音乐，而且里边还有1个花园，是罗马最热门的夜店之一。这里有时会有现场音乐会，甚至会推出特别表演节目和主题之夜等。值得一提的是，这里的门票还包括有1杯免费饮料。具体地址是Via Del Commercio 36号。

B&B Cleo Parta酒店

B&B Cleo Parta酒店位于罗马的Piramide区，靠近罗马的交通枢纽之一。Piazzale Dei Partigiani公车总站、Piramide Metro地铁站和丽都站（Lido Station）均距离酒店5分钟步行路程。Pyramid of Caius Cestius金字塔和Protestant Cemetery坟场距离Cleo Parta Guesthouse酒店也只有大约600米。同时，Testaccio及其市场以及多家咖啡厅和餐馆距离酒店也仅10分钟步行路程。交通、旅游方面都极为方便。

酒店提供有无线网络连接，所有的客户和公寓均配有空调、私人沙宣和液晶电视。具体地址是Via Pellegrino Matteucci 41号。

凯伍斯·赛斯提伍斯金字塔

这座建筑修建于12世纪，历经风雨，如今仍然雄伟壮观，震撼着每一个初到此地的游人。金字塔高36米，根据其石头上的铭文介绍，整座金字塔当年花了330天才完工。虽同为金字塔，但与埃及的原版金字塔有所不同，值得细细欣赏。其地址是Piazzale Ostiense。

斗兽场站

古罗马的经典再现

斗兽场站（Colosseo）是罗马地铁B线的一个地下车站，在这座地铁站附近，古罗马斗兽场、尼禄金殿、古罗马广场，都是古罗马的著名古迹，就连吃饭的卡福酒馆也带有罗马的独特气息，处处再现着古罗马的经典。此外，这里还有一家“印度大师”，供应着北印度风味美食，将会为你的旅途增加多元化的魅力。

卡福酒馆

卡福酒馆（Enoteca Cavour 313）是一家典型的带有罗马独特气息的老酒馆，无论你是不是第一次来这里，都能从这里的任何一个人身上感受到友善。酒馆除了有世界各地的酒类可供选择外，还供应精致的沙拉、面食以及三明治等。具体位置在Via Carour 313号。

印度大师

这家印度餐厅装潢极为高雅，风格独特，品味皆为上层，供应顶级的北印度风味美食。餐厅就在地铁B线斗兽场站附近（斗兽场站北面），具体位置是Via Cimarra 46号。

古罗马广场

古罗马广场曾是整个罗马城的核心，原为沼泽地带，大约公元前6世纪加以整修，成为市场和集会之地。历代统治者在这里修建庙宇、宫殿、会议场所、政府机构，而且这些建筑大都规模宏大，石筑工程精细，十分壮观。此外还有店铺和摊棚，使这里一度成为政治、宗教、商业和公众活动的中心。广场上原来有凯撒庙、讲坛等其他建筑，现已只存地面残迹，其中塔形建筑为后世所建。这些建筑可以说是统治阶级横征暴敛、奴役各族人民的见证，是劳动人民智慧的结晶，同时也是罗马建筑艺术的代表作。

尼禄金殿

尼禄是古罗马帝国朱里亚•克劳狄王朝的最后一任皇帝， 也是古罗马乃至欧洲历史上有名的暴君。

尼禄金殿（Nero's House）是尼禄大帝伟大梦想的遗址。这座64~68年在罗马大火后新修建的宫殿，曾是尼禄大帝的住所。金殿采用圆筒形拱顶，四周为一间间的房间，这在当时属于一种新式的建筑风格。宫殿占用了包括埃斯奎利诺山在内的3座山的地下空间，还曾在现在斗兽场的地方修建过池塘，整个宫殿的宽广程度无法形容。宫殿内部则全部用黄金装饰，花香宜人、小桥流水、高贵华丽……尼禄大帝曾满意地赞叹：终于可以住进一个像样的家里了！值得一提的是，宫殿中那些美丽的彩色浮雕对15世纪以拉斐尔为首的文艺复兴时期的艺术家曾起到了深远的影响。另外，还可以参观一个八角形的房间（Sala Ottagonale），里面陈列了众多当时的艺术品。梵蒂冈博物馆中的《拉奥孔像》就是在这里挖掘的。

古罗马斗兽场

要说古代统治者谁在寻欢作乐方面更有天赋，恐怕再没有比罗马帝国的统治者更狂热的了，而罗马市内的斗兽场便是最好的见证。这个斗兽场建于72～82年间，专为野蛮的奴隶主和流氓们看角斗而造。现在的斗兽场已经成为古罗马文明的象征，并以宏伟、独特的造型闻名于世。从外观上看，斗兽场呈正圆形；俯瞰时，它是椭圆形的，可以容纳近9万人数的观众。斗兽场的围墙共分4层，前3层均有柱式装饰，依次为多利克柱式、爱奥尼柱式、科林斯柱式。观众席大约有60排座位，逐排升起，分为5区，前面一区是荣誉席，最后2区是下层群众的席位，中间是如骑士等地位比较高的公民坐的。下层观众席位和骑士席位之间也有6米多的高差，其安全措施做得很严密。

加富尔站

充满视觉享受的地方

加富尔（Cavour）是罗马地铁B线的一个地下车站，当快速高效的地铁把你带到加富尔，展现在你面前的将是一个充满视觉享受的地方。加富尔313（Cavour 313）多种多样的酒品、图拉真广场充满魅力的建筑、Hotel Centro Romano勾人馋虫的美食、温科利的圣彼得教堂中的经典画作，都散发着迷人的光彩，吸引着你的眼球。

加富尔313

加富尔313（Cavour 313）就在罗马地铁B线加富尔站附近，其以品种丰富的酒藏和美味多样的小吃成为了古罗马广场附近最受欢迎的餐厅。这家店通体用暗色木头做装饰，服务接待非常友好，价格也很公道，容易让人接受。特别是加富尔313的酒单，有超过500多个品种，面对这美食美酒的诱惑，的确让人难以抵挡。

图拉真广场

图拉真广场是罗马最大的广场，它是为了纪念对达基亚人的征服而建的。在广场上，有2所巨大的图书馆、2座宏伟的大会堂，加上至今还耸立在废墟上的图拉真胜利纪念柱和一排排雕像，构成了当时全城最壮观的地区。整座广场的主体建筑于112年落成，而图拉真圆柱则是于次年落成的。广场的整体建筑参照了东方君主国建筑的特点，不仅轴线对称，而且作多层纵深布局室内室外的空间交替，雕刻和建筑物交替，酝酿建筑艺术高潮的到来，还使用了一些令人感到意外的手法。

Hotel Centro Romano

Hotel Centro Romano位于罗马地铁B线的加富尔站，整体条件很不错，酒店的休闲活动设施可以达到罗马的平均水平，登记入住时服务极佳，宾馆餐厅食物种类也很多，可以满足大部分人的口味，只是酒店周围的环境对购物而言并不是特别理想。

温科利的圣彼得教堂

温科利的圣彼得教堂里有一个作品是最不可错过的，那就是由著名雕塑家、绘画家米开朗琪罗所创造的《摩西》。这座雕塑作品结合宗教历史，将这位伟大的先知刻画得栩栩如生，让人叹为观止，而这里还有很多诸如此类的精品。可以说，欣赏温科利的圣彼得教堂是到罗马不能不做的一件事。

I ♥ ROME »

PART 2

罗马美食情报

065-087

地道罗马风味

I ❤ ROME

达文西诺

主题特色：罗马料理/鱼类

达文西诺（Da Vincenzo）餐厅就在中央车站（Termini）附近，它邻近市中心，交通十分方便。这里并没有豪华的店内装饰，看起来很普通，但是餐厅服务十分到位。这家店主要经营罗马料理和鱼类菜式，其中以鱼式通心粉最为有名。在此就餐会有一种很舒服、放松的感觉。

地 Via Castelfidardo 6号 电 06-484-596 营 每天12：30～15：00、19：00～23：00

交 乘坐地铁至中央车站（Termini）下车即可到达

美食达人点评

- 这是一家很不错的意式餐厅，里面的食物非常美味，而且价格也极为合理。另外，这里的酒单也很不错，有很多种类可供选择。
- 这家餐厅位于在罗马北部一个主要住宅区的小街上，来这里的客人很多。想推荐烤宽面条，是极为开胃的一道海鲜主菜。另外，他们的面条是自制的，鱼也非常新鲜，配合起来十分美味。
- 如果你来达文西诺吃晚餐，那你绝对会度过一段很完美的晚餐时光。这里的侍应生非常专业，他们似乎能感觉到你什么时候需要他，什么时候你想独自享受晚餐而不想被人打扰。2个人在这里用餐的话通常点1份开胃菜、2份面食、一些主菜和大概50欧元的葡萄酒，这绝对会让你吃得饱饱的，而且还可以享受免费的limoncello和晚饭后的Cookie。

玛特里奇安拉

主题特色：高档的家庭经营式餐厅/地道罗马菜式

玛特里奇安拉（Matricianella）是一家典型的家庭经营模式的餐厅，但并不像一般人所想象的那样，过于简单，而是打破了传统经营模式的制约，反而给人一种特别高档的感觉，正因为如此，这也成为了玛特里奇安拉的特色之一。除去这些，推荐这家餐厅的原因主要还是因为它制作的美味食物，从它的菜单中可以很容易找到许多地道的罗马菜式，比如羊乳酪空心面（Bucatini All' Amatriciana）、牛奶烧小羊肋排（Abbacchio Alla Scottadito）等，不但如此，这家店还有不错的特色菜，如意大利奶油焗饭（Risotto Mantecato）、炸鱼（Fritti）、炸土豆皮（Bucce Di Patate）等也非常美味。当然质量上乘的葡萄酒在这里也是肯定不会少的。值得注意的是这里的客人很多，来这就餐时一定记得提前预订座位。

地 Via Del Leone 4号 电 06-683-2100 营 周一至周六12：00～15：00、19：30～23：00，8月歇业3周 交 乘坐地铁至西班牙站（Spagna）附近或乘坐巴士70、81、117、119、629路即可到达

美食达人点评

- 听从罗马当地居民的建议来这家餐厅就餐，餐厅的就餐氛围很好，完全不会给人很造作的感觉，菜肴很好吃而且特别地道，很轻易地就可以给你一个非常美妙的夜晚。
- 曾有驴友说，玛特里奇安拉餐厅是做传统罗马菜式最好的地方之一，去那里尝试一次会是个很美好的体验。炸朝鲜蓟是最推荐的一道菜，非常的美味。菜单提供有很多传统地道的罗马菜式，让人禁不住想一一品尝，还有酒单也很不错，有很多种类的酒品可供选择，侍应生态度也很好，在这里品尝美食实在是一种享受。

罗西尼小道基诺店

主题特色：嘈杂/和谐

罗西尼小道基诺店（Gino In Vicolo Rosini）坐落于国会广场（Piazza Del Parlamento）附近，就在国会大厦后的一条小巷子里。这家街区小店总是被世界各地的游客、地道的罗马人，以及下院议员和政治文人等各式各样的顾客塞得满满当当。这里环境虽显嘈杂，但细细品味下，服务生周到的服务，小店老板热情的招呼，会让你感觉

这家小店总是充满着友善与和谐。其中清淡的罗马菜是这里的招牌菜式，比如用蘑菇和番茄做出的南方阿姨面（Tonnarelli Alla Ciociara）、浇鲅鱼汁的意面配鹰嘴豆、白葡萄酒浸兔肉（Coniglio Al Vino Bianco）和填馅小胡瓜（Zucchine Ripiene）等，以及各式甜点，包括果酱馅饼（Crostate）和提拉米苏等。让你在感受罗马浓浓的人情味儿的同时还能体验地道的罗马美食，不过记得要早点来，这里的座位可是很抢手的。

地 Vicolo Rosini4号 电 06-687-3434 营 周一至周六13：00～14：45、20：00～22：30，8月歇业 交 乘坐地铁至西班牙站（Spagna）下车，或乘坐巴士52、53、61、62、63、71、80、95、116、119、175、490、630路即可到达

美食达人点评

- 这是一家家庭经营式的餐厅，20：00开始营业，不过你一定得早点去，不然会找不到座位，这里的食物非常美味而且酒也不错，价格比较合理。
- 当你来罗马旅游，经过一上午的游览后来到这家餐厅，毫无疑问，你的选择是对的！疲惫的你在这里不仅可以得到休息，而且还有美味的食物相伴。这里哪怕比较简单的菜，比如说蘑菇、豌豆和咸肉、牛排，也都是很好吃的。如果你决定来这里吃午餐的话，那最好赶在13：00～14：45这一时段，否则它就关门了，要到下次开门，那会是很漫长的一个过程了。
- 据驴友说他们到达这家餐厅的时候已经比预约时间晚了，但是餐厅显然准备充分，服务员在提醒下会马上安排座位。即便你因为来晚，点的某一道菜没有了，服务员给你推荐的替代菜式也会很可口，强烈推荐这家餐厅！

阿格塔与罗密欧

主题特色：自由风格创意

阿格塔与罗密欧是一家夫妻店，丈夫罗密欧是这家餐厅的经理，妻子阿格塔负责后厨。这绝对可以说是一处以自由风格创意罗马美食而出名的美食圣地。你可以尝试一下他们的开胃菜，还有餐厅每日推出的特色菜式。阿格塔用美味的肉、鱼以及新鲜蔬菜搭配做出的创意美食不可错过，当然还有她做的极品甜点奶油泡芙等。因为餐厅很受欢迎，想来这里一定要提前预订。

地 Via Carlo Alberto 45号 电 06-446-6115 营 周六至周日休息，1月和8月份休息2周，其他时间营业 交 维托里奥·埃马努埃莱广场附近，做巴士5、14路即可到达

美食达人点评

✪ 阿格塔与罗密欧餐厅环境优雅舒适，而且食物也非常的地道美味。关键是这里的菜不是过于死板的罗马传统菜式，而是采用自由创造美食的方式，很让人惊喜。餐厅的酒单也是庞大丰富的，大概有3000多个品种，价钱由18欧元至1000欧元不等。虽然这里的消费有点高，但能获得一个大快朵颐的美食机会还是很值得的。

✪ 有驴友品尝了这里菜单上有的所有菜式，他们认为每道菜都非常不错，很让人喜欢。有12个菜式的价位在这个餐厅的级别上会让你很惊喜。此外这里的服务很周到，如果有机会，你一定要来这里尝一尝。

✪ 这里的每1分钟都让人觉得很享受，特别是视觉冲击，实在是太棒了。因为餐厅的每道菜不仅美味而且菜色十分好看，在某种意义上讲，这里是罗马最好的餐厅之一。

伽奇诺1887

主题特色：炖牛尾/红酒种类丰富

伽奇诺1887（Checchino Dal 1887）是罗马最顶级的餐厅之一，创立于1887年，坐落在特拉斯代维力（Trastevevrl）与Pascarella附近。这里服务周到、热情，装饰华丽、优雅，还设有露天座位。据说这里拥有着罗马数量最多的红酒，同时还有全市最丰富的意大利与法国乳酪。这里烹制的罗马美食也是相当美味，最著名的一道菜要数当年劳工阶级在此发明的餐点“炖牛尾”了，如今“炖牛尾”已经成为了罗马十大美食之一。

地 Via Di Monte Testaccio 30号　电 06-574-3816　营 周二～周六营业　交 乘坐巴士3、8路即可到达

美食达人点评

✪ 这里服务生的制服与餐厅的典雅装饰很搭配，给人的感觉很舒服。餐厅的位置比较好，很容易找到，就在地铁B线金子塔站（Piramide）附近。晚上去伽奇诺1887，里面顾客会很多，大多数服务员都能讲一口流利的英语，他们非常乐意帮顾客制定菜单，而且这里甚至还有一个单独的英文菜单供游客使用，特别人性化。

✪ 伽奇诺1887可以说是一家神话般的餐厅。在这里，你经常会抱着的好奇心去试吃一些以前没有吃过的东西。在所有的菜品中，“炖牛尾”和“小牛肠面食”无疑是最棒的，它们的味道特别让人回味。这里的酒单也很惊人，数量之多令人咋舌。喜欢好酒和美食的人们，千万别错过这里。当然，这里的消费水平也是比较惊人的。

来罗马吃比萨

I ❤ ROME

比萨饼是一种发源于意大利的食品，它是一种由特殊的饼底、乳酪、酱汁和馅料做成的意大利传统美食。如今，这种方便、美观、好吃的食品已经作为意大利的标志性美食在全世界范围内广受欢迎了。既然来到了罗马这个比萨饼之国的首都，你当然要好好品尝一下这里正宗的比萨饼到底是什么滋味了。那刚从红通通的炉膛里烤出的比萨饼，色鲜、味浓、外焦里嫩、香气诱人，能吃一次这样地道的意大利比萨，绝对会让你不虚此行的。

弗朗西斯科风

主题特色：传统/友好

弗朗西斯科风（Da Francesco）可算得上是一家名副其实的比萨样板店了，它位于罗马中心区，是一家非常传统的比萨店。这里不接受预订，如果你想吃到刚出炉没多久的美味比萨，最好赶在20：00之前，否则你只能耐心排队等候了。这里如此受欢迎的原因很简单，比萨饼做得非常美味！在充满着温馨气息的店内，看着店员来回忙碌的身影，再享受着新鲜美味的比萨饼，恍惚之间，会让你有种变成罗马人的感觉。

地 Piazza del Fico 29号 电 06-686-4009 营 周一、周三至周日12：00～14：50、19：00～00：45，周二19：00至次日凌晨00：45 交 乘坐巴士40、46、62、64、916路即可到达

美食达人点评

✪ 在罗马能找到“弗朗西斯科风”比萨店，是来罗马旅游的幸运吧！这里的主人非常友好，当然也包括同在店里的罗马当地人。店里也有许多食物可供选择，当然，比萨饼是主要的特色。毫无疑问，这里的比萨是最好的！它很薄，很香脆，唯一遗憾的是这里不提供咖啡。总体感觉很不错，2个人在这家餐厅消费一餐的话，26欧元就够了。

✪ 这家餐厅表面上看起来并不怎么好，但是比萨却非常有名，碰到了人多的时候经常需要在外面排队，这时常会花费你将近30分钟的时间。不过，当你品尝了这里的比萨饼之后，你就会觉得花费生命中的30分钟来等待这里的比萨饼的确是很值得的。去罗马旅行，这里的美味比萨千万不能错过。

得意屋

主题特色：拥挤/足球

得意屋（Da Ivo）被称为“罗马最著名的比萨饼店”是当之无愧的。在这家比萨店外的街道上，每天都有顾客在排队等候，正常情况下这里可以接纳100人同时用餐，可如果是在足球比赛日的话，这家店内要挤进大概200多人。大家在这拥挤狭小的空间内聚集在电视机前一边看球一边享用美味的比萨，这种气氛和美味就是得意屋出名的原因。

地 Via Di San Francescoa Ripa 158号 电 06-581-7082 营 周一、周三至周六18：00至次日凌晨1：00、12：00～15：00，周日18：00～次日凌晨1：00，1月份歇业两周 交 乘坐巴士780路或乘坐有轨电车8路即可到达

美食达人点评

- 曾经有人来过罗马2次，在这家餐厅吃饭的次数是去其他餐厅次数的2倍，毫无疑问，这里的比萨饼非常的美味，气氛更是相当好。
- 如果你住在这家店的附近，那么你就可以经常来这里买比萨饼然后带回家吃了！当然，如果你享受餐厅环境里的热闹，不喜欢“吃独食”的话，你也可以直接在店里吃点别的，这里除了美味的比萨饼外还有不错的意大利面等，算得上是一家很棒的餐厅！

瑞奇比萨饼店

主题特色：自由风格/Est！ Est！ Est！

瑞奇比萨饼店（Pizzeria Da Ricci）是一家充满自由风格的比萨饼餐厅，于1905年由瑞奇家族创立。餐厅位于国家路（Via Nazionale）附近一条安静的小街尽头。它还有另一个别名叫“Est！ Est！ Est！”，在罗马很是有名，以至于大家都很少称呼它为“Pizzeria Da Ricci”了。这里的比萨饼略小，大多数人一次要买2个，但味道非常好，而且还附赠带甜味的北拉其欧（Lazio）白葡萄酒。

地 Via Genova 32号 电 06-488-1107 交 中央车站（Termini）附近

美食达人点评

✪ 这家店有一种古朴的意大利酒吧的完美气氛，让人十分舒服，绝对算得上是一个很有吸引力的家庭餐馆。这里的比萨实在是太好吃了，值得推荐给每一个来罗马旅游的人。如果有机会来罗马旅游，一定不要错过。

✪ 这家店从外观上看挺小的，不过不要被这种假象迷惑，等你进去后会发现，里面的空间还是挺大的。这里的工作人员很友善，而且餐厅的气氛也特别好。来罗马如果没有吃过“Est！Est！Est！”的比萨，那你的罗马之旅将是不完整的。

来么

主题特色：罗马最地道的比萨饼

来么（Remo）拥有罗马最地道的比萨饼，在河西岸地区赫赫有名。此店地理位置极佳，很容易找到，你可以选择坐在人行道旁摇摇晃晃的餐桌前也可以坐在犹如洞穴似的店面里享用你美味的比萨饼。这家店的墙上还挂有罗马的意甲球队“拉齐奥”的照片，可见这里对于足球的推崇，喜欢足球的朋友千万不要错过这里。

地 Piazza Di Santa Maria Liberatrice 44号

电 06-574-6270　营 周一至周六19：00至次日凌晨00：30，8月份歇业3周　交 乘坐巴士23、75、95、170、716、781路或乘坐有轨电车3路即可到达

美食达人点评

✪ 如果你很在意食品的价格、味道以及服务的质量，那来Remo会是你不错的选择。这家繁忙的比萨店会为顾客提供极薄的、各种搭配的美味比萨饼，并且他们的服务态度很好，食物价格也都很合理。此外这里自制的甜点“奶油焦糖”也很美味的！

✪ 这里客人很多，如果你想有一个座位的话，那最好在19：00之前来这里。而且早点来的话，你还可以坐在户外街边的餐桌前用餐，这将会是一种很好的享受。这里的店主也非常热情，服务也很周到，值得一去。

关于比萨的那些事儿

“比萨（Pizza）”是古代意大利语“一点（A Point）”的意思，这个词最早是公元前997年左右那不勒斯的方言，虽然在今天很多人都知道比萨来自于意大利，但到底是谁发明了比萨呢?

关于“比萨”的传说

有些人认为，比萨来源于中国。当年意大利著名旅行家马可·波罗在中国旅行时最喜欢吃一种北方流行的葱油馅饼。回到意大利后他一直想能够再次品尝，但却不会烤制。周末的一天，他同朋友们在家中聚会，其中一位是来自那不勒斯的厨师，马可·波罗灵机一动，把那位厨师叫到身边，“如此这般”地描绘起中国北方的香葱馅饼来。那位厨师也兴致勃勃地按马可·波罗所描绘的方法制作起来。但忙了半天，仍无法将馅料放入面团中。此时已过了午餐时间，大家已饥肠辘辘。于是马可·波罗提议就将馅料放在面饼上吃。大家吃后，都拍手叫好。这位厨师回到那不勒斯后又做了几次，并配上了那不勒斯的乳酪和作料，却意外地大受食客们的欢迎从此“比萨”就流传开了。

还有些人认为，比萨饼诞生于1600年的那不勒斯。传说，当地有一位母亲，因家里贫困，只剩下一点点面粉，正在因不知能给孩子们做什么吃而发愁时，邻居们得知了此事，凑来了一点西红柿和奶酪。这位母亲就将面粉和成面团烙成饼，将西红柿切碎涂在上面，再把奶酪弄碎撒上，然后放在火上烤，这样就成了香喷喷的比萨饼了。

比萨是美食的重要组成部分

“比萨”是一种由特殊的饼底、乳酪、酱汁和馅料做成的具有意大利风味的食品，但其实这种食品已经超越了语言与文化的壁障，成为全球通行的名吃，受到各国食客的喜爱。不过这种美食究竟源于何时何地，现在却无从考究。如今，面对遍及全球的“比萨专家”，以及必胜客餐厅里烤制的几百万个比萨，大家都自然地认为这是400年前意大利那不勒斯的面包师傅首创的。

据统计，意大利总共有2万多家比萨店，其中那不勒斯地区就有1200家。大多数那不勒斯人每周至少吃1个比萨，有些人几乎每天午餐和晚餐都吃。食客不论贫富，都习惯将比萨折起来，拿在手上吃，这也成为现在鉴定比萨制作优劣的依据之一。比萨必须软硬适中，即使将其如“皮夹似的”折叠起来，外层也不会破裂。

目前，全球最为著名的比萨专卖连锁企业是1958年创办于美国堪萨斯州的必胜客。“红屋顶”是必胜客外观的显著标志。必胜客遍布世界各地90多个国家和地区，拥有12300多个分店，包括在中国的近40家分店，每天接待超过400万顾客，烤制170多万个比萨。

比萨的讲究

据了解，上等的比萨必须具备4个特质：新鲜饼皮、上等芝士、顶级比萨酱和新鲜的馅料。饼底一定要每天现做，面粉一般用春冬两季的甲级小麦研磨而成，这样做成的饼底才会外层香脆、内层松软。纯正乳酪是比萨的灵魂，正宗的比萨一般都选用富含蛋白质、维生素、矿物质和钙质及低卡路里的莫扎里拉（Mozzarella）芝士。

吃比萨的时候，通常出炉即食，此时的风味也最佳。比萨之所以被人们喜欢，除了它本身美味可口以外，还配有其他小食点缀。例如“必胜客”的比萨就配有奶香浓郁的鸡蓉蘑菇汤、风情香鸡翼、各式烤馅饺、油炸小薯格、自助沙拉等等。

罗马冰激凌

I ♥ ROME

冰激凌对天真烂漫的孩童来说，永远有着特别大的吸引力。不仅如此，这种能让人们在酷暑中稍感凉意又美味十足的消暑食品也让成年人无法自拔。爱吃冰激凌？那你了解它么？来到冰激凌的传奇国度意大利的首都罗马，品尝这里的特色冰激凌将是你不可不做的一件事儿。那么在罗马，去哪儿可以找到最美味的冰激凌呢？OK，让我们出发，去寻找冰激凌的经典之店吧！

圣克里斯皮诺

主题特色：内含蜂蜜、略带酒味的冰激凌

圣克里斯皮诺（ Gelato Di San Crispino）周围充斥着许多档次不一的冰激凌店，穿过许愿喷泉，你会看见一家高雅朴素的小冰激凌店，这就是圣克里斯皮诺。圣克里斯皮诺的冰激凌被认为是全罗马最出色的，甚至还有人认为这里的冰激凌是全世界最好的。圣克里斯皮诺成功的秘诀在于每个制作环节都一丝不苟。这里的招牌冰激凌内含蜂蜜，每一种口味的冰激凌口感都细腻柔滑。比如用某些新鲜水果做成的冰激凌，再加上一点可口的又充溢着刺激和诱惑感的酒味，那将是多么美妙的享受啊！

地 Via Della Panetteria 42号 电 06-679-3924 营 周一、周三、周四、周日12：00至次日凌晨00：30，周五、周六12：00至次日凌晨1：30，1月中至2月中歇业 交 乘坐巴士52、53、61、62、63、71、80、95、116、119、175、490、630路即可到达

美食达人点评

✪ 这里的冰激凌真的可以算是意大利最好的了！店里的冰激凌口味随季节的变化而变化，在炎炎夏日，黑莓、黄李冰激凌是最受欢迎的，味道真的很赞。

✪ 这家店里只供应杯装的冰激凌，不卖锥形蛋筒的冰激凌，店家解释说这是为了不破坏冰激凌的口感。这里提供的蜂蜜、生姜、肉桂味的冰激凌口味独特，除此之外，店里还提供精致的牙买加咖啡。

✪ 店面的地理位置很好，但是聪明的人会跑到郊区的分店去吃冰激凌，因为那里才是圣克里斯皮诺起步的地方，而且郊区的环境也会相应幽静些。其实每家分店的冰激凌味道都同样出色，只是看个人选择和偏好吧！

法西菲1880

主题特色：百年老店/与众不同/物美价廉

法西菲1880（Fassi 1880）是罗马一家百年老店，百年的文化底蕴也注定这里的冰激凌与众不同。这家店地处罗马的华人区，也许是由于这个原因，法西菲1880是许多去罗马旅游的中国游客必去的地方，也是他们最喜欢的一家罗马冰激凌店。这家店虽传承百年历史，冰激凌却一直到现在都坚持着物美价廉的特点。去这家店可以说吃的不只是美味的冰激凌，更多的是去品意大利的冰激凌文化。

地 Via Principe Eugenio 65号 电 06-446-4740

营 周二至周日12：00～00：00，圣诞节至1月5日休息，秋冬季每周三半价优惠 交 乘坐地铁A线至Vittorio站下车即可到达

美食达人点评

✪ 很多喜爱冰激凌的人在旅游时，每经过一个城市总要去那里的冰激凌店看一看。显然，罗马的这家法西菲1880是很经典的一家店。这里有各种各样的口味可供选择，而且每一种都是那么的诱人！在你选完之后，服务生会在最上面再铺一层奶油，真的很美妙！另外，这里的服务生态度也都很友善，是一家很好的冰激凌店。

✪ 这家店的冰激凌种类多得让人惊奇，各种口味都非常好吃。当地的罗马人来这里通常会按重量买很多带回家，店的位置还可以，在地铁Vittorio站附近，想要去的话也还算方便。

✪ 法西菲1880冰激凌店装修简单但是很漂亮，可以说完完全全是一个罗马产物。店里的墙壁上装饰着爱德华七世时期的广告和法西斯时代的海报，自然而朴实，每天都有熙熙攘攘的人群涌向这里。这里的冰激凌，最好的要数“Riso”（就是一种类似布丁的甜品）和“La Caterinetta”（蜂蜜和香草的混合物）了！

圣菲力普

主题特色：水果口味冰激凌/榛子和巧克力冰激凌

圣菲力普（San Filippo）从外表上看似乎和别的冰激凌店没什么太大的差别，但事实上它出品一些很绝妙的冰激凌。这里最大的特色要数榛子（Nocciola）和巧克力（Cioccolato）冰激凌了。除此之外，这里的时令水果口味的冰激凌品种十分丰富，这对于喜欢吃水果味冰激凌的朋友来说，绝对是一件大好事。

地 Via Di Villa San Filippo 2-10号，北郊 电 06-807-9314

营 11月～4月周二至周四7：00～22：00，周五至周日7：00～午夜；5月～10月周二至周日7：00～午夜，8月歇业3周 交 乘坐巴士53、360路即可到达

美食达人点评

除了这里特色的榛子和巧克力口味冰激凌以外，西瓜、桃子和甜瓜等水果口味也味道不错，如果有机会来罗马，一定要来亲自品尝一下。

特斯塔乔冰店

主题特色：罗望子和柠檬椰子口味冰激凌

特斯塔乔冰店（Chiosco Testaccio）已经有80多年的历史了，但是依然长盛不衰，而且这里每年都要刷上一层新的颜色。在这里消遣的年轻人往往挤在一起享用着手工制作的冰品，你如果想来这里吃冰激凌，就必须要穿过拥挤的人群才能到达店里。这家店的特色是味道独特的罗望子和柠檬椰子口味冰激凌。

地Via G Branca，Via Beniamino Franklin路口 交乘坐巴士95、170、781路或乘坐有轨电车3路即可到达

美食达人点评

可能是因为这家店开在工薪阶层地区，所以价格上并不是很贵，很适合年轻人和钱包不是那么鼓的人。

意式 冰激凌

意大利人制作冰激凌的历史悠久，意式冰激凌的特点是香气浓郁、质地密集、口感较好，而且所含的脂肪和热量也比好多其他国家的冰激凌要低。意大利人发明的冰激凌叫做“Gelato”，即软式冰激凌，如果你把它混同于平常的“Ice cream”（硬冰激凌也称美式冰激凌）的话，意大利人可是会很伤心的。说意大利冰激凌是真正的艺术品一点也不为过，从制作工艺上讲，单纯的配方是制造纯粹口感的秘密武器，不论哪一款冰激凌，它的配方中永远没有任何添加剂，而且始终都是专业厨师的手工制作。所有意式冰激凌不会冰冻得很硬，口感细腻、轻盈如丝，浪漫的感受不绝于口。

每逢炎炎夏日，罗马的冰激凌店都是生意最火爆的地方，有很多冰激凌店要营业到午夜才会关门。但是，罗马的冰激凌店并没有因此就忽略了质量，他们在用口味吸引顾客的同时，也注意了冰激凌的新鲜和健康。不论是以创新品种而开设的新店、还是以传统口味重磅出击的老店，他们都有一个共同的理念，那就是保证冰激凌的新鲜与健康。意大利的冰激凌制造商们拒绝在冰激凌里添加任何防腐剂和其他化学成分，并尽量选用质量上乘的新鲜原材料，让顾客在享受美味和清凉的同时，更能够保持健康。

在罗马，很多酒吧都得益于有个大冰柜，这样的酒吧会挂出一个小牌子，上面写着“Produzione Artigianale”（自制冰激凌），这是意式冰激凌最大的卖点，但这也使得你在买冰激凌的时候眼光会变得挑剔。例如在水果冰店，如果冰激凌的颜色看上去太过鲜艳，那很有可能不是天然原料做的。

罗马的冰激凌以锥形圆筒（Cono）或杯（Coppetta）为单位来买，大小不同，价格在2～4欧元之间。冰激凌的种类分为水果（Frutta）和奶油（Crema）两大类，此外，还有果汁冰糕（Sorbetto）、颗粒较粗的冰沙（Granita）。以前在罗马，随处可见卖一种叫做“grattachecca”的罗马式冰沙的小摊子，这种冰沙上会浇各种果汁的碎冰，很好吃。不过，现在这种小摊子已经不那么容易看到了。但你要是想找一般的冰激凌店，几乎街上的拐角处（Angolo）都会有。

罗马的葡萄酒店

I ♥ ROME

我们总说“法国红酒”，似乎法国就是葡萄酒的代言国，实际上意大利葡萄酒的产量和质量都远远超于法国。意大利是欧洲最早得到葡萄酒种植技术的国家之一，它酿酒的历史已经超过了3000年，其葡萄酒产量占世界的1/4，输出、销售量都堪称世界第一。在意大利的首都罗马，葡萄酒和葡萄酒橄榄油连锁店更是随处可见。罗马葡萄酒的种类十分丰富，兰布鲁斯科酒、法兰弗娜、奇扬第葡萄酒等。到罗马旅游时，你不妨在这里喝上一杯，感受一下古罗马人的生活。

夜来酒香

主题特色：最好的葡萄酒/罗马声誉极高的葡萄酒店

夜来酒香（Tramonti E Muffati）是一家小小的葡萄酒酒吧兼熟食店，在罗马的声誉很好。店老板到处搜罗最好的意大利葡萄酒、好吃的糕点和农产品，这也是这家店生意兴隆的秘诀所在。夜来酒香里的菜很不错，不过当你看到菜单的时候你就会发现，其实这里的真正亮点还是葡萄酒，因为菜单上的食物分类完全是按照最适合为哪种葡萄酒佐餐来分的。

地 Via Santa Maria Usiliatrice 105号 电 06-780-1342

营 酒吧、熟食店 周一至周六16：30～20：30，供餐时间 周一至周六20：00～23：00，8月歇业 交 乘坐地铁至Colli Albani站或乘坐巴士16、85路即可到达

美食达人点评

- 价格适中的酒单上有一些出自地方小酒厂的品质不错的葡萄酒，如果你不清楚怎么点的话，可以向老板Berardi咨询，老板会很友好地告诉你的。
- 这家小店的一切都非常出色！餐厅虽小，但非常漂亮，气氛温馨而且浪漫。这里的价钱不是很贵，平均消费25欧元左右，收费还是比较合理的。可以使用信用卡付款。

Trimani Wine Bar

主题特色：罗马最古老的葡萄酒店

Trimani Wine Bar是罗马的一家最古老的葡萄酒店，开放于1876年，主要提供法式和意式葡萄酒，除了提供葡萄酒之外，还提供香槟、甜酒和小吃。这家店优雅时尚，装饰正规，座位舒适。在这里，Nicoise沙拉、素食面食、匈牙利炖牛肉料理等都是不错的选择。特色菜在导游书和菜单上都有，你也可以点些别的菜。

地 Via Cernaia 37号 电 订餐电话06-446-9630，商店部电话06-446-9661 营 周一至周六、12月的周日11：30~15：00、18：00~次日凌晨2：30，8月歇业两周；葡萄酒商店 周一至周五8：30~13：30、15：30~20：00 交 乘坐地铁A线、B线至Repubblica或Castro Pretorio站下车即可到达

美食达人点评

- 这家店的食物味道极佳，服务到位，一切都好得无可挑剔。在选酒方面，女服务员会给你很大的帮助，在餐后她们会为你上1瓶餐后酒，有时候还会给来这里用餐的情侣赠送心形巧克力呢！
- Trimani Wine Bar是很不错的酒吧，来罗马的话绝对值得去那里看看。如果你是在畅饮促销时段喝酒的话，还可以享受买一赠一的优惠，非常划算！另外，这里可供你选择的酒类品种齐全，且品质上乘，美食看起来也十分精致。店内的装饰风格鲜明独特，布置得十分舒适。这里就是你开始享受罗马梦幻之夜的绝佳场所。
- 这家葡萄酒吧是一个休息的好地方，更是享受一系列杯装或瓶装地方美酒、免费小吃和清谈饭菜的好地方。每天17：00~19：00是一段快乐时光，那时你可以免费得到1杯酒，如果你想要第2杯的话，你得叫酒吧服务生为你倒，因为他们是不会主动为你倒的。
- 酒吧就位于一个比较大的零售店旁边，里面到处都是本地特色的东西。在Trimani Wine Bar用餐之后，你可以去这些地方购物。

Al Vino Al Vino

主题特色：500多种葡萄酒

这家葡萄酒酒吧坐落在生机勃勃的Via Dei Serpenti大街上，这里有500多种葡萄酒，其中有25种可以论杯卖。后面的房间里摆放着漂亮的铸铁桌子，上面装饰着火山岩石头和陶瓷制品，十分精美。这里的菜单上还有纯正的西西里风味美食，例如西西里蔬菜杂烩和用巴尔马干酪调制的茄子等。

地 Via Dei Serpenti 19号 电 06-485-803 营 每天11：30~15：30、17：00至次日凌晨00：30，8月歇业3周 交 乘坐地铁B线至Cavour站下车或乘坐巴士40、64、70、117、170路即可到达

美食达人点评

- 这里的葡萄酒种类很多，意大利葡萄酒风情在这里展现得淋漓尽致，而且这里还可以满足你对葡萄酒的各种口味的需求。但是distillati、格拉巴酒（grappa）、威士忌和其他烈性酒，也许才是这里的最大特色。

那些美滋美味的意大利葡萄酒

历史悠久的意大利佳酿

作为老牌葡萄酒国家，意大利佳酿早已声名远播。意大利是世界最为古老的葡萄酒产区，早在公元前2世纪，伊特鲁里亚人和希腊移民在罗马人建立自己的葡萄园之前便已经开始出产葡萄酒。而罗马人的葡萄种植和葡萄酒酿造则多产而规范化，他们发展了规模化生产及储存技术，如装桶及装瓶。2000年后，意大利成为了世界上最重要的葡萄酒生产国之一，并于2008年首次击败法国，成为世界上最大的葡萄酒生产国。

其实，法国和意大利两国每年都在争夺世界上最大葡萄酒生产国、出口国、消费国头衔。从葡萄的种植面积上、出口量上，两国都是旗鼓相当的，但在种植和酿造历史上，法国就不是意大利的对手了。葡萄酒在意大利非常受欢迎，意大利的葡萄酒消费量位居世界前列，每年人均消费59升。因其地理位置之利，意大利几乎所有地区都种植葡萄，并拥有超过100万个葡萄园。

“风情万种”的意大利葡萄酒

意大利葡萄酒的种类堪称世界第一，1000多个葡萄品种散布在这片土地上，而法国的酿酒葡萄品种也不过100多个，是意大利的1/10。更重要的是，其中一些葡萄品种仅在意大利可见，数百个本土品种使得意大利葡萄酒阵容庞大，如桑娇维塞，这是意大利种植最广的葡萄品种；内比奥罗，是意大利当地品种里最高贵的一个；而巴贝拉，则为皮埃蒙特产区的原生品种。

除了葡萄种类众多外，气候、土壤的多样性也造就了意大利葡萄酒风格的丰富多彩。意大利的20个葡萄酒产区遍布整个意大利南部、中部、东北部和西北部四大区域。其中，北部基本上属于大陆性气候，其他则为海洋性气候，均非常适合葡萄生长。此外，各产区的土壤特点又各有千秋，而且同一片地区的每块葡萄园也会因为山坡朝向、地势高低的不同而拥有各自的不同特点。

不容错过的意大利佳酿

桑娇维塞（Sangiovese），重要的意大利本土葡萄品种，种植最广，其中以托斯卡纳产区的桑娇维塞最为有名，受到世界各地葡萄酒爱好者的赞赏。好的桑娇维塞拥有极其复杂的口味，并充满花朵、水果和香料的香气。

内比奥罗（Nebbiolo），在意大利语中，内比奥罗的意思是“雾中的葡萄”，这个品种被称为是“最高贵的当地品种”，这主要是因为它对土壤和气候非常挑剔，只能生长在某些特殊地区。

巴贝拉（Barbera），这种葡萄所酿的酒香气非常特殊，很容易辨识，带有樱桃、李子、树莓、黑莓和玫瑰花的香气。

蒙特普恰诺(Montepulciano)，这是意大利种植面积第三位的当地红葡萄品种，在意大利的所有中部地区都有种植。葡萄中等果粒，是非常深的蓝色，成熟期有一点晚，大约是10月中旬左右。此类葡萄酒经过在木桶中长时间陈酿，呈深宝石红色，有干果、果酱、苦杏仁和香料木材的香气，像赤霞珠一样平衡有力。

特雷比安诺（Trebbiano），这个品种在法国叫做白玉霓，也就是酿造干邑的葡萄之一。它可以用于生产简单易饮的餐酒，也可以变身为寿命超长、香气丰富的好酒。

麝香（Moscato），这是全世界最受欢迎的葡萄品种之一，因为它有令人愉悦的香气和甜美的口感，通常用于酿造起泡葡萄酒。

那些著名的意大利葡萄酒庄

丽思巴比斯红葡萄酒（Rizzi Barbaresco）：年产约50亿公升的葡萄酒，意大利庞大的葡萄酒产量源自其本土葡萄种类丰富的优越传承。为了从这浩瀚大海般的意大利葡萄酒当中挑选最好的葡萄酒，有鉴赏力的葡萄酒商需要吸纳各种意见，而朗高对挑选优质意大利葡萄酒的眼光清晰独到。它针对每一个区域、每一个类型、每一种葡萄品种均选取最佳的生产商及最具特色的葡萄酒。最后发现这里生产的葡萄酒酒体丰满，通常呈深石榴红色泽，并且具有香料、干香草、黑胡椒、丁香和轻微的甘草气味。同时酒味柔和，充满成熟樱桃、浆果、香草和烟熏的味道。其中浓郁而丰富的果味令酒体更均衡。圆润如天鹅绒般的口感，令余韵连绵而悠长。

巴巴拉阿斯古典红（Bersano Barbera D'Asti）：贝萨诺酒园位于意大利著名葡萄产区皮埃蒙特的Nizza Monferrato，早在20世纪20年代贝萨诺先生就收购了这片庄园。今天，贝萨诺成为意大利最杰出的葡萄酒生产商之一。这里的酒体颜色呈美丽的宝石红色，葡萄的果香异常浓郁怡人。口感浓郁丰润，随时间增长，愈加饱满醇厚。

鲁芬诺都盖基昂蒂经典红2002（Ruffino Riserva Ducale Chianti Classico 2002）：1877 年，鲁芬诺酒庄创建于佛罗伦萨（Florence）附近，并迅速成为精品基昂蒂（Chianti）葡萄酒生产商，同时逐渐成为基昂蒂经典葡萄酒与托斯卡纳（Tuscan）传统在世界各地的代言人。这里出产的酒，红宝石般的色泽泛着一抹石榴红。Sangiovese葡萄典型的紫罗兰、红果及李子酱的香气馥郁迷人，回味中微妙的辛香及

焦油的淡雅清香交相辉映，十分诱人。同时酒体饱满，还有如丝绒般的质感，与成熟的果香达到完美平衡，回味芳香持久。

赛拉图（Moscato D'Asti）：赛拉图位于巴罗洛地区的爱巴村，是一个由3代人传承的家族精品酒庄，超过70年的历史。长期以来，赛拉图都是彼尔蒙地区的葡萄酒佼佼者，是意大利顶级好酒的代名词。酿酒厂建立在葡萄园的中央，也就是山顶的位置，建筑十分时尚和现代。这里的葡萄酒颜色呈淡黄色，闻起来有复杂的水果香味，充满了苹果和桃子的味道。口感清新爽口，酸度和甜度非常平衡，后味有蜂蜜味，是一款非常好的餐前、餐后甜点配酒。

法尼丝酒园特曼山红葡萄酒（Farnese Montepulciano D’Abruzzo Colline Teramane）：法尼丝酒庄成立于1582年，当时奥地利王后玛格丽达(Margherita d'Austria)与奥大维·法尼丝（Ottavio Farnese）成婚后，共同买下了Ortona整座城市。玛格丽达和奥大维都热衷于葡萄酒，他们开始葡萄园种植及葡萄酒的酿造。法尼丝酒庄是意大利阿布鲁诺（Abruzzo）大区最著名的酒庄之一，其出产的酒品集中体现了当地的风土特征。这里的酒宝石红色的酒体中带有一抹紫罗兰色，香味强烈而持久，具有辛辣的香气，并能从中感到一丝巧克力和焦油的味道，但不会掩盖其本身所具有的丰富水果香。

施奥菲白葡萄酒（Ca'Montini Soave）：卡莫天尼始于1700年早期，位于华宝利斯莱的中心位置，卡莫天尼酒庄只出产最优质的葡萄酒，均采用传统的酿造工艺配合现代科技的酿酒技术加工而成。卡莫天尼葡萄酒真正能够将原产地的特性发扬光大。所出产的葡萄都能展示出当地土壤气候和葡萄品种的真实个性。这个产区位于施奥菲和科特山的山丘位置。中度酒体干白葡萄酒，浅黄色泽，富有西柚、菠萝、白花和杏仁气味。酸度适中，充满香甜的柚子味道。余韵果味清香，口感清爽。

莫兰朵甜起泡酒（Morando Moscato Spumante）：莫兰朵公司酿制葡萄酒的历史可以追溯到19世纪末期。经历了逾一个世纪的风风雨雨，今天的莫兰朵葡萄酒庄在葡萄酒市场占据着举足轻重的位置。精心的选择和悉心的管理已经把这个传统的葡萄酒园转变成了一个技术设备先进的新一代酒园，同时又在一定程度上发扬了传统技术的精髓。这种酒有着淡淡的稻草黄色，果香甜美，清爽偏甜，均衡度好。同时，这款高贵的起泡葡萄酒不同于其它传统方法酿制的起泡酒，它未经过发酵，从而保留了完美的果香以及葡萄清新的果味，因此这款酒最好在6～8°之间饮用。

玛格丽起泡葡萄酒（Santa Margherita-Prosecco Spumante Brut）：作为意大利三大酒厂之一，玛格丽集团是意大利新派酒庄中的佼佼者。其起泡葡萄酒获得意大利最佳Proceco称号，也是意大利第二古老的Prosecco酒厂；其庄园遍布意大利东北部维内多的丹凤园，中部托斯卡纳的玛格丽，蝶舞园，南部西西里岛的飞度园。此酒年份非常新，所以酒色呈明亮的稻草黄色并泛有绿色的光泽。细闻之下有桃子、阿拉伯树胶花蕾、苹果还有凤梨的混合香气。优雅的果香和适中的酸度在口腔中平衡得恰到好处，气泡持久，香气浓郁。

意大利葡萄酒严格的法律分级

为了保证葡萄酒的品质，1963年意大利国会通过了原产地命名法案。在此后的20多年间，该法案不断被修改和完善，如今的意大利葡萄酒拥有严格的法律分级：

Vino De Tavola（VDT）：日常餐酒。

Indicazione Geografica Tipica(IGT)：地区餐酒，这个等级的葡萄酒必须使用特定大产区的葡萄，并在当地酿造。

Denominazione Di Origine Controllata（DOC）：意思是原产地命名控制葡萄酒，这个等级如同法国的AOC，指的是用法定地理区域内的法定葡萄品种酿造的葡萄酒。

Denominazione Di Origine Controllata E Garantita（DOCG）:原产地命名控制保证葡萄酒。这是意大利葡萄酒的最高等级。这个等级的葡萄酒必须瓶装出售，酒瓶容量小于5升，软木塞上必须有官方编码的标签。

罗马的特色餐厅

I ♥ ROME

除了那些比较大众化的餐厅外，罗马也有很多充满特色的餐厅。无论是崇尚自然和原生态的素食主义饮食餐厅，还是富含中国基调和特色的中国式餐厅，无论是饱含非洲风情的非洲餐厅，还是专营印度美食的印度餐厅，再或者是个性别样的法式混合餐厅，都散发着独特的气息，吸引着来自世界各地的游人来到这里，享受丰盛的饕餮大餐。

玛特古他

主题特色：素食主义/素食名店

玛特古他（Margutta）是罗马历史上非常著名的素食餐馆，坐落于Via Margutta大街上，店面很大，很容易找到。这里的布局和装饰肯定会让你大吃一惊，而结合这家餐厅崇尚的素食主义，这里种满各种植物倒是很符合玛特古他的定位。该店的菜式是以意大利菜肴为基础，并有12道亚洲菜，为食客提供多样的选择。在周二的晚上这家餐厅还会安排爵士乐现场演出，素食主义加上轻柔的爵士风，这绝对是一种惬意的享受。

地 Via Margutta 118号 电 06-3265-0577 营 每天12：30~15：30，19：30~23：30，8月份歇业3周

交 乘坐地铁至Spagna站或Flaminio站下车或乘坐巴士117、119路即可到达

美食达人点评

✪ 这家顶尖的素食餐厅虽然所有的食材都是素食，但却丝毫没有影响到美食的口感，而且看起来非常精美，很有食欲。他们提供的菜单也很丰富，并且看起来绿色、健康，吃起来也很让人放心。这座餐厅坐落在罗马的繁华地带，餐厅里非常的宽敞，里面还摆放有很多艺术品，非常有品位。此外，坐在户外的座椅上享受美食也会有一种别样的感觉。

✪ 这家餐厅已经有30多年的历史，始终让人感觉舒适而时尚。即使你不是素食主义者也可以经常来这里吃饭，因为这里的菜的口味相当好。餐厅推出的周六（15欧元）、周日（25欧元）的早午餐肯定会让你觉得物有所值，带上你的家人或朋友，来玛特古他享受一次绿色的、健康的美食之旅，绝对会是一份美好的回忆。

小贴士 TIPS

素食主义，是一种饮食文化，表现出了回归自然、回归健康和保护地球生态环境的文化理念。吃素，除了能获取天然纯净的均衡营养外，还能额外地体验到摆脱了都市的喧嚣和欲望的愉悦。悄然传播的素食文化，使得素食越来越成为一个全球时尚的标签。而素食主义，则也已经成为一种全新的环保、健康的生活方式。来到罗马，去试试这里崇尚素食主义的餐厅所做出的素食美味，也是不错的选择。

蓝橘

主题特色：都市时尚/素食

蓝橘（Arancia Blu）餐厅坐落于圣劳伦佐区，虽然是一家素食餐厅，但这里并不是你所想象的那么保守。这家店已经摆脱了最初热衷于制作摄生食物的特点，并慢慢成为一家带有都市潮流气息的酒吧餐厅，但唯一不变的是，这里仍旧是推崇素食主义的地方。蓝橘的环境设计非常新颖，餐厅里放着清闲的爵士音乐，羊乳干酪和带薄荷味的土豆馅饺子以及菊苣茎配核桃香脂醋的调料和陈年乳酪薄片的开胃菜等都是蓝橘非常受欢迎的菜式。而且这里的服务生很热情，又有非常多价格合理的葡萄酒出售，即使你不是素食主义者，只是想找个物有所值的地方解决午餐，这里无疑也会是你最佳的选择。

地 Via Prenestina 396号 电 06-445-4105 营 周一至周六20：00～23：45，周日12：30～15：00 交 乘坐巴士71、492路或乘坐有轨电车3、19路即可到达

美食达人点评

这里真是一个让人特别喜欢的地方，为了能在这里吃饭，很多人会在餐厅里等上半天，但是这无疑也是值得的。餐厅的食物不但好吃而且很健康，最重要的是在这儿会远离肥胖。这儿的土豆，还有薄荷的馄饨、素食丸子非常的美味，有机会可以来吃一吃。不过，价格也略微有些贵，偶尔来体验一下还是很棒的。

这里的环境不错，两人桌不是很大，但感觉很温馨。虽然是素食但也不会让人觉得难吃，反而会很有食欲。唯一遗憾是，人太多，经常要等位。

精烩苑

主题特色：中国风

精烩苑（Court Delicati）是一家很不错的中国餐馆，这里不仅有很多中国传统的特色菜式，也会提供一些泰国菜和印度尼西亚菜，这也为来精烩苑的食客们提供了更多的选择。在这里，除了能吃到美味的蒸饺和热脆牛肉，还能享用到不错的海鲜汤（Tomyam）和印尼辣味炒饭(Nasi Goreng)。另外，这里也有不错的葡萄酒供应，而且不是很贵。

地 Viale Aventino 43号 电 06-574-6108 营 周二至周日12：00～15：00，19：30至次日凌晨3：00，8月份歇业 交 乘坐地铁B线至马西莫（Circo Massimo）站下车、乘坐巴士60、75、673路或乘坐有轨电车3路即可到达

美食达人点评

- 这里的中国菜的确是非常不错的，餐厅在午餐时间总是非常的忙碌，另外，这里的菜在价格上偏高了点。
- 精烩苑可以说是为数不多的几个采用新鲜食材烹调的亚洲餐厅。毫无疑问，这里的大厨真的相当棒。

非洲饭馆

主题特色：非洲风情

非洲饭馆（Africa）主要为顾客提供厄立特里亚菜以及埃塞俄比亚菜，让那些没有去过非洲的食客们满足一下对非洲美食的好奇与向往。你可以在这里先点1份辣味色拉三明治作为前菜，接下来可以选择美味的全麦泰塔面包，这个可以配着蔬菜和肉一起吃，如果爱喝汤可以试试这里的蔬菜杂烩，里面有很多美味的豆子。除去这些，烤小牛肉等菜式也相当美味，非常具有非洲风情。

地 Via Gaeta 26 电 06-494-1077 营 周二至周日12：00～16：00，19：00～23：30，8月份歇业2周 交 乘坐地铁B号线至卡斯特罗·普雷托里奥（Castro Pretorio）站下车或乘坐巴士36、38、75、217、310、360、492、649路即可到达

美食达人点评

- 起初去这家非洲餐厅的人可能都会有这样那样的担心，但事实说明，这是正确的选择。餐厅的食物对一般人来说非常奇特，有点怪，但是却很美味，最重要的是价格也比较合理。如果你想在罗马尝试一下更多不一样的美味，这里是不能错过的地方。

印度快餐店

主题特色：可以外卖的印度菜

印度快餐店（Indian Fast Food）坐落在艾玛纽广场附近，是一家专营印度美食的餐厅。这里也是罗马唯一一家可以提供外卖服务的印度餐厅，当然，这里也可以堂吃。这家店就像任何一家高档的印度餐厅一样，有着光鲜华丽但是品位大众的印度音乐片佐餐。你可以在这里感受到印度的独特风情。

地 Via Mamiani 11 电 06-446-0792 营 周一至周六11：00~16：00、17：00~次日凌晨00：30，周日12：00~16：00、17：00~22：30 交 乘坐地铁至Vittorio站下车，乘坐巴士70、71、360、649路，或乘坐有轨电车5、14路即可到达

美食达人点评

✪ 这家印度餐厅的空间挺小的，不过可以外卖带走，十分方便。这里的食物味道相当好，只是种类不是很多；老板非常的友好，服务员也是相当不错的，关键是价格也很合理，一餐（不含饮料）大概5.5欧元就可以搞定。

✪ 这家店的气氛很好，店里放着印度语的音乐录影带，你会觉得自己好像置身于印度。如果你是一个素食主义者或者只是想找一个便宜的餐厅，那来这里肯定都会是不错的选择。

L'Eau Vive

主题特色：法式料理/各国风

在L'Eau Vive，穿着各地传统服装的女孩在16世纪的壁画之间穿梭，为客人提供着精致的法式料理与自己祖国的风味餐。很有特色的一点是，这里的每个人在端上酒烧法式薄饼时都会唱“卢尔德的圣母”（Ave Maria of Lourdes）。虽然这样显得有些流俗，但这里所有的营业收入都会做慈善之用。餐厅付款时接受信用卡。

地 Piazza Navona & the Pantheon附近 电 06-6880-1095 营 周一至周六12：30~14：30、19：30~22：30，8月歇业 交 乘坐巴士64、70、81、87、115路即可到达

美食达人点评

✪ 在L'Eau Vive用餐时，你会发现简直就是一次完美的用餐体验。这里有独特的食物和优雅的氛围，高高的天花板上有着华丽的壁画，精致的法国美食和每天的异国菜都可以让你大快朵颐。传统服饰打扮的服务员来自世界五大洲，衣着别具一格。

✪ 这家店的菜品绝对让你惊叹，尤其是烤山羊奶酪涂上芥末和杏仁薄片，好吃极了！每到22：00晚餐结束的时候，这家餐厅会中断古典音乐的播放，服务员将唱起卢尔德的“圣母颂”，有些时候，她们也会诵读一些简短的《圣经》故事。

I ♥ ROME

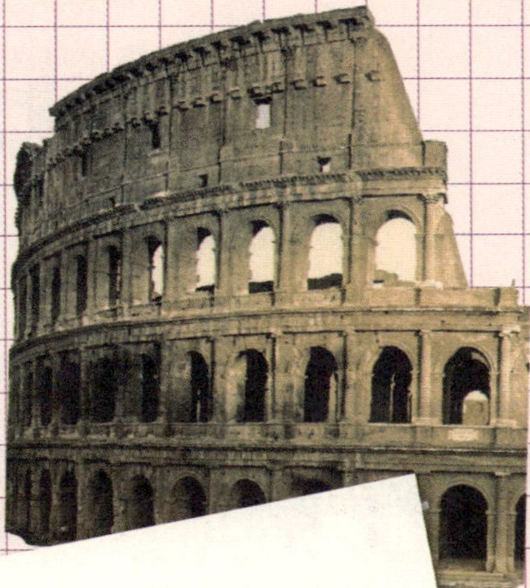

PART 3

罗马淘宝情报

时尚精品店

I ❤ ROME

如果想要你的罗马之旅更趋于完美，不妨再去城里数不胜数的化妆品店去看看，那里琳琅满目的化妆品会令你眼花缭乱，当然，收获也是多多。

Officina Profumo-Farmaceutica Di Santa Maria Novella

主题特色：化妆品/纯天然的香料产品

Officina Profumo-Farmaceutica Di Santa Maria Novella是由平民创立的。1612年，一群修道士在佛罗伦萨创建了这家店，主营各种香料和手工制品。这家店的商品，香料是纯天然的，味道独特，手工制品也十分精致、个性十足，它的追随者众多，遍布全世界。虽然Officina Profumo-Farmaceutica Di Santa Maria Novella发源于平民阶层，但是现在的商品优雅贵气，价格也高高在上，一点儿平民的影子都看不出来了！

地 Corso Del Rinascimento 47，Pantheon & Navona

电 06-687-9608 营 周一至周六9:30～19:30，8月歇业2周

网 www.nycvisit.com 交 乘坐巴士70、81、87、116、186、492、629路即可到达

购物狂人点评

✪ 一进入这家店，就会闻到香香的味道，这种味道并不浓烈刺鼻，反而淡雅好闻。味道独特的香料，令人毫不犹豫地想要买些带回家。自己留着也好，送给亲朋好友也好，绝对不掉价。

✪ Officina Profumo-Farmaceutica Di Santa Maria Novella这家店里面的东西价位也极高，一般人还真有些承受不起。不过来这里看看还是可以的。这里的香料很有名，手工制品也很精致，让人爱不释手。如果价格再稍微便宜一些，这里会是时尚购物的很好选择。

✪ 这里的付款方式除了使用欧元外，还可以使用信用卡：DC、MC、VISA。

Roma-Store

主题特色：香水独特且种类繁多

Roma-Store是罗马一家有名的化妆品店，最为特别的是这里收集了一大批各种各样的香水。Roma-Store处在一家接一家的罗马足球队纪念品店当中，很容易被误以为也是一家同类纪念品店，所以来这里购物的人，一定要擦亮双眼。也许你稍微一疏忽，就会与Roma-Store擦肩而过。

地 Via Della Lungaretta 63，Trastevere 电 06-581-8789 营 每天10:00～20:00，6～9月周五和周六有时会营业到半夜 交 乘坐巴士23、280、780路或有轨电车8路即可到达

购物狂人点评

- 这家店里的香水种类很多，要买本土香水的话，Acqua Di Parma和Lorenzo Villoresi都是精品，自己用，或者送给女性朋友和家人，都是很不错的选择。
- 这家店很个性，门店位置的选择与众不同，周围都是足球纪念品店，很容易让人把它忽略掉。夏天去的话，营业时间会持续得更长一些，对于喜欢逛夜市的朋友来说，这无疑是很棒的！
- 这里的付款方式是除使用欧元外，还可以使用信用卡：AmEx、DC、MC、VISA。

Antica Erboristeria Romana

主题特色：装饰奇特的化妆品店

Antica Erboristeria Romana很像18世纪的药剂店，风格独特而迷人，也是罗马一家很有名气的化妆品店。当你进入其中，首先吸引你的不是香水的味道，而是那异样的店内装饰和布局。那一排排小小的木质抽屉，整齐而周正，上面雕刻的图案是骷髅和交叉的人骨，就像农药瓶子上提示有毒的图案，不禁使人联想到国内曾经很走红的一首歌曲《香水有毒》，感觉甚是奇特。

地 Via Di Torre Argentina 15，Pantheon & Navona 电 06-687-9493 营 周一至周六8:30～11:30，14:30～19:30，8月歇业2周 网 www.anticaerboristeriaro-mana.com 交 乘坐巴士30、40、46、62、63、64、70、81、87、186、492、628、810、916路或有轨电车8路即可到达

购物狂人点评

- 这家店的确十分个性，刚走进去的时候，明明闻到的是香水的味道，可是映入眼帘的却是骷髅和人骨的图案，再配合店里的很多小木抽屉，让人毛骨悚然的。
- 这里的付款方式是除使用欧元外，还可以使用信用卡：AmEx、DC、MC、VISA。

小贴士 TIPS

✪ 除了优雅时尚的化妆品，各式各样的包包、皮饰、帽子、墨镜等时尚元素也是让你成为时尚达人的必备之物。来罗马购物，看看那些前卫时尚的配饰，为自己的时尚装扮添添装备，会使你的罗马之旅更加生机盎然。而且，在罗马这个时尚之都，许多高级品牌的香水和化妆品都会比国内要实惠呢。身为爱购达人的你，又怎会不动心呢？

Furla

主题特色：罗马流行的时尚包包

Furla是一家包含众多时尚配饰的商店，无论是搭配衣服必不可少的包包，还是最能体现时尚品位的鞋子；无论是装点动感韵味的太阳镜，还是展现贵族风采的手表……Furla都能很好地满足你的需求。在众多时尚配饰里，Furla的包包是最有名气的，这些包包无论颜色鲜亮或是淡雅，无论款式前卫还是守旧，每当上市，必然会在罗马全市范围内迅速流行，引领起一场包包热卖的大潮流，吸引着无数时尚达人争相追捧。

地 Piazza Di Spagna 22，Tridente 电 06-6920-0363 营 周一至周六10:00～20:00，周日10:30～20:00 网 www.furla.com 交 乘坐地铁至Spagna站下车或乘坐巴士52、53、61、62、63、71、80、85、116、117、119、160、850路即可到达

分店地址

地址	电话
Via Condotti 55-56	06-679-1973
Via Tomacelli 136	06-687-8230
Via del Corso 481	06-3600-3619

购物狂人点评

✪ 最令女人们着迷的2件单品，除了鞋子外应该就是包包了。Furla的包可以满足人们对时尚与流行的一切幻想。低调的、大胆的，无不吸引着你的目光。而且，你随心买下的商品说不好就会跟哪位明星撞款呢。

Silvano Lattanzi

主题特色：鞋子定制

Silvano Lattanzi是以老板的名字命名的，甚至有鉴赏家称他为“鞋子诗人”。值得一提的是，这家店的老板曾给美国总统乔治·布什量过鞋码，美国的另一位总统比尔·克林顿也来这里拜访过他，可见这家店的名气之大。但与名气相对应的是，在这里定制鞋子的价格也十分昂贵。

地 Via Bocca Di Leone 59，Tridente 电 06-678-6119 营 周一15:30～19:30，周二至周六9:30～13:00，15:00～19:30，8月歇业3周 网 www.zintala.it 交 乘坐地铁至Spagna站下车或乘坐巴士52、53、61、62、63、71、80、85、116、117、119、160、850路即可到达

购物狂人点评

✪ 这家店很漂亮，进去之后感觉很舒服，怪不得店主会被称作“鞋子诗人”，的确名不虚传。店内的服务也非常专业，这家店根据客人的鞋码，会为你设计出最符合你脚型、样式独特且外形漂亮的鞋子。不过，价钱实在是太贵了！但如果是要成品鞋的话，价钱会稍微便宜些。

✪ 这里的付款方式是除使用欧元外，还可以使用信用卡：AmEx、DC、MC、VISA。

Borsalino

主题特色：世界上最著名的毛毡帽

与Silvano Lattanzi一样，Borsalino也是以人的名字命名的。意大利制造商Borsalino制造的毛毡帽，历史悠久，超过百年，是世界上最著名的毛毡帽品牌。除了毛毡帽之外，这里还有各种各样的女式帽子、巴拿马帽子和多种配饰供你选择，是买帽子的最佳去处。Borsalino在很多地方都有分店，包括Pizza Trevi 83（06-678-6818）和Pizza Del Popolo 20（06-3265-0838）。

地 Via Di Campo Marzio 72A，Tridente 电 06-679-6120 营 周一15:30～19:30，周二至周六9:30～13:30，15:00～19:30，8月歇业3周 网 www.zintala.it 交 乘坐巴士52、53、61、71、80、85、116、16、850路即可到达

购物狂人点评

✪ 这家店位于一条比较狭窄的小巷里，街上来往的人群不是那么熙攘，走进巷口就感觉很有异域风情与文化底蕴。店面的建筑很高，有点博物馆的味道，墙壁的色彩有着饱经历史沧桑的质感，大大的窗户和棕色的大门很有厚重感。店里面卖的东西，以帽子居多，价格有点小贵。

✪ 这里的付款方式是除使用欧元外，还可以使用信用卡：AmEx、DC、MC、VISA。

小贴士 TIPS

✪罗马有很多优秀的服装设计师，每季都会设计出很多上档次的精品服饰。在罗马的大街小巷中，时髦商店和顶级意大利设计师品牌店不胜枚举，绝对算得上是一个足够完美的时尚精品服饰购物地。

Arsenale

主题特色：波西米亚风/设计出色

Arsenale有一位出色的设计师，这里展出的服装款式新颖，深受罗马波西米亚风格追随者的喜欢。这家店独特的设计也使得服装上市后备受时尚达人的关注，服装的款式穿好多年都不会让人觉得过时。

地 Via Del Governo Vecchio 64，Pantheon & Navona

电 06-686-1380 营 周一15:30～19:30，周二至周六10:00～19:30，8月歇业2周 交 乘坐巴士30、40、46、62、64、70、81、87、116、18 6、204、491、628、916路即可到达

购物狂人点评

✪ Arsenale有一个美丽的橱窗，从这家店前走过，看到橱窗中那些展示服装，即使不进去也会被它们的设计折服，忍不住驻足观看。

✪ 这里的付款方式是除了使用欧元外，还可以使用信用卡：AmEx、DC、MC、VISA。

Maga Morgana

主题特色：女士服装/单件生产

Maga Morgana店的设计师是一位很有创意且很有思想的女性。她在设计女士服装时，无论是毛衣、外套还是裙子，每款只生产1件。如果在这里买1件衣服的话，应该是不会有撞衫的风险的吧！当然，这里的服装价格也是很昂贵的。

地 Via Del Governo Vecchio 27，Pantheon & Navona 电 06-687-9995 营 周一至周六10:00～20:00 交 乘坐巴士30、40、46、62、64、70、81、87、116、186、204、491、628、916路即可到达

购物狂人点评

✪ Maga Morgana在罗马是一家十分知名的服装店，羊毛编织的服饰极具个性，而且质地优良，买来送给妈妈或者亲友应该会很不错。

✪ 这里的付款方式是除了使用欧元外，还可以使用信用卡：AmEx、DC、MC、VISA。

Demoiselle

主题特色：高级内衣/品牌内衣

在过去的几年中，罗马的大街和购物商场里出现了许多的内衣专营和连锁店，Demoiselle就是其中的一家。作为出售内衣的精品店，这里的内衣都比较高级，多数是比较知名的品牌内衣，如Missoni、Picci等。Demoiselle店内的内衣都特点是成熟和性感。除了这些高级内衣和名牌内衣之外，这家店还出售罗马时髦品牌Delfina的漂亮泳衣。

地 Via Frattina 93，Tridente 电 06-679-3752 营 周一至周六日10:00～20:00，8月歇业1周 交 乘坐地铁至Spagna站下车或乘坐巴士52、53、61、62、63、71、80、85、116、117、119、160、850路即可到达

购物狂人点评

✪ Demoiselle店内的内衣都是牌子货，穿着舒适，质地柔软，真是买内衣无可挑剔的一家店。不过价钱也很贵，钱包充实的姐妹们可不要错过了！

✪ 这里的付款方式是除了使用欧元外，还可以使用信用卡：AmEx、DC、MC、VISA。

大众商品店

罗马的服装很有特色，除了比较精品的服装店，如TAD、Nu Yorica、Maga Morgana等之外，也有很多能够满足大众需求的服装店。到罗马来旅游，也可以逛逛这些比较中档的服装店，价格不贵，富有个性，而且质量也不差。

Ethic

主题特色：高级内衣/品牌内衣

Ethic里的服装设计得很个性，很有创意。色彩搭配上无论鲜艳还是素雅，都十分自然，样式和款式比较随意，价格也比较适中，大众可以接受。如果在这里挑选晚装的话，店里还会为你提供与之相配的鞋子、珠宝和包包，十分贴心。

地 Piazza Cairoli 11-12，Ghetto & Campo De' Fiori 电 06-6830-1063 网 www.ethic.com
营 周一、周日12:00～20:00，周二至周六10:00～20:00，8月歇业1周 交 乘坐巴士30、40、46、62、63、64、70、81、87、186、492、628、810、916路或乘坐有轨电车8路即可到达

购物狂人点评

✪ Ethic是罗马服装专卖店中非常受欢迎的一家。这里的衣服都很有趣，款式也很漂亮，而最让人开心和舒服的是这里的工作人员友好且乐于助人，这在罗马是很罕见的。

✪ 这里的付款方式除了使用欧元外，还可以使用信用卡：AmEx、DC、MC、VISA。

Iron G

主题特色：服装种类多样

Iron G店内的服饰种类多样，包括少数民族特色的服装、本地手工制作的配饰、具有嬉皮士风格

的服装、为衣服搭配修饰的珠宝首饰等应有尽有。此外，这家时装店还为这个地区的时尚人士提供夜总会服装。

地 Via Cola Di Rienzo 50，Pratii 电 06-321-6798 营 周一至周六10:30～19:30，8月歇业2周 交 乘坐巴士30、70、81、186、224、280、590、913路即可到达

购物狂人点评

✪ 这家商店就像一个大仓库，店内中央装饰着玻璃大吊灯，虽然是比较大众化的一个商店，但是给人的感觉还是比较华丽和上档次的。里面的衣服种类也很多样，可供选择 的范围非常大。

✪ 这里的付款方式是除了使用欧元外，还可以使用信用卡：AmEx、MC、VISA。

People

主题特色：老式服装/二手服装

People店内主营老式服装，店面虽小，却是罗马城里同类服装店里最好的。店主利用旧面料设计20世纪六七十年代风格的服装，很酷很个性。而且店内的老式网球裙、迷你裙、时髦衣服都卖得很便宜，是淘宝的好地方。

地 Piazza Teatro Di Pompeo 4A，Ghetto&Campo De' Fiori 电 06-687-4040 营 周一15:30～20:00，周二至周六10:30～14:30，15:30～20:00，8月歇业3周 交 乘坐巴士30、40、46、62、64、70、81、87、116、186、204、491、628、916路即可到达

购物狂人点评

✪ 在这家店里买衣服十分实惠，而且能淘到很不一样的宝贝。买一件老式的衣服走在罗马的大街上，就像身处在黑白色老电影中一样，很有味道。

✪ 这里的付款方式是除了使用欧元外，还可以使用信用卡：MC、VISA。

La Perla

主题特色：内衣系列/享誉罗马

La Perla是一家内衣专营店，出售的内衣不是那么昂贵，以蕾丝和丝绸系列的内衣而享誉罗马达半个世纪之久。因此来这购买内衣再合适不过，此外，这里还是选购女式内裤的好地方。

地 Via Dei Condotti 78，Tridente 电 06-6994-1934 网www.laperla.com 营 周一15:00～19:00，周二至周六10:00～19:00 交 乘坐地铁至Spagna站下车或乘坐巴士52、53、61、62、63、71、80、85、116、117、119、160、850路即可到达

购物狂人点评

- 这里的内衣、内裤质量很好，价格适中，尤其是适合那些想要质量好又不愿花太多的钱的美眉。
- 在La Perla，很轻易就可以以一个合适的价格买到梦寐以求的性感蕾丝内衣，对于女性朋友们来说很值得！
- 这里的付款方式是除了使用欧元外，还可以使用信用卡：AmEx、DC、MC、VISA。

小贴士 TIPS

- 罗马有很多的跳蚤市场，旧货在这个城市似乎很受追逐。虽然有些人宁愿多花点钱去买崭新的东西，而不是在这样的旧货市场中寻寻觅觅，但是如果你有足够的耐心来此逛逛的话，也是可以挖掘到物美价廉的好东西的。一般情况下，在跳蚤市场上买东西都是可以砍价的，不必在意小贩貌似吃亏的表情，尽管杀价就好。不过要注意的是，这里购物不接受信用卡。

Porta Portese

主题特色：罗马最大、最有名的跳蚤市场

Porta Portese是罗马最大、最有名的跳蚤市场，它是“第二次世界大战”后日渐兴起的一个黑市。这个市场上的商品从衣服到配饰、从杂志到首饰、从CD到家具……种类繁多，让人眼花缭乱。不过因为是黑市，所以市场里有很多来路不明或是非法出售的商品，比如盗版CD、仿制名牌服装等。

地 Via Portuense，Porta Portese与Via Ettore Rolli之间，Trasteverei 营 每周日5:00～14:00 交 乘坐巴士23、44、170、280、781路或乘坐有轨电车3、8路，亦或乘坐开往Trastevere的火车即可到达

购物狂人点评

- 这个市场很大，商品很多，但是里面有此乱，人挤人，显得嘈杂。商场中不乏一些非法途径来的商品，但是要想淘到一些宝贝的话，来这里逛逛也是可以的。只是一定要小心扒手，不然为了省钱来这里淘宝，却被小偷偷了钱包，就太得不偿失了！
- 这个市场上很多小贩的商品要价不是很靠谱，因此一定要有一双慧眼去辨别，同时给自己一个可以接受的心理价位也是很有必要的，毕竟来跳蚤市场都是冲着低廉的价位前往的。
- 这里只能用现金付款，不接受信用卡付款。

Via Sannio

主题特色：新、旧服装并存

Via Sannio共有3条长廊，到处挤满了小摊小贩。小摊上不仅有很多的二手货可供选择，而且还堆放着很多便宜的新服装，如果你喜欢在废旧物件中挑拣廉价又不失品质的东西，来Via Sannio会有大的收获。

地 Via Sannio，南郊 营 周一至周五8:30～13:30，周六8:30～18:00 交 乘坐巴士16、81、85、87、186、218、650、850路即可到达

购物狂人点评

- 哪里的淘宝市场似乎都是那么热闹，在这里淘宝也是一样。在熙熙攘攘的人群中看着两旁堆着的货物，一定得有个好眼力才行。
- 这里付款时只现金付款，不接受信用卡付款。

综合性商品店

I ❤ ROME

罗马的购物商场以独立专营的店面为主要特色，大型的综合购物中心对于罗马来说，还是比较新鲜的。如果你不想单纯地逛服装店、鞋店、装饰品店，就可以到综合性的商场中转转。

La Rinascente

主题特色：综合商场/罗马老店

La Rinascente在罗马是深受当地人喜爱的一家综合型的商场，算是整个意大利最重要的大都市地区零售商店之一。店里出售的商品包括有服装、帽子、化妆品、家居用品等，还有很多知名品牌的专柜，可以说品种繁多，是逛综合商场的一个好选择。

地 Largo Chigi 20，Tridente 电 06-679-7691 营 周一至周六9:30～20:00，周日10:30～20:00 交 乘坐巴士52、53、61、62、63、71、80、85、116、117、119、160、850路即可到达

购物狂人点评

- 周六早上，街道上十分喧嚣，每一个柜台都有足够的工作人员，以保证随时为顾客们提供方便。店内井然有序，虽然人很多，但是完全不用担心会出现有人跟你一起拥挤到试衣间之类的情况。
- 如果你正在寻找高端的东西，比如普拉达、古驰等，你必须去这家店。它虽是综合性的商场，但也算得上是精品购物店了。商店内除了供应各类像鳄鱼、保罗和鲨鱼等中型百货公司的东西外，大多数主要的化妆品公司也在这里设有专柜，同时还有一些如D＆G和米索尼的商品。
- 商场内部都是智能化设置，你在里面逛的时候，似乎是从一个小型的精品区被移动到了另一个。服装货架会为你提供各种颜色和材质的服饰，你的选择有很多。如果你想休息或吃东西，这家购物商场里还有一个小吃店和咖啡厅。
- 这里的付款方式是除了使用欧元外，还可以使用信用卡：AmEx、DC、MC、VISA。

UPIM

主题特色：低档时髦商品

UPIM是意大利大型百货公司第一链的一个分支，着力为顾客提供宜人的室内设计和多种可供选择的商品，包括低档时髦的服装和便宜饰物等。这家购物中心的配饰和香水推广得十分广泛，玩具及礼品的出售也是很不错，每逢节日庆典或是大型活动时，这里的商品还会批量出售。

地 Piazza Santa Maria Maggiore，Esquilino

电 06-446-5579　营 周一至周六9:00～20:30，周日9:30～20:30

交 乘坐巴士16、70、71、75、204、360、590、649、714路即可到达

购物狂人点评

- 这个购物中心不仅是一个服装款式新颖、价格也比较适中的百货公司，同时还是一个很好的一站式店。例如，你在这一个地方就可以把买旅游、淋浴袋、牙刷、牙膏、香皂、洗发水、梳子，指甲钳、剃须刀、棉花棒、镜子等所有生活用品全部买齐。
- 百货公司里面有个叫“Tezemis”的专柜，它是一个内衣专卖店。我们看到在意大利的每一个主要城市都有这个牌子的专柜在出售各种内衣，主要是棉花质地的，非常舒适，价格也很实惠。
- 这里的付款方式是除了使用欧元外，还可以使用信用卡：AmEx、DC、MC、VISA。

文具图书店

Pineider

主题特色：历史悠久/服务于精英阶层

Pineider是一家有着悠久历史的文具店，从18世纪70年代在佛罗伦萨开业到现在已经有230多年的历史，本身就可以算得上是一家古董店了。那时的Pineider主要为皇族和诗人提供文具，时至今日，Pineider还是沿袭了老传统，致力为精英阶层服务。Pineider里主要出售纸张和皮制品，这些商品质量特别好，而且造型和色彩也都很时髦。

地 Via Del Macelli 68，Tridente 电 06-679-5884 网 www.pineider.it
营 周一15:00～19:00，周二至周六10:00～14:00、15:00～19:00，8月歇业2周 交 乘坐地铁至Spagna站下车或乘坐巴士52、53、61、62、63、71、80、85、116、117、119、160、850路即可到达

购物狂人点评

✪ 很棒的一家文具店，店里的意大利皮革制品、纸张、笔……样样让人惊喜。这家店的工作人员还在他们佛罗伦萨的车间帮我的女儿设计了成人礼的卡片，很让人感动。
✪ 这里的付款方式除了使用欧元外，还可以使用信用卡：AmEx、DC、MC、VISA。

Libreria Del Viaggiatore

主题特色：为旅游者而存在的书店

Libreria Del Viaggiatore是一家专为旅游者而开设的书店，广受世界各地旅游者的欢迎。然而，这家店虽为旅游者而存在，书籍却不单纯全是旅游书刊。店里除了提供全球各地的导游手册外，还包括各地的地图、旅游方面的杂志、文史类和烹饪类书籍，种类十分丰富。

地 Via Del Pellegrino 78，Chetto & Campo De' Fiori 电 06-6880-1048 营 周一16:00～20:00，周二至周六10:00～14:00、16:00～20:00，8月歇业1周 交 乘坐巴士30、40、46、62、63、64、70、81、87、186、492、628、810、916路或乘坐有轨电车8路即可到达

购物狂人点评

✪这家书店的书很多，但是空间并不是很宽敞，甚至有点拥挤。书店的旅游书刊琳琅满目，种类也非常齐全，整齐的摆设、精美的装帧总是能吸引不少顾客的目光。

✪这里的付款方式是除了使用欧元外，还可以使用信用卡：AmEx、DC、MC、VISA。

Al Ferro Di Cavallo

主题特色：艺术气息浓厚的书店

Al Ferro Di Cavallo位于罗马艺术学院对面，它不仅是全市最好的艺术、建筑、图形设计类书店，而且也是一个充满艺术气息的巨大长廊。

地 Via Di Ripetta 67 电 06-322-7303 营 周一至周六9:30～19:30，8月歇业 交 乘坐巴士81、116、119、204、224、590、628、926路即可到达

购物狂人点评

✪ 这里提供任何你想购买的书籍，而且价格也比较低廉。挤在高大的老木货架下，从古典艺术到摄影，从建筑到城市规划，从园林艺术到平面设计，这里通通囊括。绝对当之无愧地享有“罗马艺术图书馆”的声誉。

✪ 这里的付款方式是除了使用欧元外，还可以使用信用卡：AmEx、DC、MC、VISA。

古董店

罗马具有深厚的历史文化底蕴，这使得罗马城里出面了很多的古董市集。在旅游之余，到古董市集转转，感受一下罗马的文化魅力，可以的话再淘几件宝贝回去，相信这次罗马之行一定会让你印象深刻。

Alberto Di Castro

主题特色：家族经营/古董繁多

Alberto Di Castro为家族式古董店，是罗马的古董版画和雕刻古董店中最大的一个经销商，一直由迪卡斯特罗家族经营。在这里，迪卡斯特罗家族展示着他们的最爱，从中世纪到新古典主义时期的古董都有，包括家具、雕塑、彩瓷大理石、马赛克、建筑模型、银器、瓷器和美术艺术作品等。当你走到这家店的入口处，你会发现这座迷人的有着2层楼的秘密庭院无一处不散发着迷人的魅力，引领着你去探寻那个古老时代的留存。

地 Piazza Di Spagna 5 电 06-679-2269 营 周一至周六9:30～19:30，8月歇业 交 乘坐地铁A号线即可到达

小贴士 TIPS

✪ 这里的付款方式是除了使用欧元外，还可以使用信用卡：AmEx、DC、MC、VISA。

Artimport

主题特色：银器

这家古董店有着高档的大理石地板，玻璃货架上陈列出售着分门别类的古董。占主导地位的库存包括酒杯、烛台等。Artimport还提供精美的瓷器、银器、版画，以及一些古董钟表和镜子。看完了古董，还可以去不远处的人民圣母教堂看看。

地 Piazza Di Spagna 5 电 06-679-2269 营 周一至周六9:30～19:30，8月歇业 交 乘坐地铁A号线即可到达

小贴士 TIPS

✪ 在这家店，除了使用欧元外，还可以使用AmEx、DC、MC、VISA付款。

罗马购物全攻略

要融入罗马人的生活，最佳的方式莫过于花上一个下午的时间去罗马市内的购物街区购物，如果是周六的话当然会更好。

罗马的特色商品绝对会让每一个喜欢逛街的人蠢蠢欲动，尽管你已经处于疲惫状态，但看到这些商品，你很快就振奋，重新燃起熊熊“战火”。的确，罗马是一个非常适合血拼的地方，从高级的用品到时髦的小东西样样俱全，皮具、文具、瓷器、儿童商品都享誉世界，巧克力、橄榄油、葡萄酒也是很受欢迎的特产，而这里的跳蚤市场还是欧洲最容易买到又好又便宜东西的地方……就这些名头，就已经让人按捺不住了。

选商品要挑选适合的地方

如果想购买世界顶级名牌和各种行头，可以去西班牙广场(Piazza di Spagna)一带，特别是Via dei Condotti、Via Frattina、Via delle Vite和 Via Borgognona；西班牙广场附近的Via Nazionale、Via del Corso 和梵蒂冈附近的Via Cola di Rienzo 是购买中档服装的好去处；而二手货则集中在纳沃纳广场附近的Via del Governo Vecchio；如果想找古董或者是一些特别的礼物，可以去Via dei Coronari 或是Via Margutta，不过价格可不便宜。

罗马的大型百货商店不是很出色，但是小店非常值得逛。你可别小瞧了这些小店铺，里面国际品牌从不缺，有很多是著名设计师设计

的服饰，而且是单品，世界上仅此一件。小店内的服饰，价格往往比百货商店要便宜，店员的专业知识也很出色，总能让你得到你想要的。如果想逛逛这些小店，可以到西班牙广场对面的Condotti、Borgognona、Frattina或者是Vladel Babuino和Via delCorso等街道去看看，还有梵蒂冈附近的Via Cola di Rien Zo，一圈下来，收获颇丰，不过，你可一定要控制好自己的信用卡，别刷爆了。

跳蚤市场恐怕是很多购物狂们最为喜爱的购物地，罗马最出名的跳蚤市场是Porta Portese 跳蚤市场。每周日的早上，这家跳蚤市场数千个的摊位就出现在人们眼前，它们出售从珍贵书籍到自行车零件等所有商品，价格便宜，如果有"慧眼识金"的本领，就能找到不错的东西。不过这里人山人海，千万要小心扒手。

想买二手衣服或者是廉价的鞋子，可以到Via Sannio 市场，它位于圣约翰地铁站(San Gionanni Metro station A线)附近，周一至周六从早晨9:00营业到下午13:00，也可以找到不少的好东西。而且这里的鞋子价格便宜，质量不会差到哪里去。

紧抓打折季，用最少的钱买最好的东西

罗马每年都有两次打折季，冬季从年初开始，约1个月的打折时间，夏季从7月上旬开始到整个8月。各店虽然时间略有不同，但只要减价，店内就贴满了纸，受欢迎的商店减价时甚至从早晨开始就有人排队等候，附近欧洲国家的人也会到这里来搜货。

除了打折季外，这里的圣诞市场也非常值得逛。纳沃纳广场的圣诞市场从每年的12月8日持续到到次年1月6日，里面全部是玩具、糖果以及节日装饰等一些小玩意，卖东西的店主们，会装扮成圣诞老人，让人感受浓郁的节日气氛。

一些值得注意的小细节

1.在罗马购物，一定要注意购物的时间，因为罗马商店的营业时间一般是9:00～13:00、16:00～20:00，周日和周一的上午几乎所有的商店都不营业，不要弄错了时间白跑一趟。

2.在罗马市场购物的时候，千万不要碰开放式摊位的蔬菜水果，如果需要，可以让店家拿给你。如果在超级市场购买蔬菜水果，旁边会有一个塑料袋以及塑料手套，一定要套上塑料手套后挑选。称重的东西都是以千克计重。

3.最值得注意的是，在罗马购物一定不要去买假货，因为意大利打击盗版、假货的法律非常严格，如果买了假货后遇上了警察，就会被处以高额罚款，绝对会让你终身难忘。

细数罗马的知名购物街

I ♥ ROME

西班牙广场一带

西班牙广场(Piazza Di Spagna)绝对是购物逛街的好地方。在这一带，集中了康多提路（Via Dei Condotti）、法拉蒂娜街（Via Frattina）、波尔哥尼奥纳大街（Via Borgognona）等几条十分知名的购物街。这里是购买世界顶级名牌的最佳之所，也是中档商品的汇集之地，同时还是平价商品的容身之处。可以说这一带是罗马的黄金购物区。

Street 1：唐多提路

唐多提路（Via Del Condotti）是罗马的“第五大道”，20世纪90年代曾摇摆于零售连锁店之间，后来随着高级女装店的开张而闻名于世。这里有着最时髦的店面，里面卖的也是最时髦的东西。Gucci、Bulgari、Prada、Hermes、Valentino等等所有名牌高级服装都聚集在这里。也许这些东西的价格会让你有一些望而却步，不过店员对你的态度还是会让你有王公贵族一般的感觉。而且，就算不买里面的商品，看看橱窗里的展品也是很有意思的。

Street 2：法拉蒂娜街

法拉蒂娜街（Via Frattina）是一条专卖女性服饰的中价位街道，与波尔哥尼奥纳大街（Via Borgognona）平行，里面的Vien Vi、Sisley、Stefanel和Aysha等都有质感不错的平价成衣，值得选购。众所周知的Max Mara在这里也有一家分店。

Street 3：波尔哥尼奥纳大街

波尔哥尼奥纳大街（Via Borgognona）是西班牙广场一带除唐多提路（Via Del Condotti）之外的另一条卖名牌时装的主要街道，并且仅次于唐多提路。Dolce e Gabbana、Fendi、Ferre、Givenchy与Versace在这里都有专卖店。利用冬、夏季折扣期间来此购物，也是另一种考上自己的不错方式。

Street 4：国家大道

国家大道（Via Nazionale）提供给你的是充实的中价位购物体验。街道两边都是鞋店、服装店、东方地毯店、国际书店，还有一个皮包行李箱商场。罗马当地的女孩子非常喜欢到这里的Max Mara以及同一侧相隔不远的Furla皮饰专卖店选购衣服和皮件。另外，Max Mara的副牌Max & Co在这条街上也有一间专卖店，专卖各种寝具的Frette在这里也有店面。

Street 5：柯索大道

柯索大道（Via Del Corso）是一条贯穿人民广场、许愿池和威尼斯广场等几个主要景点的街道，两边商店出售的商品多属于质地高贵价格却不贵的商品。到这里来购物，需要的是耐心、体力和眼力，如果具备了这些能力，你一定会淘货淘到眉开眼笑，大叫“Ma-ma-mi-ya（我爱罗马）”。在柯索大道上，有一家可以算得上是罗马最大的高级百货公司“文艺复兴（La Rinascente）”的分店。除此之外，这里最多的是音乐商品与流行饰品。

Street 6：孔多蒂街

孔多蒂街位于西班牙广场与波波洛广场之间，是罗马最有名的精品购物大街。许多设计大师的品牌都在这里汇集，如LV、Max Mara、Gucci、Prada、Burberry、Armani、Versace、CK、Bvlgari、Fendi、Montblanc、Banana Republic、Giovanni Valentino等，一些在国内认知度还不高的品牌在这里也都能一网打尽。同时这里还连同附近的西班牙广场形成了一个集中的购物区域，Frette、Mission与Krizia也都在这里能够找到。

梵蒂冈附近

在梵蒂冈附近坐落着一条中高档购物街，在这里从世界顶级的奢侈名品，到意大利特色的小商品、服装、纪念品，应有尽有，而且位置极好，可以边参观景点边购物。

科拉·迪·瑞安佐大街

科拉·迪·瑞安佐大街（Via Cola Di Rienzo）是购买中价位衣服的好地方，仅存的几家斯坦达（Standa）百货公司中有一家也在这里。这条街上，有超值百货公司Coin、罗马极佳的杂货日用品店Franchi、美食殿堂Castroni、意大利年轻服装世界Energie、意大利顶级设计师的流行家居店Azi、专卖非机械式计时器（沙漏、日晷仪、蜡烛钟、星盘等）的Polvere Di Tempo、出售罗马顶级名酒的Costantini等。

纳沃纳广场一带

这是最能体现罗马艺术魅力的地方，巴罗克风格的家具、绘画作品、古玩及艺术长廊和时尚餐馆都在广场这一带占有一席这地。

科罗纳里大街

科罗纳里大街（Via Dei Coronari）上最出名的是念珠制造业。以前这里是信众前往圣彼得大教堂朝圣的主要路线，两旁都是卖念珠的商店，如今则以古董闻名，每年5～10月的古董市集时这里更是活跃。不过，这里的古董只有一部分是货真价实的，多数价位较高，要注意筛选。另外，这里的老式铜制厨房用具也很能体现罗马的艺术魅力。同时，这一区域还有很多巴洛克风格的家具、绘画及艺术画廊和时尚的餐馆等。

I ♥ ROME

PART 4

罗马休闲情报

111-133

在旅途中做一次SPA

I ♥ ROME

能在繁忙的学习、工作之余外出旅行，总会让我们激动不已。而且到达一个陌生的环境，吃喝住行都需要重新适应，再加上每天奔波于各种景点，我们的神经和身体都始终保持在一种很紧张、很兴奋的状态，得不到很好的休整，这使得我们常会在旅行结束后感觉疲惫不堪。所以，这次的罗马之行，何不在旅行计划上添一项“体验罗马SPA之旅”呢？也让我们感受一下罗马人在劳累的工作后是怎么通过SPA放松休闲的。下面就将为大家介绍几家罗马著名的SPA理疗店。

Centro Benessere Exedra

主题特色：植物疗法

在Centro Benessere Exedra里花费105欧元可以享受到70分钟的服务。在这段时间内，你可以任意尝试这里提供的仪器和植物疗法（通常是一整套按摩和面部美容），从中得到惬意的享受和放松。或者，这里的土耳其浴就能够吸引住你，让你沉浸在这舒适而轻柔的水疗过程中。

地 Hotel Exedra，Piazza Della Repubblica 广场47号，Esquilino 电 06-4893-8044 营 周一至周六11:00～21:00，周日12:00～18:00 交 乘坐巴士40、60、64、70、71、84、170路或者搭乘地铁到Repubblica站均可到达

休闲达人点评

✪ Centro Benessere Exedra绝对是一个超级享受的地方，它会给你健康、美丽与放松的全新体验。这家SPA店十分注重细节，让顾客在舒适性上得到了极大的满足，同时还会给顾客带来和服务质量的承诺，这些无疑给我们的心灵、精神、身体都带来了最佳感受。

✪ 值得一提的是，这里的面部按摩很舒服，按摩师的手法很专业也很到位，按摩之后旅途中的疲劳感就会缓解很多，价钱上也比较合理，游玩之余来这里偶尔进行一次SPA会很不错。

Centro Benessere De Russie

主题特色：拥有最新技术的SPA店

Centro Benessere De Russie的入场费要35欧元，其中包括桑拿、土耳其浴和健身项目，其他疗法则需另外收取费用。值得一提的是，这家SPA店采用的全部都是最新的技术，这些可是在罗马最豪华、最时髦的高等饭店里才能享受得到的。

地 Hotel De Russie，Via Del Babuino 9号，Tridente 电 06-328-881 营 每天7:00～21:00

交 乘坐巴士117、119路或者搭乘地铁到Flaminio站均可到达

休闲达人点评

✪ 这家店很豪华，本身就是在一家五星级的酒店中。巨大的水池中你可以一边享受温水滋润肌肤的舒适感，一边在水中畅快游泳。此外，酒店还有配套设施完善的健身房，畅快地做完运动之后，再舒适地做个SPA，真是一种奢华的享受。

✪ 蓝色的墙壁和池壁带给人一种十分清爽透彻的感觉。在这样的色调中泡温泉，清水在身边“汩汩”地跳跃，仿佛置身于蓝色的海洋，空灵而纯净。

温泉乐园

主题特色：高科技手段/黏性巧克力按摩疗法

如果你只是为了体验温泉乐园（Paradise SPA）的SPA服务而不是该酒店的住宿的话，就只需要交纳35欧元的入场费即可。这家SPA馆运用了一系列高科技手段，为顾客提供有整套的理疗方案，其中就包括著名的黏性巧克力按摩疗法（通常是40分钟100欧元），极为享受。

地 Hotel Aleph，Via Di San Basilio 15，Veneto 电 06-4229-0075 营 周一至周六9:00～21:00，周日10:00～18:00 交 坐巴士61、62、116、175、492、590路或搭乘地铁至Barbeini站即可到达

休闲达人点评

温泉乐园就像是一座富丽堂皇的宫殿，到处都给人以极尽奢华之感。在这里做SPA，完全就是一种对生活最奢侈的享受，在旅途劳累，或者逛街逛到筋疲力尽的时候，都可以来这里享受一番，绝对惬意，让所有疲惫烟消云散。

Tempe Dei Papi

主题特色：温泉提水/人工洞穴

这家SPA休闲馆跟其他店相比，完全不需要使用任何噱头来吸引顾客，但却依然引来无数人的光顾，原因就在于这家SPA休闲馆所用的水是由附近一口温泉提取出来的，而这口温泉早在古罗马时期起，就以能够起到治疗、康复作用而闻名。顾客在此可以从一个岩石雕刻的人工洞穴里泡一个天然温泉，价格一般为30分钟25欧元起。

地 Strada Bagin 12，Viterbo 电 07-613-501 营 每天9:00～19:00 交 在曼奇尼广场（Piazza Mancini）坐巴士48、53、204、280、446、910路可到也有班车可以直接到这家郊外的SPA馆

休闲达人点评

在洞穴里面泡温泉，相信这不是多数人都可以有的享受。从温泉出来以后觉得全身都轻松了，一切旅途中的疲劳都烟消云散。再加上这里的水会对健康有利，可以有治疗的作用，人们就更加趋之若鹜了。如此一举两得的事，来到罗马又怎能不尝试一番呢?

打打高尔夫

I ♥ ROME

高尔夫，这项在天然幽雅的绿色环境中进行的休闲娱乐活动，既可以锻炼身体，又能够起到陶冶情操的作用，向来备受人们的喜爱。来到美丽而富有情调的意大利首都罗马，何不趁着清净，在异国他乡打打高尔夫球呢？下面就为大家介绍几家广受好评的高尔夫球馆。

Circolo Del Golf Roma Acquasanta

主题特色：著名俱乐部/绅士风范

Circolo Del Golf Roma Acquasanta建于1903年，是罗马第一家高尔夫球场，也是罗马最著名的高尔夫球俱乐部，在罗马一直享有很高的声誉。在这里，你可以深刻体会到欧洲人的绅士风范以及他们对休闲娱乐，尤其是对高尔夫运动的热爱。

地 Via Appia Nuova 716 电 06-780-3407 网 www.golfroma.it 营 周二至周六8:00至日落 交 乘地铁至Colli Albani站后转乘巴士663、664路即可到达 票 64欧元/天，其中8月份的周六以及周日77欧元/天；练习场：8欧元/周二至周五/天；16欧元/周六至周日/天；租用俱乐部高尔夫用品：18欧元，接受信用卡付款

休闲达人点评

- 这里曾多次被选为意大利各种大奖赛的会场，已经举办了许多的顶级赛事，包括在1950年和1980年的意大利公开赛。所以这里的设施绝对是很精良的，来这里打几杆球，会让你觉得不虚此行。
- 球场位于古罗马皇帝克劳迪所建的沟渠废墟之上，当游客在这里挥动球杆时，还可以欣赏到古罗马的历史废墟，真可谓是一举两得的美事。
- 这个锦标赛级的球场难度相当大，球场总共有18个球洞，72杆标准杆，打起来还是颇费神的。值得一提的是，这座高尔夫球场的球道旁边树木林立，小溪蜿蜒流淌在球洞附近，草坪维护得非常好，环境十分幽雅。

Country Culb Castelgandolfo

主题特色：靠近避暑地、清静幽雅

Country Culb Castelgandolfo是由著名的美国高尔夫球场设计师Robert Trent Jones设计的，这块场地十分靠近主教的避暑地，是一处偷闲和享受安静的好地方。这里没有巴士车，即使是出租车在这边也鲜有出现，想来这儿放松休闲，你可以在罗马租一辆车，这样还可借此机会参观一下附近的罗马城堡地区（Castelli Romani）。

地 Via Santo Spirito 13 电 06-931-2301 网 www.countryclubcastelgandolfo.it 营 每天8:00～20:00 交 乘坐地铁至阿纳尼纳站（Anagnina）,然后打车或租车 票 周一至周五55欧元/天，周六、周日65欧元，练习场7欧元/天

休闲达人点评

- 这个高尔夫球场的景色十分迷人，甚至被认为是最美丽的高尔夫会所。里面的工作人员态度非常友好，而且会讲一点英语。这里提供的食物也不错，住宿的地方就在会所附近的小屋，非常干净。
- 这个球场的课程本身就给予了客人必要的关怀和重视，不仅是小试身手的好地方，还是最佳的度假胜地。
- 因为球场位置稍微有些偏，因此想要去的话最好是准备一辆汽车。如果是打的过去，高额的的士费用会让你咋舌。
- 此外，打高尔夫球，建议最好不要在最热的月份去。否则，炙热的阳光和高温会让人兴致全无。

转转艺术展馆

I ♥ ROME

罗马是一个艺术气息极为浓郁的城市，无论是辉煌的文艺复兴艺术，还是不甘落后的现代艺术，无不充溢着独特的风韵和广博的内涵，吸引着无数热爱艺术的人们在此流连。加上近几年来，罗马政府和国际艺术学会都在罗马当代艺术的推广和发展上不断助力，使罗马艺术展览的水平在不断提升。与此同时，这个城市对当代艺术兴趣的增加，也使其私人艺术馆的品质不断提高。来罗马旅游，去不同种类的艺术展馆转转，不失为一个好的选择。

小贴士 TIPS

下面介绍的这些展馆，每一年的开放时间可能会有所变动。要了解详细的活动信息，可以查询www.artguide.it。另外要注意的是，以下介绍的展馆都是不接受信用卡的使用的。

Associazione Culturale Valentina Moncada

主题特色：花园展厅

Associazione Culturale Valentina Moncada是一座花园，这座花园风景优美，隐藏着许多19世纪艺术家的工作室。里面展示的内容也颇为丰富，从20世纪的大师到激进的年轻艺术家的作品都有所涉及。

地 Via Margutta 54 电 06-320-7956 营 周一至周五16:00～20:00，7月中旬～9月上旬闭馆 交 乘地铁至Spagna站或乘巴士117、119路即可到达

休闲达人点评

因为这家展览馆坐落在一片花海中，所以在看那些有些年头的艺术工作室的时候，总有花香萦绕在身边，而那些艺术作品似乎也成为了花园中的一部分，给你的感觉好像自己也成了花香四溢的一幅图画中的一员，画面感很强，十分唯美。

La Nuova Pesa

主题特色：国际化

这个艺术馆主要是跟当前一些具有国际声誉的艺术家合作，展示他们的作品。值得一提的是，在20世纪50年代，La Nuova Pesa首次在战后举行了毕加索、格里斯、莱热等画坛巨匠在意大利的作品展览。

地 Via Del Corso 530号 电 06-361-0892

营 周一15:00～19:00，周二至周六10:30～13:00、15:00～19:00，8月闭馆 交 乘地铁至Flaminio站或乘巴士117、119路即可到达

Associazione Culturale L'Attico

主题特色：创造性

Associazione Culturale L'Attico是罗马最具创造性的艺术馆之一，新的艺术家在这里起步，知名艺术家在这里改变风格，可见其在艺术馆中不容小觑的分量。

地 Vicolo Del Paradiso 41 电 06-686-9846 营 周一至周六17:00～20:00，8月闭馆 交 乘坐巴士40、46、62、64、116、916路或乘有轨电车8路即可到达

Galleria Lorcan O'Neill

主题特色：时髦、私人艺术馆

Galleria Lorcan O'Neill是罗马最时髦的私人艺术馆，每次开展都会成为社会事件，那些时髦人士会乘喷气飞机而来，与艺术家比肩接踵，使展馆热闹非凡。

地 Via Orti d'Alibert 1E 电 06-6889-2980

营 10月～次年4月，周一至周五12:00～20:00、周六14:00～20:00，5～7月，9月的周二至周五12:00～20:00，8月闭馆 交 乘坐巴士23、280路即可到达

休闲达人点评

这家艺术馆棕色的地板很古朴，墙上挂着大大的抽象艺术画，风格迥异的艺术家们的作品被一起放在这里，虽然特色各异，但是却互不影响，反而在对比中显得更加独特。

Stefania Miscetti

主题特色：形象艺术展

Stefania Miscetti是一家比较稳固的艺术馆，主题是“形象艺术”展，常年举办各种不同寻常的雕塑或装置艺术展。

地 Via Delle Mantellate 14号 电 06-6880-5880 营 10月～次年4月 周二至周六16:00～20:00，5～6月，周一至周五16:00～20:00，7～9月闭馆 交 乘坐巴士23、280路即可到达

休闲达人点评

这是一家典型的商业艺术画廊，但这却并没有使其艺术性降低。特别是这里展出的雕塑，绝对会令你叹为观止，或许，这里是把艺术性和商业性结合得最好的艺术馆了。

Monitor

主题特色：视听艺术

Monitor是一家比较独特的展馆，它主要关注的是致力于试听艺术的艺术家们，有时一些年轻或者知名的本土以及国际艺术家的作品也会在这里展出。

地 Viale Delle Mura Aurelie 19号 电 06-3937-8024 营 周二至周六15:30～20:00，7～8月闭馆 交 乘坐地铁到Ottaviano站下车，乘坐巴士23、32、34、49、81、492路或有轨电车19路即可到达

参观博物馆和美术馆 I ❤ ROME

在罗马这座艺术之都的大街小巷里，每一座建筑仿佛都展现着岁月的年轮，散发着历史的韵味，这也成为罗马古城最独特也最真实的一道景观。那记载着历史的博物馆、充满艺术气息和文化底蕴的美术馆，绝对可以成为你放松休闲、沉静内心的好去处。

罗马国家博物馆·马西莫宫

主题特色：精美雕塑

罗马国家博物馆是罗马国家博物馆的一处别馆，充分体现了罗马时代的古典美，其主要展示的是公元前2世纪至4世纪的主要作品。这个展览馆以众多精美的雕塑而闻名。在这里，你可以看到奥古斯都像，希腊时期著名的《受鼻伤的拳击手》（或者叫：休息的拳击手），还有经典的大力神雕像等。此外，在第二展厅及第3～5展厅列的是在修建特韦雷河防御工程时发掘的《法尔内西纳别墅Villa della Farnesina》，该壁画展示了古罗马高超的绘画水平，而且当时壁画中已经运用的完美的镶嵌式画法，也可以说是相当珍贵的遗产。

地 Largo Di Villa Peretti 电 06-3996-7700 营 周一、周三至周日9:00～19:45，周二休息 交 从中央车站步行前往可到 票 7欧元

休闲达人点评

✪ 参观罗马国家博物馆·马西莫宫，建议先从博物馆的第三层开始参观。这里有很多从老博物馆运来的雕像和古钱币；3层第二室展出的是《利维娅别墅》。这些壁画创作于公元前20～公元前10年，是在奥古斯都大帝和其妃子利维娅别墅家中发掘的，很有观赏价值。此外，从第三层开始参观，还有导游讲解，每30分钟一次，相当方便。

✪ 不过，要注意的是，这里需提前1～2天通过电话预订门票，因为顶楼的壁画与镶嵌画限时参观。

小贴士 TIPS

✪ 大部分的美术馆和博物馆每周都会休息1天，国立美术馆和博物馆是每周二休息。在节假日的时候，各个美术馆的休息时间也不一样，但1月1日、圣诞节与5月1日，除了罗马国立博物馆与古罗马半兽场，所有的景点都会放假，此外，一般的教堂全年都会开放，不过，遇到比较大的宗教仪式时，教堂不允许参观，对于这点就一定要作好心理准备。

罗马国立博物馆·主馆

主题特色：世界著名艺术博物馆

罗马国立博物馆是世界著名的艺术博物馆，于1889年设立。其主馆建在由米开朗琪罗在戴克里先皇帝浴场修复的一所遗迹内，主要收藏1870年以后在罗马发现的古代雕像、浮雕、镶嵌画和1901年收购的原意大利枢机主教 L.卢多维西所藏珍宝，还有后来在罗马市区、近郊的出土物等。博物馆内的许多文物是贵族府邸、神庙、公共设施和墓室的装饰品，极为珍贵。其中，公元前5世纪到早期基督教时期的希腊、罗马纪念物最为丰富，主要作品有《奥古斯都·彭特菲克像》、《哈德里亚努斯帝头像》、《维斯帕夏努斯帝头像》、《利比亚别墅壁画》和《法尔涅吉纳壁画》等。

地 Viale Enrico De Nicola 79 电 06-4890-3506 营 周二至周六，9:00～14:00；周日与假日9:00～13:00 交 乘坐地下铁A线Repubblica站下车，或由特特米尼火车站步行5分钟前往 票 2.5欧元

小贴士 TIPS

✪ 现在的罗马国立博物馆被分为5个部分，分别为阿特姆彼斯宫、迪欧克勒提安浴室、八角形博物馆、巴尔比宫和马西莫宫。其中的马西莫宫是罗马迷们不可错过的地方。此外，有一种20欧元的票可进入所有国立罗马博物馆以及许多古迹区参观，有效期7天，非常划算。

罗马国立博物馆·阿特姆斯宫

主题特色：古代艺术收藏

阿特姆斯宫是罗马国立博物馆的分馆，展示有著名的古代艺术收藏，同时它也是15世纪枢机主教的宫殿。从中央大厅向上看，色彩亮丽的2层建筑物十分引人注目。内部还遗留着壁画、暖炉和礼拜堂等，它们和精美的展示品一起给人们留下深刻的印象。博物馆的镇馆之宝是公元前460年古希腊的一幅作品《卢多维西的宝座》，描写的是阿佛洛狄忒被2个少女从海里救出的情景；此外，《弹竖琴的阿波罗》和《沐浴的阿佛洛狄忒》等作品也十分珍贵。

地 Piazza Sant' Apollinare 46 电 06-683-3759 营 周二至周日9:00～19:45；周一休息

休闲达人点评

来到阿特姆斯宫游览，除了这里的镇馆之宝不容错过之外，21展室的《赫尔墨斯》同样值得一看。该馆内的收藏多以罗马原作为主体，以多角度表现了罗马人民的精神风貌。

博盖塞画廊和博物馆

主题特色：一流的美术博物馆

罗马汇集了世界一流的美术博物馆，也汇集了世界上最为伟大的博物馆，博盖塞画廊和博物馆就是最好的证明。这个画廊原来是博盖塞家族的一座别墅，由建筑师弗拉米里奥所设计和建造。这栋典型古罗马乡间豪宅，边房一直延伸到花园里，正面有许多人物雕塑，卡米洛·博盖塞用这栋别墅来招待客人，展示自己的绘画以及雕刻收藏品。18世纪30年代，该建筑得到大规模的扩建和修整，并被意大利政府赠送给罗马政府。这里收藏了很多古代以及文艺复兴时期的杰作，不仅有中世纪的油画，还有一些古代雕塑。而博盖塞还让贝尔尼尼等人创作了很多新的雕塑，虽然规模不算大，但精品很多。在过去，一般游客都无法欣赏到博盖塞美术馆的全貌，直到1998年整修完毕，才全面开放。

地 Piazzale Scipione Borghese 5号 电 06-322-981 营 周二至周日9:00～19:00，必须预约 交 从中央车站乘坐巴士910路在Via Pinciana站下车，步行几分钟就可以到达

休闲达人点评

参观博盖塞画廊的规定

参观博盖塞画廊必须了解4个重要的规定；第一是这里限定参观的人数。来画廊的每批参观人数。来画廊的限制在360人，每天只有5批；第二是限定时间。每批参观者只能参观2小时，进门的时间限定在每天9：00、13：00、15：00、17：00；第三是必须提前预约。没有预约就到这里参观的人往往是白跑一趟，而且预约要加钱；第四是必须按预约时间提前到。一般情况下，如果入场前15分钟还没到那里，会被视为弃权，为你预留的票会被卖给别人；第五是必须存包。照相机绝对不能带进去，因为里面不允许拍照。另外，在9：00和17：00时游客相对较少，虽然也要进行预约，但在过程中可以看得更为仔细。

博物馆最值得看的艺术品

博盖塞美术馆本身就是一件艺术品，每个房间几乎都有美丽的壁画，特别是1楼雕塑大厅的屋顶壁画，一点不亚于那些著名大教堂的穹顶壁画，因而在参观的时候把建筑也应该作为重点。

整个博物馆1楼展出的都是雕塑，2楼和3楼都是绘画。在该馆的收藏品中，最吸引人的是4尊雕塑，其中有贝尔尼尼的3尊，分别是《阿波罗与达芙妮》《普鲁托掳获帕尔塞福涅》《大卫》，还有1尊是著名雕刻家安东尼奥·卡诺瓦的作品《帕奥莉娜·博盖塞》。

不可不知的诀窍

由于博盖塞画廊是定点开门，所以如果要看的话，建议在此基础上提前30分钟到这边来等，然后告诉售票处预约的号码买票，并把东西存好，这样的话就可以在第一时间进入博物馆。

科隆纳画廊

主题特色：令人惊叹的画作参观地

科隆纳画廊（Galleria Colonna）是在17世纪中期由红衣主教吉罗拉莫·科隆纳一世和他的侄儿洛伦佐·奥诺夫里奥·科隆纳主持修建的。后者的儿子费利普二世于1700年为其揭幕。这是罗马巴洛克风格建筑中真正的精品，展示的是科隆纳家族的收藏品。画廊的大厅十分宽敞明亮，在这个大厅里，名家精品济济一堂，宽广而厚重的壁画是16～17世纪绘画作品中的精品，其中，布隆基诺的作品《维纳斯、丘比特和林神》格外耀眼，还有具有代表性的是卡拉奇的《吃芸豆的人》。科隆纳画廊还因为在电影《罗马假日》中出现过而名声大噪。

地 Via Della Pilotta 17 电 06-678-4350 网 www.galleriacolonna.it 营 周六9:00～13:00，8月闭馆 交 乘坐巴士40、60、64、70、117、170路即可到达 票 7欧元，优惠价格：5.5欧元，不接受信用卡付款

休闲达人点评

- 要参观这座令人惊叹的有着6个房间的美术馆，周六上午是唯一的时机。建议来这里游览时不妨在大厅里多逗留些时间，在绘画、雕塑和珍贵的陈设中自由观赏；它们都是家族艺术收藏中的核心部分，从1800年以来就受到委托遗赠书的约束，不能离开科隆纳宫的院墙，不可剥夺，也不能分割，这为它们的永久保存提供了最好的保障。
- 如果你对科隆纳家族、科隆纳宫及其陈设极感兴趣，想了解更多的情况，不妨前往军事圆柱大厅，蓝厅和入口大厅。教皇国舰队司令马尔康托尼奥·科隆纳二世的形象多次出现在画廊大厅天顶画和军事圆柱大厅的画作中，军事圆柱大厅的穹顶壁画系朱塞佩·基亚利所绘，表现的是马尔康托尼奥在天庭朝拜圣母的场面，大厅中心竖立着1根放置在底座上的红色大理石圆柱，为的是跟家族的徽纹相呼应。柱上的镶嵌展现了古罗马的生活场景。此外，在这几个大厅里还摆放着一些出版物，供参观者自由阅览。
- 在通往下层大厅的那段不高的楼梯旁，有1颗炮弹，是1849年罗马共和国时期射进来的，从那时起，就一直放在这个地方。法国部队在奥蒂诺将军的命令下从加尼科洛山炮击罗马时曾发射过这颗炮弹。当时，马志尼、阿尔梅利尼和萨菲等共和派发动起义，反对教皇庇护九世，占领罗马市中心达数月之久，法国军队经圣庞科拉齐门进入罗马援救教皇。
- 在走向出口的回头路中，建议大家在最后3个大厅驻足，朝着使徒广场（Piazza SS.Apostoli）那个方向，凭窗眺望，科隆纳宫的庭院则尽收眼底。如果对画廊整套住房及伊萨贝尔亲王夫人住房感兴趣，可以个别参观，只需与科隆纳画廊办公室进行电话联系或在网上预定即可。

国家美术馆·巴贝里尼宫

主题特色：罗马最主要艺术品收藏馆

国家美术馆·巴贝里尼宫（Palazzo Barberini）是一座宏大的宫殿，由巴贝里尼家族的教皇厄班八世建造，收藏了罗马最主要的艺术品。主楼层上的天花板是令人惊叹的错视画派作品，大厅里有柯尔托纳（Pietro Da Cortona）创作的华丽的天顶壁画《神意的胜利》（Triumph of Divine Providence），这是世界上最大的油画之一。此外，巴贝里尼宫里还有菲利波·利比的《圣母马利亚》（Madonna）、拉斐尔的《拉斐尔和面包师的女儿》等画作。

地 Via Della Quattro Fontane 13 电 06-481-4591，06-32810 网 www.galleriaborghese.it 营 周二至周日8:30～19:30 交 乘坐地铁至Barberini站下车或乘坐巴士52、53、61、62、63、80、95、116、119、175、492、630路即可到达 票 5欧元，优惠价2.5欧元，不接受信用卡付款

休闲达人点评

✪ 要参观这座宫殿，就一定要作好心理准备，因为这里总是时不时修复，经常充斥着无休无止的水泥搅拌声、花园里摆放着沙子等混乱的场面。

✪ 这座宫殿里有1套小小的私人套房，里面精致的油画和家居摆设都是在18世纪时为考尼拉公主准备的，房间里的画以发现美洲大陆的场景为内容，画上描述的土人很有趣。此外，房间里还摆放着巴贝里尼家族的一些装饰和家具。

了解点历史掌故

✪ 关于拉斐尔和《拉斐尔和面包师的女儿》的那些事儿

拉斐尔是意大利杰出的画家，和达·芬奇、米开朗琪罗并称为文艺复兴时期的“艺坛三杰”。拉斐尔潜心研究各画派大师的艺术特点，并认真领悟，博采众长，尤其是吸收了达·芬奇的构图技法和米开朗基罗的人体表现及雄强风格，最后形成了独具古典精神的秀美、圆润、柔和的独特风格，代表了当时人们最崇尚的审美趣味，成为后世古典主义者不可企及的典范。只可惜拉斐尔的一生极为短暂，只活了37岁就英年早逝。但他的代表作油画《西斯廷圣母》、壁画《雅典学院》等都作为经典之作留给了后人。

《拉斐尔和面包师的女儿》这件油画作品是拉斐尔的一件比较著名的肖像画精品，这幅作品高85厘米，宽60厘米，藏于罗马国家美术博物馆。作品中的美丽女子有着一双深色的眼睛，半裸上身，下身则以精致的薄纱遮住。金黄色的调子使人物的肌肤极具质感，半裸的身体与白纱也搭配得格外和谐。值得注意的是，这幅作品中的女子——美丽的玛格丽塔·露蒂（Margherita Luti）——面包师的女儿，不仅带了只有新娘才能带的珍珠别针和结婚戒指，还坐在象征着爱情、生育力和忠诚的植物——香桃木和温柏树叶（据说那时侯的人拿这种植物的枝叶当定情信物）前面，另外，她胳膊上的蓝色带状物上面签着拉斐尔的名字！这不同寻常的签名方式意味着什么，至今也无人探知。不过它却有点符合拉斐尔的故事：拉斐尔生前有一个家世显赫的未婚妻，罗马教廷红衣主教的侄女——玛丽亚。然而这个差点成为拉斐尔夫人的女人却不及面包师的女儿玛格丽塔受宠。数百年来人们一直认为拉斐尔与玛格丽塔情投意合，并且秘密结婚，但迫于社会舆论的压力而不敢公开，甚至最后把这个秘密带进了坟墓。也有人说，拉斐尔的早逝就是因为过于迷恋玛格丽塔而招来了热病横祸。1520年，在拉斐尔去世4个月后，一个来自锡耶纳城署名“寡妇玛格丽塔”的面包师之女加入了罗马圣阿波洛尼亚女子修道院，见证了这段缠绵悱恻的动人爱情。

了解了这些，再看这幅画作，人们很轻易地就能联想到在拉斐尔与玛格丽塔的新婚之夜，玛格丽塔脱下衣裳，披上半遮的薄纱，拉斐尔深情地注视着他不能见光的新娘，用最柔和的线条和最和谐的颜色画下了她，似乎有一种难以压抑的情感在画作中游动，这是拉斐尔送给他深爱女子的独特礼物，从此，他们就是世界上不可分割的一对有情人。

在1498年建造的Porta Settimiana拱门里矗立着一座毫不张扬的房屋，那里面开着一家饭店，人们普遍认为那是拉斐尔的模特和一生至爱——面包师的女儿玛格丽塔的住所，这里被人们称作是“面包师女儿的城堡”（Casa Della Fornarina）。如果有兴趣，也可以去那里看看。地址是Via Di Santa Dorotea 20号，可以乘坐巴士23、125、271、280、780路或有轨电车8路去那里。

欣赏罗马的音乐与歌剧

I ❤ ROME

意大利是歌剧的诞生地，因而来到首都罗马如果没有欣赏一场歌剧那就有些遗憾了。罗马歌剧的魅力就在于它的“声”，那种清澄而有张力的声音是无可取代的，所以即使舞台很糟糕，只要歌手好，也能让人的耳朵得到很大的满足，因此要在罗马看歌剧，应听“声”。当然，最好是看既有“声”，也有演技的歌手，虽然门票价格要稍微贵一些，但绝对是值得的。

歌剧季节通常是从10月左右开始，到次年的6月左右结束。在歌剧季节拉开帷幕之前，去剧场都能看到本年度一系列节目介绍的小册子。公演时，建议确认一下票价以及演员的情况，顺便向有关人员打听一下售票的具体时间。因为节目变更是常有的事，如果是受欢迎的文娱活动，有的剧场还会事先进行抽签，那这就要看你的运气了。

罗马音乐厅

主题特色：多功能、奢华享受

罗马音乐厅（Auditorium-Parco Della Musica）是个多功能的复合式音乐厅，包括有音乐厅和表演场地，建在为1960年奥林匹克所修建的设施附近。罗马音乐厅有大、中、小3个音乐厅，大厅为大型交响音乐会而设计，中厅可举行交响音乐会、室内音乐会、当代音乐会和芭蕾演出，小厅则用于观摩研讨。大、中、小厅分别可容纳2800人、1200人和700人，它们互相环抱，每个演奏厅均可提供杰出的音质。罗马音乐厅还可用于室外剧场，能容纳3000人。自2002年开放以来，罗马音乐厅不间断地举办了有世界顶级艺术家参与的古典音乐会，流行音乐、爵士乐和摇滚乐等表演。

地 Via P De Coubertin 15，北郊 电 06-80-242，06-808-2058 网 www.musicaperroma.it 营 10月～次年6月每天11:00～18:00，7～9月周一至周五11:00～18:00 交 乘巴士53、910路或有轨电车2路即可到达

休闲达人点评

罗马音乐厅很宽阔，也很豪华。里面的座位很棒，音质也相当的好。坐在这里欣赏着歌剧，感受着浓浓的罗马风情，时光似乎倒流到了那个悠远而传奇的年代，而自己似乎也变成了走在罗马斑驳大街上的骑士，这种体验简直是妙不可言。

罗马歌剧院

主题特色：辉煌灿烂、影响巨大

罗马歌剧院（Stagione Estiva Del Teatro Dell' Opera）在欧洲大陆诸多著名歌剧院中的历史虽然较短，但是作为罗马这座历史名城的重要歌剧院，它所拥有的歌剧史，以及它对歌剧的推动作用却是巨大的。罗马歌剧创造了表演追求奢侈豪华场面的先核，并融入了舞蹈、大合唱等多种艺术表现形式，舞台布景也力求所谓的“罗马式”歌剧的富丽堂皇。因此，罗马歌剧院在世界歌剧界有着特殊的地位和影响力，它与米兰的斯卡拉歌剧院、那不勒斯的圣卡尔洛歌剧院并称为意大利三大歌剧院。

地 Terme Di Caracalla，Viale delle Terme Di Caracalla，Celio&San Giovanni 电 06-4816-0255 网 www.opera.roma.it 营 周二至周六9:00～17:00，周日9:00～13:30 交 乘坐地铁至Circo Massimo站或乘坐巴士60、75、81、118、175、628、714路即可到达 票 歌剧院内座位分3种：池座（Pletea）、包厢（Palco）和楼座（Galleria），票价由远及近越来越贵，而剧目、日期不同，票价也会有很大的差异。可以使用信用卡：MC、V、DC、AmEx付款

休闲达人点评

罗马歌剧院的外表四四方方的，好像一个大箱子，给人的感觉似乎很普通。但是进入歌剧院的内部，你会发现别有洞天。里面很豪华，也很精致。出演的歌剧更是一流，音响效果也不错。

罗马歌剧院很大，剧院里上演的节目也是丰富多彩。坐在这里看节目，简直是人生的一次完美体验。

一般来说，罗马歌剧院当天的票很容易买到，歌剧上演期间想要观看的话可以直接到售票窗口去咨询。但如果遇到热门的演出，就要提前预订了，除了可以在上面提到的网址去购买，还可以通过www.charta.it或者www.helloticket.it这2个网站去预订。

小贴士 TIPS

罗马重要的音乐季节有2个，冬季在罗马歌剧院举行，盛夏季节则在卡拉卡拉露天演出。演出季节开始时，在剧院等候处可以拿到1本季节期间预定演出的小册子。通常演出季节的开幕日和新戏首演时这里都要求穿礼服，即使是平常的演出，观看时也不要穿太随意的服装。

奥林匹克剧院

主题特色：最理想的音乐效果

奥林匹克剧院（Teatro Olimpico）音响效果很好，尽管座位分类不同，但是就算坐在最后面音响效果也依然很好。奥林匹克剧院是举行各种演出的理想场所，每年10月至次年5月是演出季。

地 Piazza Gentile Da Fabriano 电 06-326-5991 网 www.teatroolimpico.it 营 每天11:00～19:00，有音乐会时从20:00开始售票 交 乘坐巴士53、280、910路或乘坐有轨电车2、19路即可到达

休闲达人点评

毫无疑问，在这里如果可以买到1楼中前部的座位，那么视觉效果肯定是绝佳的。只是相对也会价格不菲。奥林匹克剧院在这一点上体现了非常人性化的一面。如果你到这里来看演出，即使是坐在最角落的位置，它所能给你的听觉带来的冲击力依然不同凡响。

植物园音乐会

主题特色：丰富抢手的作品

植物园音乐会（Concerti All'Orto Botanico）演奏的曲目包括主流的室内乐作品，也包括格什温（Gershwin）和皮耶佐拉（Piazzola）的作品。这里的节目很抢手，每年在7月演出时，想要来这里感受罗马音乐的魅力，就一定要提前预订了！

地 Largo Cristina Di Svezia 24，Trastevere 电 06-686-8441，06-3936-6322 网 www.assmusrom.it 营 开演前在演出现场售票 交 乘坐巴士23、280、630、780路或乘坐有轨电车8路即可到达

休闲达人点评

✪ 在植物园里举办音乐会，的确是非常有创意的。天然的圆形剧场对于观众们来说，是再美妙不过。在植物园中，嗅着植物的芳香，听着音乐的悠远，整个人仿佛都超脱于繁琐浮躁的生活之上了！非常享受。

✪ 罗马植物园有着悠久的历史，它建立于1883年，坐落在曾经属于瑞典女王克里斯蒂娜的花园里。植物园周围装饰着诸多雕塑和景观，景色优美。台阶上的植物自由蔓延，一直延伸到喷泉和鱼塘里，创造出一个隐蔽的阴凉角落，是躲避炎炎热浪的好地方。在这里听一场音乐会，不仅是逃避城市喧嚣、追求自然的好方式，而且还可以陶冶情操、放松身心。

罗马音乐的那些事儿

罗马音乐的历史及特点

在公元前2世纪中叶，擅长于征战的古罗马人征服了古希腊、地中海西部以及巴尔干半岛的大部分地区，建立了一个在世界史上称霸欧、亚、非三大洲的帝国。古罗马人崇尚武力、纪律与权威，又十分缺乏浪漫的性情和想象力，这些特点也直接影响到了他们的音乐。

与古希腊人相比，古罗马人更重视宗教和各种礼仪中所使用的音乐，他们赋予了这种音乐艺术一种降妖除魔的独特功能，常常通过音乐的形式来祭祀神灵，而且每年都要举行1次大型祭祀典礼活动。而至于日常生活中的劳动歌曲、民歌乐曲等就更为流行，其中包括在划船、农作和葬礼时唱的歌以及摇篮曲、生日歌、婚礼歌等。

可惜的是，到目前为止，古罗马时期的音乐没有在当世留下任何的蛛丝马迹，音乐家们只是从一些间接材料上知道，古罗马在音乐上沿袭和继承了古希腊的许多特征，但同时在音乐特点上也发生了很大的变化。比如，由于罗马人崇尚武艺，因此其铜管乐器相当发达。常见的有大号（Tuba）、角号(Cornu)等，水压管风琴也是罗马时代重要的乐器，此外还有一些东方乐器的加入。在罗马的演出规模极度扩展的情况下，一次演出使用的乐器最多时可达几百件。

罗马音乐向实用化、仪式化的方面发展，是它的

重要特点之一。在当时，集体性的军乐以及仪式、游行音乐非常普及。传统的军乐为了适应罗马军团的庞大方阵，音乐规模非常宏大，大型的合唱和管弦乐队人数往往会达到上千人。

而除了社会音乐活动外，家庭音乐也一时蔚然成风。在富裕的上层阶级或是贵族家中，一般都拥有家庭的乐手、歌舞手，这也成为了一种追求时髦和炫耀地位、财富的手段。

由于音乐活动的普及，社会各阶层的人都开始学习音乐。因此，音乐教育作为一种职业也开始兴盛起来。而音乐职业化也成为古罗马与古希腊音乐的重要区别之一。职业音乐家会到处巡回演出，他们受人追捧，待遇丰厚，甚至有的还被皇室供养，成为普通百姓追逐的对象。

总的来说，繁荣的古罗马音乐是不亚于古希腊的，但在精神层面上来说，同古希腊相比，它有些失去了艺术的高尚和纯真，渐渐沦为了一种纯粹的娱乐。由于罗马人偏爱的戏剧是笑剧和哑剧，其前者就多以娱乐性为主，而有时甚至略显低俗，中间插有歌曲和器乐伴奏；后者的音乐成分则相对较重，一般以神话故事为重要题材。

音乐节——罗马纵情音乐的直白呈现

罗马有很多极具音乐性的艺术节，与传统的节庆活动一起丰富着罗马人民的生活，散发着耀眼而迷人的光泽。

3月：春季音乐节（Spring Fesitival）

4月：复活音乐节（Festival Di Pasqua）

5月1日：五月节音乐会（May Day Concert）

6~8月：罗马新歌剧节（New Operafestival Di Roma）

8月：一千零一曲（Mille E Una Nota）

9月：乌托·乌季罗马节（Uto Ughi per Roma），圣切契里亚音乐学院音乐节

6月底至9月：塞里蒙塔纳别墅爵士音乐会（Villa Celimontana Jazz）

10月：新音乐节（Nuovi Spazi Musicali）

11月：Festival Internazionale Di Musica E Arte Sacra节

此外，每年的平安夜、圣诞夜、除夕和元旦，都会有一些免费的音乐演出。值得一提的是，“一千零一曲”作为一个迷人的室内乐艺术节，已经在宏伟的和平圣母堂举办了10多年了。

了解 意大利歌剧

关于意大利歌剧的小知识

歌剧（Opera）诞生于17世纪的意大利佛罗伦萨。早期歌剧包括佛罗伦萨歌剧、罗马歌剧、威尼斯歌剧、那不勒斯歌剧4种。世界上第一部公认的歌剧是1607年由蒙特威尔第创作的《奥菲欧》，从此，歌剧以它独特的魅力逐渐成为欧洲最重要的音乐体裁。歌剧是将音乐、戏剧、文学、舞蹈、舞台美术等融为一体的综合性艺术，通常由咏叹调、宣叙调、重唱、合唱、序曲、间奏曲、舞蹈场面等组成（有时也用说白和朗诵)。世界上第一座歌剧院——圣卡西亚诺剧院（Teatro Di San Cassiano）于1637年在威尼斯揭幕，自此开始向一般观众开放，从而结束了歌剧由皇室和贵族垄断的时代，大大推动了歌剧的发展。

意大利歌剧戏剧的表演形式

狂欢节的演唱（Canti Carnascialeschi）：这种演唱形式主要流行于1400～1500年佛罗伦萨的狂欢节期间。音乐家们伴随着彩车演绎着神话中的各种人物，主要是英雄人物和历史人物，主要作者有波里吉阿诺（Poliziano）、拉斯卡（Lasca）、玛吉阿维利（Machiavei），尤其是“巴哥和阿丽安娜的凯旋”的作者劳伦佐，他第一个用新的演唱歌曲取代了陈旧的歌曲。

幕间小表演剧（Intermedi）：幕间小表演剧主要流行于16世纪的宫廷中，在特殊的周年庆典、节日时进行表演。它的内容来源于神话故事（主要反映牧人的生活），表演时，舞台、服装、舞蹈设计和演唱、朗诵、器乐相互配合，达到非常完美的艺术效果。幕间小表演剧的主要代表作品和作者有：阿尔丰索・带拉・维奥拉（Alfonso della Viola）为吉拉第・庆吉奥（Girardi Cinzio）写的悲剧《奥拜盖》所作的小幕间表演剧；克劳地奥・梅鲁罗为多切的《玛丽安娜》所作的幕间小表演剧；安德列・嘎布里爱利

为索佛哥莱的《埃地波王》所作的幕间小表演剧。

田园戏剧（Dramma Patorale）：田园戏剧是盛行于意大利宫廷社会的一种戏剧，剧作采取优美动人的诗句写成，表演时穿插有优美高雅的音乐。田园戏剧的特点是：人物角色很少，一般都是牧人、仙女、林神等角色，布景都是以树林为景，制作精致考究，内容主要以爱为题材，伴随着痛苦和悲伤。题材遵循了古希腊哲学家亚里士多德学派的三一律，全剧分为五幕三个阶段，第一阶段为悲伤的牧歌，第二阶段为剧情的发展，第三阶段以欢喜结尾。第一部正式的田园剧作品是阿高斯蒂诺·贝嘎利的《祭品》，大约在1554～1555年间初演于费拉拉市。

牧（情）歌剧（Madrigale Drammatico）：牧歌剧是不进行表演的，舞台上也没有布景道具和服装，仅仅是歌唱者用合唱的形式加上乐器的伴奏来叙述故事的内容，合唱交替地表达每一个人物的思想感情，没有任何独唱。要表现2个人物之间的对话时，合唱就分为2个部分，分别代表两个人物，有时也用方言演唱。在意大利经常演唱的是艺术性喜剧，演员用戴上假面具的方法来表现人物形象和性格特点，牧歌剧的作品主要有奥拉吉奥·威基（Orazio Vecchi）于1597年作的《阿姆弗巴尔那索》（Amfiparnaso）和《锡埃那的守卫》（Le Voglie Di Siena）；阿德里阿诺·班盖里（Adriano Banchieri）于1598年作的《老疯狂》、《威尼斯去帕多瓦的船》等。

意大利歌剧三杰

卓阿基诺·罗西尼：19世纪上半叶意大利歌剧三杰之一，罗西尼受作为歌剧演员的母亲影响，14岁起习作歌剧。10年后他所作的《塞维尔的理发师》，集意大利喜剧的精华，语言生动、形式自由、充满幻想，是意大利喜歌剧的代表作。

他的创作继承了意大利注重旋律及美声唱法的传统，音乐充满了炫技的装饰和幽默喜悦的精神，他吸收了同时代作曲家贝多芬的手法，使用管弦乐来取代和丰富原来仅作音高提示的古钢琴伴奏。1829年罗西尼写了搁笔之作《威廉·退尔》，这部作品反映了民族自主的愿望，并对大歌剧体裁的形成起到了推进作用。

罗西尼所创作的近40部歌剧中影响较大的除《塞维尔的理发师》和《威廉·退尔》外，还有《灰姑娘》、《偷东西的喜鹊》以及正歌剧《奥赛罗》、《摩西》等。

居塞比·威尔第：他是意大利伟大的歌剧作曲家，1842年因歌剧《纳布科》的成功，一跃成为意大利一流作曲家。当时意大利正处于摆脱奥地利统治的革命浪潮之中，他以自己的歌剧作品《伦巴底人》、《厄尔南尼》、《阿尔济拉》、《列尼亚诺战役》等以及革命歌曲等鼓舞人民起来斗争，有“意大利革命的音乐大师”之称。

19世纪50年代是威尔第创作的高峰时期，写了《弄臣》、《游吟诗人》、《茶花女》、《假面舞会》等7部歌剧，奠定了其歌剧大师的地位。后应埃及总督之请，为苏伊士运河通航典礼创作了《阿伊达》。晚年又根据莎士比亚的剧本创作了《奥赛罗》及《法尔斯塔夫》。威尔第一生创作了26部歌剧，善用意大利民间音调，管弦乐的效果也很丰富，尤其能绘声绘色地刻画剧中人的欲望、性格、内心世界，因此具有强烈的力量，这也使他成为世界上最受欢迎的歌剧作曲家之一。

普契尼：意大利歌剧作曲家，是19世纪末至欧战前真实主义歌剧流派的代表人物之一。他于1884年创作第一部歌剧《群妖围舞》，其后一直致力歌剧创作。普契尼共有作品12部，著名的有《曼侬·列斯科》(成名作，1893年)、《艺术家的生涯》、《托斯卡》、《蝴蝶夫人》、《西方女郎》等。其创作有真实主义倾向，多取材于下层市民生活，表现了资产阶级知识分子对他们的同情。其音乐语言丰富、旋律优美明媚，具有极强的歌唱性。剧情则遵循“有趣、惊人、动人”的原则，善于驾驭舞台戏剧效果。

完美诠释歌剧魅力的电影——《歌剧魅影》

这是一部根据音乐剧《歌剧院的幽灵》改编的电影，由英、美共同拍摄，是世上最成功的反映出歌剧魅力的经典巨作。《歌剧魅影》描述了19世纪发生在法国巴黎歌剧院的爱情故事。时值1870年，在歌剧院的地下深处，传说住着一名相貌丑陋、戴着面具、却学识渊博的音乐天才。多年来，他神出鬼没，躲避世人惊惧鄙夷的目光，被众人称之为“魅影”(杰拉德·巴特勒饰)。他动辄以鬼魅之姿制造各种纷乱，赶走他讨厌的歌手，甚至干涉歌剧院的主角人选和剧码安排。幼年丧父的小克莉丝汀·戴伊被吉里夫人带到歌剧院接受舞蹈训练，成为一名芭蕾舞女。当深夜无法入睡时，小克莉丝汀总期盼父亲向她许诺过的音乐天使会出现。魅影同情她的孤独，假扮音乐天使，隔着墙对她说话，安慰她幼小的心灵，并教她歌唱的技巧。就这样，9年过去了，年轻貌美的克莉丝汀（艾米·罗萨姆饰）在魅影的帮助下凭借美妙的歌喉一夜成名。然而，最初发自于精神层面的音乐之爱，却逐渐转化成为强烈的占有欲。走火入魔的魅影竟不惜把所有妨碍克莉丝汀歌唱事业的人一一除掉。

后来，戏院的投资人劳尔（帕特里克·威尔森饰）认出克莉丝汀是他的儿时玩伴，两人坠入爱河。魅影发现后，自觉遭到背叛，怒而砍断舞台大吊灯的铁链，让整座华丽的水晶灯砰然粉碎在观众席上。随着魅影的破坏愈来愈血腥疯狂，克莉丝汀对他的感情也逐渐从迷恋转为恐惧、害怕和怜悯。半年后，劳尔跟克莉丝汀秘密订婚，魅影突然现身于歌剧院的化装舞会，强迫歌剧院演出他亲手谱作的歌剧《唐璜》，并指名由克莉丝汀担任女主角。心烦意乱的克莉丝汀，半夜奔至父亲坟前哭诉，劳尔则誓言要与魅影周旋到底。在《唐璜》首演当晚，歌剧院四周布满警察，孰料魅影竟然杀死男主角，亲身改扮上场，与克莉丝汀演对手戏。在戏演到最高潮时，克莉丝汀当众扯下他的面具，魅影羞愧心碎之际动手将克莉丝汀掳至他的地下密室。劳尔追踪至地下，和魅影展开对决，却被他用绳索勒住，魅影借此要胁克莉丝汀答应求婚。为了保护爱人劳尔，克莉丝汀毅然倾身，平静地吻着魅影那张仿佛被地狱诅咒的脸。至此，这场爱情的胜负已定。绝望的魅影送走紧紧相拥的这对恋人，在警察和群众闯入地下密室前，悄然隐去，只留下一张似笑非笑的凄凉面具……

这部饱含歌剧元素的电影，不仅把歌剧的惊人魅力展现得完美而生动，而且诠释了一个凄美动人的爱情故事，可听、可看、可感，是一部感悟歌剧魅力的上乘之作。

I ♥ ROME »

PART 5

罗马娱乐情报

135-155

酒吧和咖啡厅

据说，罗马人的休闲时间是这样分配的：1/3的时间在酒吧，1/3的时间在旅游，还有1/3的时间在剧院。“酒吧”和“咖啡馆”在罗马的界限是很模糊的，你可以在酒吧的吧台上喝咖啡，而在咖啡馆里也有宽泛的酒水饮料单提供。意大利的酒吧是休息放松的场所，同时也是不可欠缺的社交场。罗马人一般喜欢和朋友闲聊着走进店里，大口地喝完咖啡或酒然后就马上离开酒吧。因而酒吧对罗马人来说，只是饮酒的地方而已。在罗马城中到处都有的酒吧，设施也一般都比较简单。

1 Tazza D'Oro

主题特色：最好的咖啡

Tazza D'Oro成立于1946年，这家咖啡馆很有名，是因为它拥有自己的品牌。据传说这家咖啡馆的创始人为了做出好的咖啡，曾走访了南美很多种植咖啡豆的地方。在旅行中，一个充满激情的热爱咖啡的人逐渐成长为一名真正的咖啡专家。回到罗马后，他还发明了著名的组合“咖啡皇后”，随着一代一代的传承和完善，到今天为止，这里的咖啡成为了世界知名的品牌，并被人们誉为“The best coffee（最好的咖啡）”，深受人们的喜爱。

地 Via Degli Orfani 84　电 06-678-9792　网 www.tazzadorocoffeeshop.com　营 每天7:30至次日凌晨1:00　交 乘巴士116路即可到达

娱乐玩家点评

- 这里的咖啡真的很棒，卡布奇诺非常便宜，才1欧元。而且这家店的旁边就是万神殿，喝完咖啡后可以去那里观光。所以，如果来罗马，这里的咖啡绝对不能错过。
- 咖啡店虽然开了很多年了，但是它的味道依然相当棒。每到炎热的夏季，店里会提供叫做格兰尼塔迪朱古力的奶油咖啡，味道极其赞，值得尝试。
- 除了咖啡的味道很好以外，这里的服务态度也出乎意料的好，很周到。总体来说都符合大众的评价，是名副其实的一家好咖啡厅。
- 这里的付款除了接受现金外，也接受信用卡：AmEx、DC、MC付款。

Caffè Sant' Eustachio

主题特色：水元素与咖啡的完美结合

Caffè Sant'Eustachio是罗马最著名的咖啡店。这家咖啡店中煮咖啡的水来自于一个公元前19年就已经建立的罗马城供水管道。据权威报告，这种水在咖啡味道的独特性上具有很重要的作用。在这里，无论你买多少杯的咖啡，都只需要付很少的小费就可以。

地 Piazza Sant Eustachio 82 电 06-6880-2048 网 www.santeustachioilcaffe.it 营 周日～下周周四 8：30～次日凌晨 1：00，周五 8：30～次日凌晨 1：30，周六 8：30～次日凌晨 2：00 交 乘巴士 116 路即可到达

娱乐玩家点评

- 这里绝对是体验美妙咖啡的最佳选地，即便是不喜欢喝咖啡的人们，也常对这里的咖啡赞不绝口。淡淡的烧咖啡的味道能让人周身洋溢出一股淡淡的幸福感觉。
- 这家店的咖啡与欧洲任何其他咖啡店的滋味都不同，它不仅味道独特，而且咖啡的泡沫也很特别。还有，这家店会现场烤豆子，提供给美味新鲜的顾客烘焙豆。
- 这里的服务生会说英语，服务也很到位。闲暇之余，与朋友们坐在这里享受一杯咖啡，度过一个悠闲惬意的下午，绝对是一件既休闲又快乐的事。不过要注意的是这里只接受现金付款，不接受信用卡付款。

Ciampini Al Café Du JarDin

主题特色：美丽的露天咖啡馆

Ciampini Al Café Du JarDin是一家非常漂亮的露天咖啡馆，坐落在西班牙台阶附近。这座咖啡厅周围有很多的花架子，上面爬满了植物，如绿色的幕布般充满生机与活力。这里除了咖啡外，还提供各种美味早餐和色拉、鸡尾酒等精美食物。当日落时分，坐在咖啡馆中间的小池塘边，喝着浓浓的咖啡，欣赏着日落的美景，绝对是一种完美的享受。

地 Piazza Trinita Dei Monti 电 06-678-5678 营 4月中～5月～9月中～10月中，每天 8:00 ～ 20:00;5 月中～ 9 月中除周三外每天 8:00 ～次日凌晨 1:00，10 月中～次年 3 月歇业 交 乘坐地铁至 Spagna 站下车或乘坐巴士 52、53、61、71、80、8595、116、119、160、850 路即可到达

娱乐玩家点评

- 很美妙的一家咖啡馆，员工非常热情、酒水很纯正，环境更是无可挑剔。最意外的是，这家咖啡馆的中间有一座龟池，以至于人们都称这里为“海龟咖啡”。
- 这家咖啡馆有个很典型的特点，就是只安排了室外的座位。不过环境相当好，就像一座美丽的花园围绕的天然露台。阳光灿烂的日子，坐在这里用餐简直就是一种完美的体验。在食物的选择上这家咖啡馆也给了食客很大的空间，值得一试的是这里的冰激凌和小蛋糕，小吃也不错。

Salotto 42

主题特色：华丽时尚的酒吧

Salotto 42坐落在罗马城的石头广场上，白天这里会为客人提供一个舒适的休息场所，还有瑞典式自助餐为你果腹。到了晚上，这里又会变成华丽的酒吧，放着喧闹的音乐，体现着夜生活的丰富多彩。Salotto 42还会为客人提供大量关于时尚的书籍。

娱乐玩家点评

- 这是一家十分舒适的小酒吧，氛围很好，可爱又浪漫，装饰很精美，适合在一天的游玩结束后坐在这里享受。
- 这家酒吧很具时尚气息，有很多的国外游客，很轻松，就是消费有点高。
- 酒吧的音乐是比较个性惊人的嘻哈混音，很让人喜爱。整体来说，这里很不错，但是座位不是太多，最好安排好时间早点来。
- 酒吧装饰简洁却不落俗套，气氛热烈却不会给人嘈杂的感觉。在酒吧的一个角落静静的品味时而摇滚时而舒缓的音乐，不知不觉，就已是午夜。或许是那昏黄的灯光，也可能是因为那醉人的美酒，让人忘记了时间的流逝。

Stardust

主题特色：多样经营的经典酒吧

Stardust（星尘）是一家小酒馆，也是一家咖啡厅和茶馆。这里一天的经营内容取决于客户情绪的变化。一般 16:00 ~ 19:00 这里是茶馆，19:00 ~ 22:00 这里是饭店，23:00 之后这里就会变成一个酒吧，喧哗和热闹也就开始了。值得一提的是，酒吧时段这里的音乐很多样，蓝尼・克罗维兹、爵士乐、说唱，甚至还有意大利歌剧，相当丰富。此外，这家酒吧每周日 12:00 ~ 17:00 还会有一个大型的早午餐供应。

地 Vicolo De' Renzi 4 电 06-5832-0875 网 www.salotto42.it 营 周一至周六 19:00 ~ 次日凌晨 2:00，周日 12:00 ~ 次日凌晨 2:00 交 乘坐巴士 23、280、780 路或乘坐有轨电车 8 路即可到达

娱乐玩家点评

- 夜晚的Stardust，散发着幽蓝的光，DJ制造着巨大的声响，里面的人很多，整个氛围既神秘又充满激情，人们在这里尽情狂欢和放松，非常热闹。
- 这家酒吧提供的饮食也很美味，尤其是每周日的“希腊式早午餐”，包括色拉、清淡的地中海食物，还有鸡尾酒，很吸引人。要提醒的是，这里只接受现金付款，不接受信用卡。

小贴士 TIPS

- 因为时间关系，部分的餐饮信息可能会因为餐厅的具体调整而略有变化，大家在规划自己的旅游行程时一定要提前进行核实，与有关公司取得联系，以免影响正常的行程，造成时间的浪费。

意式咖啡的那些事儿

意式浓缩咖啡世界驰名，到罗马旅游没有理由不品尝一下意大利咖啡。好在意大利的咖啡是国民必需品，价格不贵。在罗马，一般的咖啡馆都有明码标价，不过，站着喝要比坐着喝便宜哦！还有在街头咖啡自动收货机上也有咖啡出售，质量也很好。

咖啡——意大利文化无可争议的主角之一

自17世纪第一家咖啡馆在水城威尼斯开张至今，咖啡已经成为意大利文化中无可争议的主角之一。据意大利安莎社的统计，意大利人每人每年喝600杯咖啡，在世界上排名第六，位于美国、德国、法国、西班牙和英国之后。另外，意大利的蒸馏咖啡机产量名列世界首位。

欧洲的咖啡文化可谓渊远流长，其中又以意大利为盛，不过，这里所说的咖啡，并不是指雀巢、麦思威尔等这些世界驰名的速溶咖啡，在他们的眼中，这些“快餐式”的粉末甚至连咖啡都算不上。意大利人喝的咖啡是浓缩咖啡，由于意大利的国土狭长，南北纵横长达1300千米，所以浓缩咖啡的味道也是千差万别的。

例如，位于意大利南部的拿玻里（Naples），当地浓缩咖啡的特征是约20毫升左右，味道比北部的要浓。喜欢享受口味浓烈、深度烘焙的浓缩咖啡，是南部居民的特征。此外，有些咖啡吧在端咖啡给顾客时，就已经先加好糖了。不仅如此，通常浓缩咖啡都会附砂糖。其中以容易溶解的细砂糖最普遍。至于在咖啡杯方面，咖啡吧里大多使用浓缩咖啡专用的小型厚杯，它的保温性较好，非常适合用来喝浓缩咖啡。不过，一些以用餐为主的餐厅，则未必会使用这种杯子。有些会配合整家店的气氛，使用较薄的陶瓷杯。

真正的意大利咖啡不但在原料、研磨工艺和咖啡具的选择上有诸多讲究，而且冲泡咖啡在意大利更是成了一门手艺。其复杂和精细的过程，孕育出了意大利独特的咖啡文化和不胜枚举的咖啡种类，在意大利，人们常喝的咖啡由蒸馏而成，味道极浓，不过类似于中国“功夫茶”的浓缩咖啡，也有点缀着牛奶泡沫，芬香浓郁的卡布奇诺。此外，加入了其他许多配料，比如巧克力、奶油、葡萄酒甚至威士忌的咖啡在意大利更是十分普遍。有了如此种类繁多的咖啡，意大利人对咖啡壶的要求自然也不会太低，随便走进哪个意大利家庭的厨房，总能看见一个高30厘米左右的八角型、制作精致的小咖啡壶，这就是著名的摩卡壶。制作精致的摩卡壶，能将咖啡的芬芳和浪漫情调发挥到极致，同时也是一件精美的装饰品。除了大众型的摩卡壶外，还有装饰着各种图案、设计独具匠心的摩卡壶。不过，不管是什么种类，这些摩卡壶都有一个共同点，那就是用它们冲泡出来的咖啡味道格外香浓。

常见咖啡意大利名称和简介

Orzo espresso or cappuccino d’orzo——非常香醇的大麦浓缩咖啡或卡布奇诺。很多罗马人会以这个代替咖啡给小朋友或不喜欢咖啡因的人喝。它由大麦谷类烘培而成，拥有跟咖啡一样的香气，可说是咖啡的替代品。现在也有专煮大麦咖啡的摩卡壶了！

Caff è——小小杯的浓缩咖啡

Caff è doppio——2份浓缩咖啡的超浓咖啡

Caff è lungo——1份浓缩咖啡再加入很多的热开水

Caff è Americano——同样是较淡的咖啡，如果你想加牛奶要另外要跟老板说跟加Latte。

Caff è latte——在罗马点拿铁咖啡可不能单说Latte，否则送上来的是一杯牛奶而已，要说Caffe Latte。

Cappuccino或“cappuccino”——早餐最受欢迎的卡布奇诺，浓缩咖啡加打泡牛奶，饭后可别点这个，意大利人会觉得很奇怪，因为里面的奶太多了。

Caff è macchiato——小小杯的浓缩咖啡加入一点点牛奶，macchiato意思是脏渍，因为咖啡上有牛奶“渍”而得其名

Latte macchiato——“拿铁”咖啡。和Caffe Macchiato不同之处在于它的牛奶比较多，咖啡只有一点，即为牛奶咖啡。如果有朋友喜欢“实惠又大碗”的话，可以点这个喝喝。

Caff è corretto——浓缩咖啡加入一杯Grappa或其他烈酒

Caff è marocchino——浓缩咖啡上加可可跟鲜奶油。这个在米兰越来越流行了。

Caff è or cappuccino decaffeinato——低咖啡因的咖啡或卡布奇诺

Caff è or cappuccino Hag——Hag是意大利境内较有名的低咖啡因牌子

Caff è shakerato——夏天最棒的冰摇咖啡

在罗马看电影

I ❤ ROME

意大利人爱看电影，罗马更是拍摄电影的完美驻地。无论是铺张奢华的《埃及艳后》，还是浪漫纯真的《罗马假日》；无论是极度写实的《偷自行车的人》，还是饱含父爱的《美丽人生》；无论是客观真实的《罗马，不设防城市》，还是肮脏血腥的《纽约黑帮》……无不透露出罗马作为电影拍摄地的深邃意境。来到这座缔造了几多电影传奇的地方，你没有理由不去罗马的电影院坐坐，感受那电影中出现的或梦幻、或写实、或浪漫、或血腥的场景。

小贴士 TIPS

✪ 以下电影院都是不接受信用卡付费的。

Cinema Alcazar

主题特色：原版首放

Cinema Alcazar是罗马最先在周一放映原版影片的主要影院之一，它的内部铺设着红色丝绒，十分美观华丽，是在罗马看电影不错的选择。

地 Via CarDinale Merry Del Val 14，Trastevere 电 06-588-0099 营 周一至周五对先放的两场电影低价售票，通常是在16：30和18：30，周五开始，放映时刻表会变更。 交 乘巴士780、H路或有轨电车8路即可到达 票 7欧元；优惠：4.5欧元

Metropolitan

主题特色：全方位体验、原声大片

Metropolitan是一座现代化影城，可以全方位地满足影迷们的需求，爆米花、自动售票机、杜比音响，样样都可以让顾客有舒适的体验。影院有4片荧幕，其中一片通常上映好莱坞充满艺术性的原声影片和国际大片。

地 Via Del Corso 7，Tridenti 电 06-3260-0500 营 周一至周五对先放的 2 场电影低价售票，通常是在 16:30 和 18:30，周五开始，放映时刻表会变更。 交 乘坐地铁在 Flaminio 站，巴士 88、95、117、119、495、628、926 路或有轨电车 2 路即可到达 票 7 欧元；优惠：5 欧元

Quattro Fontane

主题特色：先进、小酒吧

Quattro Fontane是一座特制的中型影院，具有先进的音响设备和一个小酒吧。不仅能够带给你绝佳的视听盛宴，休闲酒吧还能给你带来舒适的绝妙享受。

地 Via Quattro Fontane 23号，Trevi&Quirinale 电 06-474-1515 营 周一至周五对先放的 2 场电影低价售票，通常是在 16:30 和 18:30，周五开始，放映时刻表会变更。 交 乘坐巴士 40、60、64、70、170 路即可到达 票 7 欧元；优惠：4.5 欧元

Sala Trevi “Alberto Sordi”

主题特色：艺术影院

Sala Trevi “Alberto SorDi” 是一座艺术影院，以“阿尔伯托·索迪（Alberto SorDi）”命名，专门用来放映意大利经典影片，偶尔也会放映外国片。

地 Vicolo Del Puttarello 25，Trevi & Quirinale 电 06-678-1206 营 周一关门 交 乘坐巴士 52、53、61、63、71、80、85、95、116、119、160、850 路即可到达 票 4 欧元；优惠：3 欧元

小贴士 TIPS

✪ 阿尔伯托·索迪（1920年6月15日～2003年2月25日），意大利罗马人，是罗马著名的演员、编剧、导演、制片。演出作品60多部，编剧近20部，导演影片近10部，参与制片1部。其中，最受好评的影视作品包括《浪荡儿》、《这些在飞行器里的了不起的男人们》（又名《飞行器上的好小伙》）、《小小资产阶级》、《都回家去》、《情定罗马》等。曾多次获得意大利电影新闻记者协会银丝带奖之最佳男演员、金球奖最佳男主角、柏林国际电影节最佳男演员、威尼斯电影节金狮奖等多项奖项，是意大利著名的艺人。

Massenzio

主题特色：露天影院、个性独特

Massenzio是一座露天影院，是罗马同类电影院中规模最大也最正统的。Massenzio放映的电影主要是在戛纳电影节和威尼斯电影节上展示的原声电影。

地 每年都会变动，可以上网查询。 营 每年的 7、8 月 网 www.massenzio.it

《罗马》电视剧叫座

- 由美国电视巨头HBO与英国BBC电视网联手制作的古装历史剧《罗马》，史诗般地再现了罗马野蛮而绚烂的历史年代。这是一部充满权力、阴谋与暴力的断代史剧集，背景涉及军事、政治、宗教、族群、法律、阶级分化、社会矛盾等综合生活元素，给了观众一个真实的罗马。
- 电视剧到目前为止，共出了两季，仅第一季12集就历经7年拍摄和1亿美元的投入，创下了单季史上的最高纪录。《罗马》播映后，世界各地掀起了一股罗马风潮，甚至有许多美剧的忠实粉丝在看完此剧后一致将其推崇为新世纪以来最出色的历史剧。
- 电视剧《罗马》，从凯撒完成了对高卢的野蛮征服，到凯旋回到罗马后极力推进激起社会变革的议程，到其被刺死于元老院，再到继承了凯撒名号的屋大维的追逐权力之路。整部剧反映了统治者与奴隶、丈夫与妻子之间爱与背叛、忠诚与荣誉的故事，再现了罗马共和国衰的衰落和帝国兴起的历史。影片中，贵族奢华糜烂的生活方式、政客元老院的阴险狡诈，还有角斗场上的血腥与暴力、街头市场上的粗鄙与戏剧，从王宫贵族，到风月场所，再到普通家庭，仿佛展开了一幅波澜壮阔的古罗马风情画卷，处处都生动地展现着罗马的真实历史，有很高的欣赏价值。

罗马俱乐部

I ♥ ROME

罗马的夜生活很是精彩和丰富，一般开始得很晚，结束得更晚。除了酒吧，俱乐部也是在罗马娱乐的好地方。这里很多主流俱乐部都会在周五和周六的时候举办商业House等音乐演出，有机会的话一定不要错过。罗马还有每月一次的大型音乐表演Toretta Stile，表演的内容时间跨度很大，从20世纪50年代到现代音乐都有，如果有兴趣，不妨去感受一下现场音乐的激情。

Metaverso

主题特色：音乐专场和晚会

Metaverso是一家很小的俱乐部，驻场DJ有来自国际的知名人士，也有罗马本地的高手。这家俱乐部每周三是雷鬼乐专场，每个月还会有两个周六会有很酷的“Twiggy”晚会，十分热闹。

地 Via Di Monte Testaccia 38A 电 06-574-4712 网 www.metaverso.com 营 周三至周六 22：30 至次日凌晨 4：00，7、8 月歇业 交 乘坐地铁 Piramide 站下车，乘坐巴士 23、30、75、95、280、716、719 路或乘坐有轨电车 3 路即可到达 票 免费或者 5 欧元，根据具体活动而定；音乐会还会额外收费

娱乐玩家点评

✪ 这家俱乐部虽然很小，但是服务态度很好，消费也不是很高，普通大众都可以承受。

✪ 可能是因为这里的DJ都是比较知名的人士，每次来这里的人都很多，而且都是一些比较个性的人群。每月两次的“Twiggy”晚会上，还会有大量20世纪60年代的人来参加，俱乐部里更是拥挤得连跳舞的空间都没有了。

小贴士 TIPS

✪ 雷鬼乐（Reggae）是西印度群岛的一种舞蹈及舞曲，雷鬼乐在20世纪60年代开始，对西方流行音乐产生了很大的影响，在20世纪70年代和80年代已经非常普及，70年代后，雷鬼乐开始成为主流流行音乐曲风之一，众多乐队歌手纷纷效仿，其中以英国的UB4乐队和警察乐队最为知名。

雷鬼乐的代表人物是Bob Marley（巴布·马利），英年早逝的他带动了雷鬼乐的流行。雷鬼乐的一个显著特点是有翻拍上的重音，更多地使用电声乐器，歌词强调社会、政治及人文的关怀。现如今的雷鬼乐，早已发展成为欧美摇滚乐主流中的一种重要体裁了。

Zoobar

主题特色：多种音乐享受和现场演出

Zoobar是一家很不起眼的俱乐部，人们在这里却可以享受到多种多样的音乐，包括流行乐、摇滚乐、复古乐等。每周四这里会有现场演出，内容虽然简单，但是含金量很高，颇受人欢迎。

地 Via Di Monte Testaccia 22 电 339-272-7995/338-878-1118 营 周四至周六 23：00～次日凌晨 4：30，8 月歇业 交 乘坐地铁 Piramide 站下车，乘坐巴士 23、30、75、95、280、716、719 路或乘坐有轨电车 3 路即可到达 票 周四不定，2.5 欧元 / 周五，4 欧元 / 周六，不接受信用卡。

娱乐玩家点评

✪ 俱乐部虽然不大，但是所谓酒香不怕巷子深。这里的音乐已经突破了空间的束缚，渐渐传到了街道外面每个人的耳朵里。不如翻一下日历，看看今天是不是周四，如果正好赶上，那就别再犹豫了。虽然现在在这里演出的都是普通人，但说不好哪天他们就都会成为舞台上的巨星。

Oppio Caffe

主题特色：观看罗马竞技场的最好视野

Oppio Caffe虽然说不上是一家多么好的俱乐部，之所以推荐它是因为在这里可以俯瞰到气势宏大的罗马圆形大竞技场。俱乐部的墙壁是玻璃的，透过这些玻璃看竞技场，视野极度开阔，看到的景致也相当令人惊叹。

地 Via Delle Terme Di Tito 72 号 电 06-474-5262 网 www.oppiocaffe.it 营 周一 7：00～20：00，周二至周日 7：00 至次日凌晨 2：00 交 乘坐地铁 Colosseo 站下车，乘坐巴士 60、75、81、85、87、117、175、810 路或乘坐有轨电车 3 即可到达 票 周四不定，2.5 欧元 / 周五，4 欧元 / 周六，不接受信用卡。

娱乐玩家点评

✪ 这里的食物不错，服务态度也很友好。坐在这里边吃午饭边俯瞰斗兽场是一件很开心的事，店内只有2种不同的沙拉，每份都要10欧元左右。相对于质量来说，价钱略微有些贵了。

✪ 俱乐部的装饰十分现代化，大量的砖和闪亮的金属暴露在外；这里也很热闹，放着迪斯科音乐，每天还有DJ助兴；Oppio Caffe室外也有很多的桌子，可以享受露天盛宴。不过服务的速度不算快。

✪ 除了享受迪斯科音乐的疯狂与激情之外，Oppio Caffe也是享受开胃酒的一个好去处，尤其是在疲惫的一天之后，坐在这里喝1杯开胃酒，听着优美的音乐，再看看罗马斗兽场的特色景观，绝对是一种享受。

✪ 这里付款除接受现金外，还接受信用卡：AmEx、DC、MC、VISA。

Goa

主题特色：风格怪异的最时髦俱乐部

Goa是一个很时髦的俱乐部，在罗马同类俱乐部中是最好的一个。Goa以独特的氛围和令人惊叹的音乐系统而著名，这里的DJ水平很高，很有表现力。值得一提的是，俱乐部的装饰风格比较怪异，是民族风格和数字的结合，也是钢铁、东方风格的雕塑的结合，还是暖红色调和紫色调的融合，十分个性。

地 Via Libetta 13　电 06-574-8277　营 周二至周日 23：00～次日凌晨 5：00，有时周日 18：00～次日凌晨 4：00，5 月中旬至 9 月歇业　交 乘坐地铁 Garbatella 站下车，乘坐巴士 29、769、770 路即可到达　票 20～25 欧元（包括 1 杯饮料），付款除接受现金外，还接受信用卡

娱乐玩家点评

- 这家俱乐部不是特别大，但是非常漂亮。这里的DJ来自世界各地，他们拥有高超的表现力，可以奉送给你许多很有趣也很美妙的音乐。每到深夜时，这里的顾客以大学生居多。
- Goa的环境并不是每个人都能承受的，这里的音乐很刺激，也比较喧嚣。如果你能够承受这些，那么来这里娱乐一下还是很不错的。
- 这里除了环境比较个性以外，其他的一切都还比较中规中矩，没有太过另类的东西。即便如此，俱乐部的看门人也不是什么人都肯放进去的，过挑剔的看门人这一关并不是那么容易的事。
- Goa偶尔会在周日举办小交易活动，提供按摩和一些奇怪的食品。这一天，DJ会打出电子乐曲，一直到次日清晨，很独特，但不是每周日都会有。如果你想到Goa参加这个活动，最好事先确认一下。

Forte Prenestino

主题特色：社交中心

Forte Prenestino是一个十分独特的社交中心，已有很久的历史。虽然它不像从前那样活跃热闹，但依旧沿袭了曾经的传统和风格，是很多人进行社交的一个好去处。每当繁星闪烁的夜晚，在这里跟一群朋克学生们混在一起狂欢，也不失为一个有意思的经历。

地 Via Federico Delpino 100，东郊　电 06-2180-7855　网 www.forteprenestino.net　营 一年中大部分晚上都会开放，具体时间不一样　交 乘坐巴士 112、312、501 路或有轨电车 5、19 路即可到达　票 3.5～5 欧元，付款只接受现金外，不接受信用卡

娱乐玩家点评

✪这是罗马城内一个巨大的社交中心，原本是一个军事堡垒，来这里能够感受到它所带来的真实的罗马气息，在游客看来，这里绝对算得上是罗马的一个真正的旅游景点。

✪这里有巨大的开放空间，无尽的餐厅和酒吧，还有图书馆、网吧和居民（以及任何政治难民）的住宿等，规模很宏大。每年的国际劳动节，这里还会举行“不劳动日”的节庆活动，吸引了很多群众的围观。

了解点历史掌故

✪ 社交中心

所谓社交中心，就是一个专供人与人之间交际往来的场所。人们可以在这里互相传递信息、沟通交往和交流思想。在罗马，最重要的文化特点之一就是20多年前就已经出现社交中心（Centri Sociali）了。当时，很多对现实心存不满的青年占据了一些废弃的公共建筑并对其改造，将其变成了音乐厅、俱乐部或者影院，拥有同样抱负的青年们来此寻求音乐、艺术和政治的自由空间，慢慢的，社交中心的作用便开始显现了。

这样的新兴事物出现在当时只有遍地博物馆的罗马，的确是一件很引人关注的事情，由此带来了罗马在城市面貌上的一种革新。罗马为了改变过于刻板和单一的面貌，努力争取了一些世界一流的音乐家和艺术家，以期将饱含历史沉重感的罗马古城变成一座充满活力的现代都市。在这个过程里，社交中心作为一个充满年轻与激情的新兴产物发挥了重要的作用。

今天，娱乐方式的多样化使得社交中心的作用渐渐变淡，但其中依然拥有很多值得一看的东西。要进那些比较小型的或者是不起眼儿的社交中心其实很简单，只要加入到门口那乱糟糟的队伍里就可以了。在疲惫的旅行之余去社交中心看看，也是一种调剂旅途疲惫的休息方式吧！

现场音乐

I ♥ ROME

罗马人有很多的休闲娱乐方式，观赏现场音乐就是其中的一种。据各种数据表明，跟以前相比，近几年来罗马人去观看现场音乐的次数明显增多了，这得益于多功能的罗马音乐厅的建造和开放、一大批小型现场表演的酒吧和俱乐部的涌现，以及市政厅大力资助的各种音乐会的开办。所以，来到罗马，观看一场现场音乐表演，也算是“入乡随俗”，融入罗马生活的一种表现吧！

Gregory's Jazz Club

主题特色：爵士乐的海洋

Gregory’s Jazz Club是一个处处流淌着爵士文化气息的小地方，墙上挂满了爵士乐演奏者的图片，让你一进入其中就有种置身于爵士音乐世界的感觉。这里底层是可以用餐的，有最丰富的罗马威士忌；顶层的小房间里灯光柔和，你可以半倚半靠在漆得光亮的桌子旁，静静地欣赏现场爵士乐的美妙旋律。

地 Via Gregoriana 54 电 06-679-6386 网 www.gregorysjazzclub.com 营 周二至周日22：00～次日凌晨3：30，8月歇业 交 乘坐地铁至Spagna站或Barberini站下车，或乘坐巴士116、117、119、590路即可到达 票 5欧元，可以使用信用卡：AmEx、DC、MC、VISA

娱乐玩家点评

✪ 这家俱乐部真是个好地方,可供选择的食物很多样，味道也很好。最舒适的是楼上的音乐厅，创造了一个非常好的氛围，而且，音乐也都非常棒！可以说是一次物超所值的体验。

✪ 窝在顶层的柔和氛围里，让耳朵尽情地沐浴在爵士乐的独特乐感中，仿佛自己也是音乐中的一部分，相依相傍，互相融合，美妙极了！

了解点小知识

罗马爵士乐

爵士乐(Jazz)是一种起源于非洲的音乐形式，它是由民歌发展而来的。爵士乐有着自己独特的特点，包括以多种形式呈现出繁荣景象，乐曲风格极其耀眼，节奏鲜明强烈，是由演奏者即兴演奏或是演唱者即兴演唱等。近几年来，罗马不断兴起了很多的爵士俱乐部和音乐节，可见罗马对爵士乐兴趣的日渐浓厚。罗马市政厅主办的“Casa Del Jazz”更是为罗马爵士乐锦上添花。在夏天，你可以参加Jazz&Image Festival，亲身体验罗马爵士乐的别样风采。

Akab Cave

主题特色：前卫音乐会、电子音乐专场

Akab Cave是一家十分繁忙的俱乐部，比较特别的是，这里拥有一个地下室酒窖，外面还有一个美丽的小花园。Akab Cave偶尔会举办一些前卫的音乐会，这是它的特色。每周二晚上会有一个电子音乐的专场，颇受欢迎。

地 Via Di Monte Testaccio 69 电 06-5725-0585 网 www.akabcave.it 营 周二至周六 23:00 ~ 次日凌晨 3:00，8 月歇业 交 乘坐地铁至 Piramide 站下车，乘坐巴士 23、30、75、95、280、716、719 路或乘坐有轨电车 3 即可到达 票 10 ~ 20 欧元，可以使用信用卡：AmEx、DC、MC、VISA 付款

娱乐玩家点评

- 这里面的音乐水平很高，超出了音乐俱乐部的平均水平，光顾的人也非常多。
- Akab Cave无疑是一家很棒的俱乐部。这里布局美观、极富想象力。墙壁是黄金和地中海的颜色，很亮眼。来这里的人也多是时尚而具有艺术潜力的。有很多初露头角的制片人、艺术家和学生都会涌向这里欣赏现场音乐。消费价格虽然有点贵，但的确也是值得的。

Alexanderplatz

主题特色：爵士乐俱乐部

Alexanderplatz是罗马的一家非常受关注的爵士乐俱乐部，每晚的音乐都由著名的爵士乐手参

加。Alexanderplatz每年夏天还会举办广受欢迎的Jazz & Image露天音乐会，对喜爱爵士乐的人来说是很具吸引力的。

地 Via Ostia 9　电 06-3974-2172　网 www.alexanderplatz.it　营 每天 21:00 ~次日凌晨 2:00，6 ~ 9 月歇业　交 乘坐地铁至 Ottaviano 站下车，乘坐巴士 32、34、49、81、492、590、982 路或乘坐有轨电车 19 路即可到达　票 会员免费进入（年会费 27 欧元，月费 7 欧元），可以使用信用卡：MC、VISA 付款

娱乐玩家点评

- Alexanderplatz是意大利历史最悠久的爵士乐俱乐部，它位于历史中心最独特的地区。这里的工作人员很友好，音乐会的收费也相对便宜，食品和饮料也是一流的。在这里，你可以拥有无数次尽兴的经历。
- Alexanderplatz是个非常大气的爵士乐俱乐部，几乎每天晚上的音乐会都不同，不过音质不是很出彩。
- 如果你喜欢爵士乐，你一定会喜欢Alexanderplatz，这绝对是你所期望的欧洲爵士乐俱乐部。这里有来自世界各地的顶尖爵士乐手尽情展示他们的才华。而且墙壁上有许多明星的亲笔签名，可以很好地满足你的追星愿望。不过要注意在这里是不允许吸烟的。
- 来到Alexanderplatz，你可以先来一顿梦幻般的晚餐，之后当一个螺旋楼梯分解成很多个小楼梯，音乐会就开始了，这总是让人印象十分深刻。里面的服务很棒，服务员的英语不错，还会主动要求顾客纠正他们的语法。俱乐部的整体氛围很好，正是因为这样，每晚来这里观看现场音乐的人很多，经常显得拥挤。

Beba Do Samba

主题特色：充满活力的郊区现场音乐会

Beba Do Samba虽然位于罗马的郊区，但却是一家非常受欢迎的现场音乐会俱乐部，它每天都会为客人提供一个密集的演唱会日程，无论是爵士乐，还是蓝调或者其他乐曲，这里都会为你呈现。充满活力的学生是Beba Do Samba的常客，这里对游客通常是不要求有会员身份的。

地 Va De' Messapi 8　电 340-695-3499　网 www.bebadosamba.it　营 每天 21:30 ~次日凌晨 2:30，7 ~ 8 月歇业　交 乘坐巴士 71、163、204、443、448、490、491、492、495、649 路或乘坐有轨电车 3、19 路即可到达　票 年度会员免费进入，不接受信用卡付款

娱乐玩家点评

Beba Do Samba虽然是个小地方，但却安排了满满的各种各样的活动，不仅包括现场音乐，还有风格多样的舞蹈，如巴西的桑巴、源于中东地区的肚皮舞等。对于艺术爱好者来说，这里无疑是一个很好的场所。

Beba Do Samba备受学生的推崇，主要提供现场音乐。每晚在世界音乐、民族乐曲、爵士乐之后，这里还会有DJ专场，很热闹，在这里可以度过一个很High的夜晚。

Fiesta

主题特色：拉美风格的狂欢节

Fiesta并不是一个俱乐部或音乐现场的名字，而是一个具有拉美风格的狂欢节，节庆的现场就是现场音乐的表演场。届时会有拉美乐队表演，也会有摇滚乐、爵士乐、流行乐、嘻哈乐等表演，还会有很多的音乐明星、大腕捧场，Fiesta每年都会吸引上百万的人参加。

地 Via Appia Nuova 1245　电 199-109-910　网 www.flesta.it　营 6～8月　交 乘坐地铁至 Colli Albani 站下车或乘坐巴士590、650、671路即可到达　票 6欧元起，根据活动不同门票价格也不同

娱乐玩家点评

Fiesta现场，有4处舞台，周围有几十个小吃摊，可以在这里听到许多舞曲。看过很多表演之后再去犒劳一下自己的胃，绝对是一种视听外加味觉的盛宴。

要去看节庆的现场音乐演出一定要提前到，因为现场的人太多，每次都会造成交通拥堵，无论是站人还是停车都是让人头疼的问题。

了解点小知识

罗马拉丁风

在温暖的月份里，包罗万象的各种音乐节是罗马的一大亮点，拉美风格的狂欢节“Fiesta”更是为罗马的夏天注入了不少活力，成群结队的人们在夏日的夜晚晃悠在节庆现场，充分感受着现场音乐带来的震撼和激情，绝对可以提供给人们足够的娱乐空间。

自20世纪70年代以来，罗马的拉美群体就展示了巨大的活力。近年来，巴西的“Capoeira”（卡波拉舞）成为继探戈之后的新流行，住在罗马的巴西人开办了各种学习Capoeira的学校，发展得很好也很迅速。

体育运动和健身娱乐

I ♥ ROME

跟帝国时代一样，罗马最受欢迎的娱乐是观看比赛。不过这几年来，罗马开始接受新的理念，越来越多的罗马人在健身房里忙活得气喘吁吁，瑜伽、普拉提及武术成为了新一轮的时尚健身方式。不过赛马、打网球等作为罗马一直比较受欢迎的体育运动，也依然十分抢手。

StDio Olimpico

主题特色：观看体育比赛最好的地方

StDio Olimpico（奥林匹克体育馆）是罗马市最主要的体育场，也是第17届奥运会主场馆，还是意甲球会罗马和拉齐奥的主场球场。位于罗马北郊的StDio Olimpico（奥林匹克体育场）有一个非常突出的风格就是能将古罗马的体育场与现代的体育建筑融为一体，古今建筑融合并形成强烈的反差，十分美观。此外，它还充分考虑到了运动员和观众的需求与便利，功能设计齐全且充满人性化，建筑风格也十分新颖，可以容纳10.5万名观众，是观看体育比赛最好的地方。

地 Viale Dello StDio Olimpico 电 06-323-7333

交 乘坐巴士 32、224、280 路或乘坐有轨电车 2 路即可到达 票 15 ~ 99 欧元，不接受信用卡付款

娱乐玩家点评

✪ 在罗马的奥林匹克体育馆看体育比赛的感觉绝对是超赞的，就算你只买到最便宜的票，在这里观看比赛时也照样可以拥有很好的视角。

✪ 每逢重要赛事的时候，这里的门票都会很快售罄，也会有票贩子趁机抬高票价的现象出现，如果你恰巧是在重大赛事时来罗马旅游，也想看这样一场比赛的话，最好还是提前订票吧！

Cavalieri Dell' Appia Antica

主题特色：骑马出游的好地方

罗马的时尚人士爱赛马，这里每年都会举办国际赛马比赛，Cavalieri Dell' Appia Antica（阿皮亚古道赛马场）可以满足爱骑马人士的需求，这是一座位于乡村的健身场所，骑马的人被分成一组组的，一组最多5人，然后沿着阿皮亚古道出游。

地 Via Dei Cerceni 15 电 328-208-5787

营 每年10月至次年4月周二至周日9:00 ~ 13:00，15:00 ~ 18:00；5 ~ 9月 周二至周日9:00 ~ 13:00，16:00 ~ 19:30 交 乘坐巴士118、660路即可到达

票 骑马20欧元/小时，不接受信用卡付款

娱乐玩家点评

- 这家马场是两个人合伙开的，老板的态度十分友好，只是几乎不会说英语。他们的马都很温和，很适合初学者。
- 这里很有人气，如果你想要周末去骑马出游，最好是提前很长时间预订，否则可能轮不到你。

Circolo Della Stampa

主题特色：态度友好的网球馆

Circolo della Stampa是罗马一座比较有名的网球馆，这里有泥地和人造草坪场地，一般对进入场地的人没有什么着装上的特别要求，但是对鞋子有严格的规定，即不得穿钉鞋入内。这里也对非成员开放，但最好是提前预约。

地 Piazza Mancini 19 电 06-323-2452 营 周一至周五9：00 ~ 22：00，周六和周日9：00 ~ 20：00 交 乘坐巴士53、280、910路或乘坐有轨电车2路即可到达

票 普通欧冠球场单打10欧元/50分钟，双打20欧元/50分钟；泛光灯球场单打12欧元/50分钟，双打14欧元/50分钟，不接受信用卡付款

娱乐玩家点评

✪ 这家罗马著名的网球馆，最大的特点是服务人员的态度非常友好，给人宾至如归的感觉。对所有人开放的这项规定，也十分亲民。只是如果要来这里的话，最好不要赶在周末的时候，因为那时往往人会比较多，会显得拥挤。

L' Albero E La Mano

主题特色：多种项目的健身房

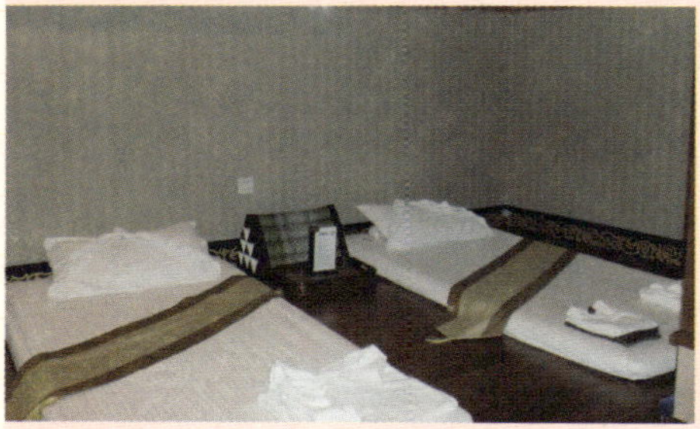

L' Albero e la Mano是一家项目多样、功能齐全的健身房，练习房每天都会开设瑜伽课程，每周还会教授体操、太极拳、肚皮舞等课程。此外，这里还会提供指压按摩、泰式按摩和古印度草药疗法等。

地 Via Della Pelliccia 3，Trastevere 电 06-581-2871 网 www.lalberoelamano.it 营 根据课程的安排定时间，一般周日以及7月中旬至9月中旬不开放 交 乘坐巴士23、280、630、780路或乘坐有轨电车8路即可到达 票 每节课12～13欧元，不接受信用卡付款

娱乐玩家点评

✪ L' Albero E La Mano里的服务很多，任何一种拿出来都是很舒服的享受。尤其是按摩，穴位和身体各部位被细腻的指法按摩过后，感觉肌肉很放松，仿佛力道到达了肌肉内部，整个经脉都被打通了，十分舒服。

关于罗马足球的那些事儿

罗马人对于体育运动的喜爱一直局限于一种比较静态的状态，他们喜欢坐在球场或是电视机前观看体育比赛。无论是每队5人的足球锦标赛，还是意大利甲级联赛，罗马人都会津津乐道。每当意大利甲级联赛的20支球队相遇，不只是罗马，还有整个意大利，甚至是全球的足球迷们都会把目光聚集在这个赛场上，一边观看比赛，一边高谈阔论。赛事结束后，偶尔足球迷们会聚在一起，对这次比赛作出激烈的辩论，各抒己见。

意大利足球甲级联赛

意大利足球甲级联赛（Serie A）简称“意甲”，是意大利最高等级的职业足球联赛，由意大利足球协会（FIGC）管理。意甲曾经是世界上水平最高的职业足球联赛之一，曾经被誉为“小世界杯”。近几年来，由于种种原因，意甲的声望有所下降，状况不容乐观。意甲参赛球队于2004～2005赛季开始由18队增加至20队，意甲联赛由34轮增加到38轮，无论主场或作客比赛各有19场，以双循环方式比赛，施行升降级制度。联赛中每场胜队可得3分，和局得1分，负队得0分，按各队于联赛所得的积分排列。联赛榜总积分最高的队伍可以夺得联赛冠军，而总积分最低的3队球队将会降级到乙级联赛（Serie B），其位置由乙组头2名取代，余下的席位则由乙组第3名至第6名进行附加赛争夺。

罗马足球俱乐部

罗马足球俱乐部（Associazione Sportiva Roma，简称A.S. Roma）成立于1927年1月1日，现属于意大利足球甲级联赛参赛球队之一。俱乐部选用罗马市徽的标志——一只狼正在哺喂2名婴儿的图像作为会徽，与成立于1900年的同城足球俱乐部拉齐奥俱乐部共同以罗马奥林匹克球场作为俱乐部主场。球场可容纳8万人，仅次于意大利米兰的圣西罗球场，是意大利座位数排名第二的球场。每当罗马足球俱乐部与拉齐奥俱乐部于联赛碰头时都会被称为“罗马德比”，这已经成为每年意大利球坛上最精彩的足球比赛之一了。

罗马王子——弗朗西斯科·托蒂

意大利足球运动员弗朗西斯科·托蒂（Francesco Totti），有着“罗马王子”的美誉，他效力于意甲俱乐部，曾被《法国足球》杂志评为罗马历史上的最佳球员。

托蒂在13岁时就已经加盟了罗马俱乐部，16岁时托蒂带领罗马少年队击败AC米兰（AC Milan）少年队夺得意大利少年联赛冠军，17岁的托蒂进入了罗马一线队，在几年里迅速成长为罗马队乃至意大利足球界的标志性人物，战果累累。正是因为托蒂的优异表现，他赢得了意大利球迷们的广泛爱戴，还因此发生过一件令人啼笑皆非的事件。2000年意大利议会进行不记名投票选举议会主席时，居然有投票者将托蒂的名字填在了选票上。当时负责唱票的工作人员忍不住说了一句：“看来议会中的罗马球迷真不少！”将不是议员的托蒂当做议会主席的候选人，当然这仅仅是某议员的恶作剧，但也反映出托蒂在意大利国人心目中的地位。

托蒂对于足球有着超乎寻常的感情，他曾说过：“当我踏上球场，我会变成另一个人，而在场外的我一直以来却没有太多改变，我享受足球，同时带给大家欢乐，当我走出球场，看到向我索要签名的球迷，我会感到无比自豪……”这就是托蒂生活的真实写照，他是一个对足球运动充满激情，并甘愿为足球事业献身的“罗马王子”。

I ♥ ROME

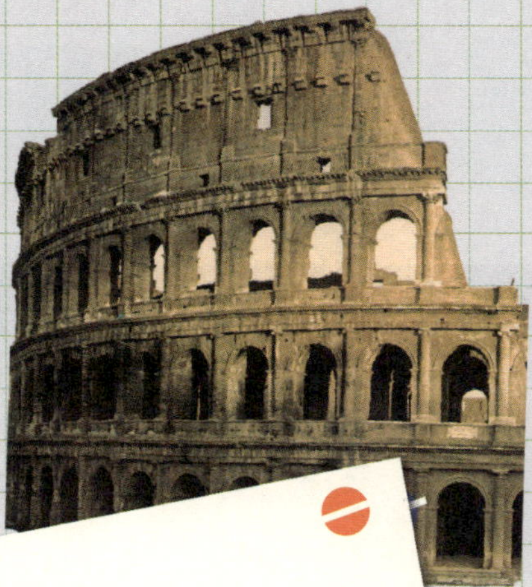

PART 6

罗马旅游情报

157-205

探寻罗马的历史古迹

I ♥ ROME

1 罗马斗兽场

主题特色：意大利的标志性建筑/体育场的典型范本

罗马斗兽场（Colosseum），也叫做古罗马竞技场，建于72～82年间，是古罗马文明的象征，也是古罗马帝王家族追逐血腥场景的见证，更是古罗马文化不朽的纪念碑。罗马斗兽场的遗址位于罗马市中心，它在威尼斯广场的南面，古罗马市场附近。这座伟大的建筑是由成千上万的犹太奴隶建成的，正是因为耗费了大量的人力、财力和物力，才形成了如此恢弘壮观的规模。从外观上看，罗马斗兽场呈正圆形；俯瞰时，它是椭圆形的。斗兽场的占地面积约2万平方米，最大直径为188米，最小直径为156米，圆周长527米，围墙高57米，这座庞大的建筑可以容纳近9万人数的观众。罗马斗兽场是全世界现存的唯一的一座4层斗兽场，是罗马旅游过程中不可缺少的一站。

了解点历史掌故

古罗马人最喜爱的娱乐就是对血淋淋的角斗场面作壁上观。大批的角斗士被驱赶上角斗场，相互残杀，或与野兽肉搏，嗜血的贵族奴隶主则在角斗士的流血牺牲中获得一种野蛮的快感。

80年，斗兽场工程竣工之时，举行了为期100天的庆祝典礼。古罗马统治者组织驱使5000头猛兽与3000名奴隶、战俘、罪犯上场"表演"，殴斗。这种人与兽、人与人的血腥大厮杀居然持续了100天，直到这5000头猛兽和3000条人命自相残杀至同归于尽。无怪乎有人说，只要你在角斗台上随便抓一把泥土，放在手中一捏，就可以看到印在掌上的斑斑血迹。

相传，在160年的某个晚上，剧作家泰伦斯的喜剧在演出时被迫中断，只因有谣传说一场格斗比赛即将开始，所有的观众都冲了出去，直奔斗兽场，那时候，没有什么能胜过动物与人相互厮杀所带来的兴奋与刺激。在8世纪时，有人曾慨叹道，"斗兽场站立，罗马就站立；斗兽场倒下，罗马也倒下"。

地 Piazza Del Colosseo 1　电 06-3996-7700　营 1月2日至2月15日9：00～16：30，2月16日至3月15日9：00～17：00，3月16日至3月27日9：00～17：30，3月28日至8月31日9：00～19：15，9月9：00～19：00，10月9：00～18：00，10月31日至12月31日9：00～16：30，1月1日、12月25日关闭　游览时间：2～3小时

交 乘坐地铁B号线在Colosseum站下车，巴士60、75、85、87、117、175、271、810、870路或有轨电车3路即可到达

票 12欧元

旅游达人点评

- 斗兽场可能是罗马帝国最令人印象深刻的建筑了，没有到过罗马的人对于斗兽场的认识是不够生动的，只有身临其境后才会发现斗兽场的规模是如此的宏伟，有着5万多个座位的露天剧场确实是所有体育场的经典范本。
- 在古罗马斗兽场前会有一些穿着古代战袍的剑斗士，如果愿意花上几欧元，他们就会与你合影。不过，如果有装扮成骑兵模样的人要求与你合影的话，建议拒绝，因为收费会非常高。由于古罗马斗兽场是在日落前的1个小时就会关闭，因而需要合理安排时间。一般来说，夏季18:00左右，冬季15:00左右就要进场了。但是等待进入古罗马斗兽场的人实在太多，一时半会也买不到票，但是时间一到，售票处不管还有多少人，就会停止卖票。因而要到斗兽场参观的话，就需要提前进场，一般在9:00之前去比较好。
- 在斗兽场的角斗台下是地窖，关着猛兽和角斗士。角斗台周围的看台分为3个区。参观第一层是皇帝和贵族的座席，第二层为罗马高阶层市民席，第三层则为一般平民席，再往上就是大阳台，一般观众只能在此处站着观看表演。斗兽场最底层地面有80个出入口，可确保在15～30分钟内把场内9万观众全部疏散离场。
- 每到复活节的前3天，人们就会聚集在斗兽场的中央举办纪念耶稣复活的庆典活动，连教皇也会参加。届时人们手里拿着蜡烛站在原地演唱，时间大约会持续2个小时。

古罗马市场

主题特色：露天博物馆/罗马城的核心

古罗马市场（Roman Forum）又称古罗马广场，亦有“露天博物馆”之称。这座看上去只有一1堆残垣断壁的废墟，也许很难使你想到这个地方已有千年之历史并且是罗马市民引以为傲的象征。古罗马市场是整个罗马城的核心，代表着古罗马建筑的辉煌，每年都吸引着大量游客到此参观。这里原为沼泽地带，大约公元前6世纪加以整修，成为市场和集会之地。历代统治者在这里修建庙宇、宫殿、会议场所、政府机构，而且这些建筑大都规模宏大，建筑工程精细，十分壮观。同时还有店铺和摊棚，使这里一度成为政治、宗教、商业和公众活动的中心。广场上原来有凯撒庙、讲坛等其他建筑，现已只存地面残迹，其中的塔形建筑为后世所建。这些建筑可以说是统治阶级横征暴敛、奴役各族人民的见证，是劳动人民智慧的结晶，更是罗马建筑艺术的代表作。

了解点历史掌故

在最初的罗马共和国时期，罗马广场是一个混乱的地方。这里有卖食品的小摊贩，有提供应招服务的妓院，还有求神拜主的寺庙和参议院议厅。到了公元前2世纪，罗马人认为，他们需要一个更加有利于健康的活动中心。因此，罗马广场上原有的食品店被商业中心和法庭所取代。

而在这里，发生了许多的故事，奇异诡谲，多彩迷人，但最传奇的便是凯撒大帝了。这个打了无数胜仗、无视元老院权威并最终登上权力高峰的英雄，与风情万种的埃及女王克利奥帕特拉曲折离奇的爱情，现在还被人们所津津乐道。罗马广场便是他们爱情的见证，但也是凯撒大帝光辉与死亡的见证。在公元前44年2月15日，安东尼向凯撒献上了一顶王冠，但在一个月后，也是在罗马广场，凯撒身受23处刀伤而死，大约60位元老院议员策划了这次令人震惊的谋杀。

当然，与古罗马广场有关的故事太多，有的可以找到文字记载，有的存活在一代代的口头传说中，但更多的是随着历史的变迁消失得无影无踪了。

地 Via Dei Fori Imperiali Largo Romolo E Remo 5

营 每天9：00至日落前1小时，1月1日、5月1日、12月25日关闭 票 免费

旅游达人点评

在夏季，罗马非常炎热，古罗马市场的温度更是能达到30℃，建议夏季去参观古罗马市场的话最好选择一早或是稍晚凉快些的时候再去。游玩的时候还要记得带足水，以免中暑或者脱水而影响了游玩的兴致。罗马市场周边便利店内的水需要10欧元左右1瓶，还是比较贵的。

如果想要一览古罗马市场全景的话，可由任意一端的较高点进入。西北端始于卡皮托里内，然后由罗慕路斯和雷穆斯陵墓遗址走下台阶。东南端从斗兽场进入，从西北边的小丘爬上去，由提图斯大帝的凯旋门进入。

万神殿

主题特色：“天使的设计”/唯一一座保存完好的罗马帝国时期建筑

万神殿（Pantheon）被米开朗琪罗赞叹为“天使的设计”，它是世界上唯一一座至今仍保存完好的罗马帝国时期的建筑，“简单、直立、朴素、庄严、高贵”是大诗人拜伦努力寻找的用来表达万神殿风范的词汇。万神殿由罗马帝国首任皇帝屋大维的女婿阿格里帕建造，用以供奉奥林匹亚山上诸神，可谓奥古斯都时期的经典建筑。这个建筑原本建于公元前27年，由于80年的火灾，万神殿的大部分被烧毁。现今所见的万神殿主体建筑是亚德里亚诺大帝于120～124年所建，其内仍供奉罗马的所有神祇。万神殿内的7座壁龛，分别供奉战神和朱利奥·凯撒神明和英雄，除壁龛外，殿内还有很多神明和英雄的雕像。

地 Piazza Della Rotonda 电 06-6830-0230

营 周一至周六8：30～19：30，周日9：00～19：00，节日9:00～13:00 交 乘坐巴士46、62、63、64、70、81、85、87、95、117、119、160、175，492、628、630、780、850、916路到Largo Argentina下车或Via Del Corso站下车，或者乘坐有轨电车8路即可到达 票 免费

旅游达人点评

在万神殿内侧面有一个小堂，这是拉斐尔、意大利国王埃玛努埃尔二世、翁贝尔托一世和他的妻子玛尔盖丽妲王后等重要人物的长眠之地，很有纪念意义。

在参观万神殿的时候，最值得注意的是万神殿的圆屋顶。这个圆屋顶直径40多米。在15世纪之前，它一直是世界上最大的圆屋顶，其高度和直径相等，构成一个完美的半球。在穹顶正中有一个圆形大洞，直径8.9米，这是神殿唯一的采光来源，营造出殿堂与神灵相通的神韵。

帕拉蒂尼山

主题特色：传说中的罗马起源地

帕拉蒂尼山（Palatine Hill），又称帕拉蒂诺山，传说是罗马的起源地，在罗马的早期历史中扮演过重要的角色。经考古发现，山丘上既有史前遗迹，也有帝国的皇宫废墟，因此，帕拉蒂尼山是罗马非常著名的历史遗迹。遗址尤以罗马帝国第一位皇帝奥古斯都的宫殿闻名，在对这座宫殿进行维修时，工作人员偶然发现了一处洞穴。考古人员使用探测器伸入洞穴内进行探测，发现它深约16米，洞内有拱顶，洞中还饰有壁画、壁龛和贝壳，这可能是罗马建城传说中的“母狼育婴”所在地。根据传说，罗马神话中战神的孪生子罗穆卢斯和雷穆斯尚在幼龄就遭遇变故，被放在篮子内投入河中任其自生自灭，幸亏一头母狼将他们救起并用乳汁哺育。他们长大成人后报仇雪恨，建立了罗马城，并把母狼哺育他们的地方作为圣地加以祭祀。据说，大多数欧洲语言中对宫殿的命名都是起源于帕拉蒂尼山（Palatine Hill）的，现在的帕拉蒂尼山已经成了一个充满田园风味的休闲好去处了。

地 Via Di San Gregorio 30/Piazza Disanta Maria Nova 53

电 06-699-0110/06-3996-7700 营 每天9：00至日落，夏天最迟可至19：30，冬天最早可至16：30

交 乘坐地铁至Colosseo站下车，乘坐巴士60、75、85、87、117、175、271、571、673、810、850或乘坐有轨电车3路即可到达 票 进入帕拉蒂诺山丘要收门票12欧元，但是和斗兽场、古罗马广场是联票。售票处提前1小时关闭

罗马的7座山丘

罗马7座山丘位于罗马的心脏地带——台伯河的东侧。根据罗马神话，其为罗马建城之初的重要宗教与政治中心，当时的七座山丘分别为凯马路斯（Cermalus）、契斯庇乌斯（Cispius）、法古塔尔（Fagutal）、奥庇乌斯（Oppius）、帕拉蒂尼（Palatium）、苏古莎（Sucusa）与威利亚（Velia）；而传说中罗马城最初是由罗慕路斯（Romulus）于帕拉蒂尼山（Collis Palatinus）上兴建。现在的其余六座山则与古代的称呼有所不同，分别为阿文庭山（Collis Aventinus）、卡匹托尔山（Capitolinus）、奎里尔诺山（Quirinalis）、维弥纳山（Viminalis）、埃斯奎里山（Esquilinus）与西莲山（Caelius）。

在最初时，这七座山丘分别为不同的人群所占有，且并没有组合成“罗马城”的念头。而在其后，这七座山丘的居民开始共同参与一系列的宗教活动，并且逐渐组合起来。罗马城就这样逐渐成形，而居民们则将山丘间的沼泽地清理，并且在该处兴建市场与法庭。现今举世知名的梵蒂冈山（Vaticano）位处台伯河西北岸，因此并不是七座山丘之一。与此相似，宾西亚丘陵（Pincio）位处台伯河北岸、雅尼库伦山（Gianicolo）位处台伯河西岸，因此传统上皆不被认为是七座山丘之一。现代罗马城的七座山丘里，其中五座（阿文庭山、西莲山、埃斯奎里山、奎里尔诺山、维弥纳山）有着纪念碑、建筑物与公园；卡匹托尔山则为罗马市政中心；而帕拉蒂尼山则是考古地区。

旅游达人点评

- 站在帕拉蒂尼山的山顶，可以俯瞰到整个古罗马市场，尤其是山顶处建于17世纪的凉亭，是俯视古罗马全景的绝妙地点。
- 走进帕拉蒂尼山，你会看到右边的Hortus Farnesiani，这里的花园建于16世纪，长满了橘子树和橄榄，是欧洲最古老的植物园之一。花园下方有隐廊，这条半陷于底下的长廊仅依靠墙上的裂缝采光，夏天会非常凉快。
- 在帕拉蒂尼山上有一座高大的灰色建筑，里面是帕拉蒂尼博物馆，这里收藏了丰富的出土艺术品，包括陶器、雕像、古壁画以及非常精细的镶嵌画，很有观赏价值。

7 戴克里先浴场

主题特色：古罗马最大的公共浴场/顶尖的考古博物馆

戴克里先浴场（Terme Di Diocleziano）现在的正式名称是罗马国家博物馆，它曾经是古罗马最大的公共浴场。戴克里先浴场从罗马皇帝戴克里先时期（公元298年）开始兴建，在其禅位于君士坦提乌斯一世后，于公元306年建成，是当时最大最奢华的浴场。戴克里先浴场占地约12万平方米，中央的大堂长280米，宽160米，与罗马同样十分出名的卡拉卡拉浴场面积不相上下，但是戴克里先浴场的容量比起其他的浴场更大。现在，这座公元3世纪建造的古建筑的大部分已经成为了顶尖的考古博物馆，吸引着越来越多的游人到这里来参观。

了解点历史掌故

其实，戴克里先大浴场繁华了几个世纪，考古学家认为，它一直处于正常服务状态，直到6世纪哥特人切断了罗马城的水源，戴克里先大浴场才逐渐荒废。后来，意大利政府就在这家浴场的遗址上建起了罗马国家博物馆。

经过了30年的修复，意大利对外开放了戴克里先浴场的第十大厅。第十大厅是戴克里先大浴场最大的大厅，但是现在还无法确认这个大厅的真实用途。不过，根据第十大厅庞大的空间以及所处的中心位置，考古学家推测，第十大厅可能具有非常重要的社交功能。

地 Via Enrico De Nicolo 79 电 06-3996-7700 网 www.archeorm.arti.beniculturali.it 营 周二至周日9:00～19:45，19:00之后禁止进入 交 乘坐地铁A线至Repubblica站下车或乘坐巴士36、38、40、64、86、90、92、105、157、170、175、217、310、714、910路即可到达 票 7欧元，优惠价格：3.5欧元，不接受信用卡付款

旅游达人点评

- 戴克里先浴场非常大，据说它可以同时容纳约3000人在此洗澡。相对于普通浴场，它更像一个景点，值得细细观赏。。
- 如果你有很好的记忆力，能够想起那些老电影里凯撒大帝和他的孩子们坐在一个豪华浴池里的场景，那么在这里观看大浴场还是很有意义的，因为戴克里先浴场的很多建筑依然保持了原先的样子，能够很好地复原和再现老电影里的场景。

君士坦丁凯旋门

主题特色：一部生动的罗马雕刻史

君士坦丁凯旋门（Arco Di Costantino），位于罗马斗兽场与帕拉蒂尼山之间，是为了纪念君士坦丁一世于312年10月28日击败马克森提皇帝统一罗马帝国而建的。君士坦丁凯旋门是罗马现存的凯旋门中最新的一座，高21米，宽25.7米，纵深7.4米。它拥有3个拱门，中央的拱门高11.5米，宽6.5米；两侧的拱门则高7.4米，宽3.4米。拱门上方由砖块砌成，表面有雕刻图案。君士坦丁凯旋门主体是由几根分开的圆柱及刻有铭文的顶楼所构成。拱门的下半部则被认为是建筑师参考更古老的纪念碑来设计的，也许是来自于哈德良皇帝时代。这座宏伟壮观的凯旋门，尤其是它上面所保存的罗马帝国各个重要时期的雕刻，是一部生动的罗马雕刻史。

地 Piazza Del Colosseo 交 乘坐地铁至Colosseo站下车，乘坐巴士60、75、81、85、87、117、175、673、810、850路或乘坐有轨电车3路即可到达

旅游达人点评

君士坦丁凯旋门的表面大量使用了其他更古老的纪念建筑材料来装饰，并集合成君士坦丁时代的建筑。拱门上方的顶阁表面刻有铭文，而且2个面都完全相同。拱门上端两侧装饰着8个长方形浮雕，这些浮雕原先是一座纪念马尔库斯·奥列里乌斯的未知建筑物上面的装饰物，可能是从纪念马尔库斯·奥列里乌斯在马克曼尼人战争（Marcomannic Wars）获胜的凯旋纪念物上移走的。不过建筑师将马尔库斯·奥列里乌斯皇帝的头像重新雕刻成君士坦丁了。君士坦丁凯旋门每根圆柱顶端的达基亚囚犯大理石雕像是图拉真时代的产物，很可能是来自于图拉真广场。

君士坦丁凯旋门就在圆型斗兽场旁边，建成时间比斗兽场还早300年，是游客不应错过的景点。古罗马时代共有21座凯旋门，现在只剩下3座。君士坦丁凯旋门拥有的拱门上，雕塑精美绝伦、恢弘大气，历经千年，已是残迹斑斑，却仍在风雨中与古罗马斗兽场共同见证罗马的辉煌。集合了众多不同时代罗马雕塑的君士坦丁凯旋门，平衡了众多风格的雕塑风格，在静态中展现了自己的恢弘气质。据说当年拿破仑·波拿巴来到罗马，见到了这座凯旋门，大为赞赏，而这座凯旋门也就成为法国巴黎凯旋门的蓝本。

卡拉卡拉浴场

主题特色：世界最大的浴场之一/罗马式浴场原型

卡拉卡拉浴场（Terme Di Caracalla）是世上最大的浴场之一，它是卡拉卡拉皇帝于公元200年左右下令建造的，现在的罗马式浴场都是以它作为原型。卡拉卡拉浴场长375米、宽363米，地段的前沿和两侧的前半都是店面。浴场的造型非常漂亮，两侧的后半向外凸出一个半圆形，里面有厅堂，旁边有休息厅。在巨大的圆屋顶下，设有游泳池、桑拿池和冷水池，周围布满珍奇的植物、精

致的雕刻和巧夺天工的镶嵌图案。大温水浴厅的拱圈都用天然火山灰混凝土浇注，使它们形成整体，所以到了现在，拱圈和穹顶都已残破，却并不完全坍塌，给人极其强烈的视觉印象。除了温度各异、用途不同的浴室之外，浴场内还设有图书馆、健身房、花园和会议室，全都配有精美的壁画作为装饰。

地 Viale Delle Terme Di Caracalla 52 电 06-574-5748 营 周一9：00～13：00，周二至周日9:00至日落 交 乘坐地铁在Circo Massimo站下车，步行约500米，或乘坐巴士160、628、671、714、760路即可到达 票 成人5欧元，优惠价格3.5欧元，不接受信用卡付款

了解点历史掌故

卡拉卡拉浴场的历史

卡拉卡拉浴场的建造者是一位臭名昭著、嗜血成性的暴君卡拉卡拉。他是罗马帝国塞维鲁皇帝的长子，本名为安敦尼努。在这个国王当政的时期，出现了男女混浴的情况，它不可避免地引起了一些越轨行为，而且屡禁不止。特别是帝国晚期，主张禁欲主义的基督教在罗马兴起，他们更是无法容忍浴场里的糜烂之风。后来劳迪塞主教会议下令，禁止妇女去公共浴室，而圣约翰•克里索斯托姆主教会议最终在4世纪末封杀了所有浴室。537年，卡拉卡拉大浴场由于供水管道遭人破坏而停止使用，并逐渐被废弃。

爱洗澡的古罗马人

罗马之所以有这么多的浴场古迹，是因为古罗马人非常爱洗澡，甚至可以说整个民族几乎都有洁癖。他们走到哪里，就会把浴场带到哪里，罗马浴场的遗迹遍布罗马的各个角落。因此，有人称他们为“泡在浴室里的罗马人”。

罗马浴场大致有温泉浴场、私人浴室、公共浴场3类。对大多数普通罗马人来说，他们只能去光顾公共浴场。帝国时期，罗马人更是把兴建公共浴场作为与兴建体育场、图书馆具有同样意义的大事。据计算，4世纪时，罗马城的公共浴场已超过1000家，其中特大型的有11家，像卡拉卡拉浴场一次就可容纳1000人。

最有趣的美容服务

在罗马公共浴室各种各样的功能当中，最为有趣的要算是其提供的美容服务。不少罗马人认为，腋毛影响美观，总想一拔了之。由于当时的科技不够发达，美容师们每拔一根，都会引起一声痛苦的尖叫。出乎美容师们意料的是，这声声的尖叫却给他们招揽了很多顾客。于是他们突发灵感，干脆将之变为招揽生意的招数，每当手头没有顾客时，他们自己就会尖叫不止，让人们知晓他们的业务身份，或给人以顾客盈门的“红火”假象。

旅游达人点评

- 卡拉卡拉浴场不仅是一组浴池，还是一个娱乐休闲的场所。除了一些必备的娱乐设施外，这里还包括1个公共图书馆。和罗马其他图书馆一样，这里分成2个独立且面积相等的部分，一部分储藏的是希腊语的书籍，另一部分为拉丁语的书籍。浴场外还有购物中心。
- 卡拉卡拉浴场十分舒服，浴场不在市中心而是在阿皮亚大道附近，靠近圆形斗兽场。浴场的遗迹都保存得相当完好，嵌花式浴场残留下来的图案美得让人心碎，最为人称道的就是那垂直的构造。只消想想这里悠久的历史就让人觉得太不可思议了！当时的人能够建造出这么高难度的浴场，而且流动的水一点儿都不会渗漏，的确是水平很高超。
- 从罗马斗兽场到卡拉卡拉浴场只需步行10分钟，而且每人只需50元。虽然浴场本身有大量破损，但同时容纳几千人还是不成问题的，所以这里总是挤满了人。还有一点美中不足的就是古迹的信息量不是很足，只是在入口的地方有个牌子讲述这里的历史概况，还有几张艺术画而已。不过你在这里逛一圈之后坐在树下的草地上休息回味一下还是很惬意的。
- 现在每到夏季，卡拉卡拉大浴场都会有歌剧演出，当然，残垣断壁就是这里最好的布景。

罗马的那些古道

中国有句民谚叫做“要想富，先修路”。的确，道路对于一个国家或是地区的发展起着举足轻重的作用，对于历史悠久的罗马城来说，亦是如此。罗马无论是经济的进步，还是军队的成功，道路的发展都扮演着一个不可小觑的角色。那一条条蜿蜒曲直的古道，见证着罗马历史的厚重，从这里，仿佛我们可以窥见罗马走过的每一个脚印，那深深烙印在这里的痕迹向后人诉说着罗马历史无尽的沧桑。

阿皮亚古道

阿皮亚古道（Via Appia Antica）是古罗马最古老的军事要道，它是由罗马的执政官克劳迪亚斯·阿皮尤斯（Appius ClauDius Crassus）于公元前4世纪主导修建的。阿皮亚古道最初只是连接罗马城和卡普阿城的军事要道，用于战前的准备和战争期间物资装备的补给。阿皮亚古道只有212千米长，后来又延伸了370千米，一直通到海港布林地西(BrunDisium)。从公元前312年开始，以后的很多年里阿皮亚古道都为罗马帝国的扩大发挥了重要作用，以至于人们把它叫做“道路皇后”（Regina Viarum）。富裕的罗马家庭沿路修建家族墓窟，道路两边很快排列起无数坟墓、灵堂和各种装饰豪华的停尸间，古道沿途成了一个展示异教徒安息地的艺术长廊，阿皮亚古道也就成了通向众多纪念碑和陵墓的通道。

阿皮亚古道曾遭受过很多次的破坏和劫掠，于是遗留下了很多精美的雕塑碎片、纪念碑的残垣断壁、各种陵墓的残迹……这些都成为了历史遗迹，并且使得阿皮亚古道成为了观赏的好地方。每当节假日，罗马几乎所有本地车辆都不能通行，罗马人民都跑到阿皮亚古道这里来消磨时光。如果你对古迹感兴趣，可以来阿皮亚古道看看，搭乘随上随下的观光汽车，或者巴士118、218、660、664路都可以到达。另外，你还可以在阿皮亚古道游客中心（Centro Visite Parco Appia Antica）租自行车游览古道风光呢！

阿皮亚古道游客中心（Centro Visite Parco Appia Antica）地址是阿皮亚古道 42 号，电话是 06-512-6314，开放时间是每周六和周日 9：30 ~ 16：30，通过电话预约周末可以在这里租车，1 小时 3 欧元，1 天 10 欧元；你也可以参加免费带导游的自行车游。

阿皮亚古道沿途景观

阿皮亚古道沿途的景观有很多，多米提拉地下墓穴、圣卡利斯托墓穴、各种私人别墅和俱乐部、罗莫洛陵墓、马森齐奥竞技场等等，不胜枚举。除了这些之外，还有一些景点也是值得介绍的：

✪ 圣巴斯弟盎城门

圣巴斯弟盎城门是一座拱门，阿皮亚古道就起自这里。这座拱门是奥里利安在270年建城墙时建造的，是最大也是保存最完好的拱门。穿过城门后，人们可以沿着奥里利安墙步行到西面，圣巴斯弟盎城门不远处的右手边就是阿皮亚古道游客中心了。

✪ “主去哪里”教堂

“主去哪里”是一座造型简朴的小教堂，很不起眼地坐落在一个小三岔路口上，而教堂的来源与一个传说有关，这个教堂里面保存了当时基督足迹的复制品，而彼得殉教的地方，也就是它的坟墓之上，建立了如今的梵蒂冈圣彼得大教堂。“主去哪里”的地址是Via Appia Antica 51，开放时间是每天7：00～12：30，14：30～19：30。

✪ 城墙博物馆

城墙博物馆（Museo Della Mura）是一座很小的博物馆，坐落在圣巴斯弟盎城门中，里面有着为数不多的关于罗马城墙的艺术藏品。也许这座博物馆很小，里面展示的藏品对你也没有太大的吸引力，但是在它的入口处，可以让游客们登上奥里利安墙的顶端，这还是很吸引人的。城墙博物馆的地址是Via Di Porta San Sebastiano 18，电话是06-7047-5284，开放时间是周二至周六9：00～14：00，门票是2.6欧元，优惠价格是1.6欧元，不接受信用卡付款。

了解点历史掌故

在64年，尼禄大帝统治下的罗马发生了大火灾，城市化为一片火海。流言都说是因为尼禄大帝为了实现城市规划而放的火，后来大帝把这个罪名推到了基督教头上，对教徒进行大规模迫害，如把人绑在柱子上烧死，或者让人和野兽进行厮杀，最后被野兽吃掉等残忍的手段，让市民忘掉自己放火的罪恶。这时，有一个名叫彼得的基督教徒为了躲避灾难而逃到郊外，在古阿皮亚大道遇到了基督，他问道“主啊，您去哪里？”主回答：“再到罗马去被钉在十字架上。”彼得羞愧地回到市内，殉教了。“主去哪里”教堂就建立在这个传说发生的地方。

✪ 罗马历史竞技场

罗马历史竞技场（Gruppo Storico Romano）是马克森提皇帝于4世纪早期建造的战车竞技场，这位皇帝把他深爱的儿子罗穆卢斯埋葬在竞技场北面的陵墓里，在道路边其他古迹下面有更多的地下墓穴，很多都还没开挖过。帝国宫殿的遗迹散布于竞技场北端的跑道上，那些在高墙上半部分的陶罐是空心的，这种设计有效地减轻了拱顶的载重，很值得一看。罗马历史竞技场的地址是阿皮亚古道18号，电话是06-5160-7951，网址是www.gsrroma.com。

✪ 角斗士学校

在阿皮亚古道边上的仿竞技场里，以历史文献和图拉真圆柱中楣为原型，喜欢古罗马历史文化的人们制造了几十个钢盔和古代刀剑，还有角斗士、战士、军营随从和禁卫队卫兵的服装。白天，罗马历史竞技场的成员们是态度温和的市民，他们到处旅游，演出关于帝国早期的戏剧。每年在4月21日罗马“生日”这天，他们会身穿古装，穿过历史中心区游行。每逢周一、周三晚上，你也可以身着带流苏的古装，挥舞着剑、手拿着木制盾牌在这里比划一番，罗马历史竞技场的成员会为想要体验古代战士和角斗士经历的你传授诀窍。你还可以召集至少5个人，在这里上一堂2个小时的课，每人40欧元。

✪ 昆蒂利安别墅

昆蒂利安别墅（Vialla Dei Quintili）是昆蒂利安兄弟于2世纪建造的别墅，昆蒂利安别墅里有一座大型的浴场和花园，规模庞大。在18、19世纪的考古挖掘过程中，人们挖掘出很多东西，多陈列在梵蒂冈博物馆和世界各地其他博物馆内。除了修复的花园对外开放，这座巨大建筑的其余部分则孤零零地与世隔绝，四周空地上到处都是彩色大理石碎片。一座小小的古物陈列馆里展示了附近地区发现的雕像和物件。

特别提示 TIPS

✪ 昆蒂利安兄弟曾是古罗马执政官，他们很富有、有教养，并且富有军事天分。昆蒂利安别墅规模庞大，建筑精美，这引起了当时的考莫多斯皇帝的嫉妒，于是，兄弟俩被这位皇帝处死，别墅也被考莫多斯占为己有。考莫多斯很高兴自己远离了罗马艰难的生活，从此主要在这座别墅里发号施令并对王国进行统治。

罗马古道

罗马古道始建于公元前3世纪，是为了把罗马与蒂勒尼安海（Tyrrhenian）连接起来而建造的。

曾经的罗马古道在修建时，切断了伊特鲁里亚人与他们在皮尔吉海港的联系，有效地削弱了这个曾经十分强大的从事商贸的民族，对罗马的进展产生了深远的影响。

现在的罗马古道，起自伊内里奥广场（Piazza Irnerio），从这里开始行驶20千米以后，有一条通往海边城镇马卡雷塞（Maccarese）、弗雷格尼（Fregene）的岔路，其中的马卡雷塞几百年来曾是疟疾盛行的沼泽地，但是当时的疟疾并非是这个城镇面临的唯一灾祸，传说在中世纪时有一条龙在马卡雷塞为害一方。教皇说，不管是谁，只要敢于除掉这条恶龙，那么在追杀这条龙时所经过的土地就都归这位勇士所有。这样一来，安圭拉拉家族（Anguillara）的一个公爵便挺身而出并成功屠龙。这为他赢得了大片的土地。这片土地上最有名的城堡“圣格奥吉别墅”（Villa San Georgii）就是以这位勇士的名字命名的，不过现在已经叫做罗斯皮格里奥希城堡（Castello Rospigliosi）了。

绕回罗马古道，在距离罗马40千米的地方，是丑陋得难以名状的拉蒂斯波利（LaDispoli），过了这里不远处，就是切尔维泰里（Cerveteri），这是伊特鲁里亚人在拉齐奥最重要的景点之一。由此可以看出，罗马古道上有着很多的景观，沿着罗马古道开车观光将是不错的选择。为适应现代交通的需求，罗马古道经过扩建，路面也重新铺设了，道路沿着海岸线，沿途是连绵的群山，路边偶尔出现一些罗马的古墓或中世纪的瞭望塔，还有一些城堡、度假区、海滩……值得看的地方其实还是很多的。

盐道

盐道（Salaria），即Via Salaria路，在罗马建立以前就已经存在了，古人主要沿着这条路将东海岸的盐运来，进行运输交易。这条路起自东北面，经河流广场（Piazza Fiume）穿过意大利半岛，道路两边都是意大利统一后建的高级公寓和大使馆。盐道最吸引人也是最招人喜爱的地方是考培德小区（Coppede Quarter），它以明乔广场（Piazza Mincio）为中心，四周是新艺术风格建筑群，还有绿树成阴的艾达别墅（Villa Ada）和圣普利斯西拉墓窟（Catacombe Di Priscilla）。在盐道和弗拉米尼大道之间是清真寺路（Va Della Moschea），这里的清真寺是由意大利著名的建筑师、理论家、历史学家和罗马 Sapienza大学的建筑学教授保罗•波特菲斯（Paolo Portoghesi）设计的。

罗马迷人的广场

I ❤ ROME

西班牙广场

主题特色：浪漫休闲的避暑胜地

西班牙广场（Spanish Steps）位于意大利罗马三一教堂所在的山丘下，以登上教堂的西班牙台阶而闻名。广场上的教堂为 1495 年查理八世命法国人建造，台阶共有 137 阶，名称取自附近的西班牙大使馆，电影《罗马假日》即在此拍摄。在西班牙台阶上，有着特有的法国风味设计和广场上的一些英国咖啡馆，呈现出假日的氛围；广场中央有巴洛克式的建筑和巨匠贝尔尼尼所设计的喷水池，是夏日年轻人的避暑胜地。西班牙广场还有很多的咖啡厅，可以供人在这里休闲，看过往的行人。穿行在西班牙广场上，感受着哥特式和巴洛克等风格的建筑的搭配，让人不禁对那些作出贡献的艺术家们肃然起敬。

地 Piazza Di Spagna　电 06-678-4235　营 周一至周五 9：00～13：00、15：00～18：00；周六11：00～14：00、15：00～18：00　交 乘坐地铁A线到Spagna下车或者乘坐巴士52、53、61、71、80、85、95、116、160、850路到Piazza Venezia下即可到达　票 3.5欧元，6岁以下儿童免费

西班牙广场的风光

1.船形喷泉

在西班牙广场下有一座奇异的船形喷泉（Fontana Della Barcaccia），那是一艘即将沉没的船只，大量的水正从船体内涌出，据说它是为纪念1598年罗马大水灾而建造的。当时台伯河泛滥成灾，河水一直漫进西班牙广场一带，洪水退后，一条破船便遗留在广场之上。后来雕塑家彼得罗也就是贝尔尼尼的父亲以此为题材设计了这座漂亮的喷泉。

2.英国式茶馆

广场四周英国式的茶馆，是18世纪建成的，曾经被取名为英国人的犹太区。司汤达、巴尔扎克、瓦格纳、李斯特、勃朗宁等大文豪和艺术家都在这一带居住过，西班牙台阶右侧还保存有济慈的家（Casina Di Keats）。现在的济慈、雪莱纪念馆，除了他们个人的资料外，还展出有拜伦等人的手稿、书信、和照片等丰富的资料。这里是文学爱好者必去的地方。

3.圣三一教堂

从西班牙广场往上看，山坡上的教堂就是圣三一教堂。这间教堂是1495年由法国人所建，从教堂的一对钟塔和窗子，可以看得出它是属于哥特式的建筑，不同于在罗马较常见到巴洛克式的豪华和精雕细琢的感觉。而从这里俯瞰西班牙广场，别有韵味。在连接西班牙广场与圣三一教堂的台阶还有一座花台，在春天的时候开满了杜鹃花。

旅游达人点评

英式咖啡馆众多的广场

在西班牙广场的台阶上和广场上，有一些英式咖啡馆，呈现出完全不同的气氛，而西班牙广场的咖啡厅是艺术家聚集的地方，因此，通往波波洛广场的Babuino 街也被誉为罗马艺术家气息最浓厚的街道，该街上有许多从事第八艺术的电影演员在此购屋居住。

文人经常光顾的咖啡馆

西班牙广场上的咖啡馆是济慈、拜伦、雪莱等文人最爱去的场所，特别是位于Condotti大街上的Cafe Greco。Cafe Greco为罗马最古老的咖啡馆，不但是英国诗人聚集之处，各地的艺术家也常在此一展身手，如意大利雕刻家卡诺瓦、丹麦雕刻家杜巴森，作家易卜生、果戈里，音乐家肖邦、白辽士、比才、李斯特，此外意大利人所崇拜的大文豪歌德，其名作《塔里夫斯的公主》就是在此完成的。

小心一些骗人的伎俩

在西班牙广场等地观光时，会有人说："把手伸出来"，如果你一不小心真的把手伸出去了，他就会把一个手镯什么的套在你的手上，然后向你索要钱财。如果不谨慎一些的话，很容易种类骗子的圈套，给自己带来一些麻烦甚至是损失。

探寻《罗马假日》里公主走过的足迹

《罗马假日》里的公主，在许愿池附近的美容院里把长发剪掉后首先去的就是西班牙广场的艺术台阶，这一37级台阶印着安公主的足迹。楼梯上有花和小的皮革制品的小铺，还有脸绘，十分热闹。值得注意的是，也许很多人认为坐在台阶上边吃东西边看美景是一件十分惬意的事，但是西班牙台阶上是禁止吃东西的。不过，想想在这充满浪漫气息和拍摄意境的地方吃着汉堡、喝着咖啡的样子，也的确有些大煞风景。

1 威尼斯广场

主题特色：可圈可点的美丽广场

威尼斯广场（Palazzo Venezia）在罗马的市中心，这是一个呈长方形的广场，同时还是5条大街的汇合点，因而这个广场以前是巴士、出租车、观光马车等交通工具的汇集地。后来，罗马市政度对这个广场进行了整修，使之更加美丽壮观。在威尼斯广场的周边，有很多著名的建筑，如广场的正面是绰号叫"结婚蛋糕"、"打字机"的新古典主义建筑——维克多•埃马努埃美二世纪念堂；广场左侧是威尼斯宫，这是一座文艺复兴时期的哥特式建筑，在威尼斯共和国繁荣时期，这里曾经是威尼斯大使馆的所在地。

地 罗马市中心 营 周二至周日 9：00 ~ 18：30 交 步行穿过民族大街，或乘坐巴士 30、40、44、46、60、62、63、64、70、81、85、87、95、117、170、175、492、571、628、630、780、810、850 路即可到达 票 免费

来到威尼斯广场可以参观的景点

✪ 维托里亚诺纪念堂

维托里亚诺纪念堂（Victor Emmanuel）是罗马的标志性旅游景点，建于1911年，是为了纪念意大利统一而修建的。整个建筑分的主体是16根圆柱围成的半圆形造型，为新古典风格。正中央骑马的塑像是完成意大利统一的维托里奥·埃马努埃莱二世。建筑顶上有2座巨大的青铜雕塑，分别都是胜利女神架着马车的造型，左边代表“劳动的胜利”，右边代表“热爱祖国和胜利”。在最底一层的台阶两边各有1座小喷泉，右侧象征“第勒尼安海”，左侧象征“亚得里亚海”。在第一层台阶上，2名士兵守护着正中央的无名战士墓。地址是Piazza Venezia；开放时间是夏季9：30～17：30、冬季9：30～16：30。

✪ 真理之口

面对维托里亚诺纪念堂，沿右手边的马赛洛剧场大街走大约15分钟，就到了科斯美汀圣母教堂。这个教堂很小、很安静，但里面却有名扬世界的“真理之口”。真理之口是一人形面孔，有鼻有眼，张着一张大嘴。相传，若谁不说真话，它就会咬住他的手。到这里观光的旅客，纷纷将手伸进嘴中试一试自己的手会不会被咬。由于千千万万只手在真理之口中伸来伸去，这张大嘴已被人们的手指磨得铿亮。教堂内以柯林特圆柱和拜占庭风格的镶嵌画做成的装饰，也很值得一看。此外，教堂前还残留着罗马现存最古老的神殿方特纳神殿的遗迹。地址是Palazzo Delle Bocca Della Verit à；乘坐巴士75、81、175、673、810路或乘坐地铁B在Circo Massimo站下车即可到达；开放时间是每天9：00～19：00；电话是06-678-1419；来这里参观是免费的。

✪ 威尼斯宫

威尼斯宫（Palazzo Venezia）在广场左侧，是一座文艺复兴时期的哥特式建筑。在威尼斯共和国繁荣时期，这里曾经是威尼斯大使馆所在地，因此有了这个名称。墨索里尼曾经从2楼的阳台向广场上挤满的人群发表了著名的“阳台演说”。现在这里已经成为汇集意大利文艺复兴时期艺术品的博物馆。地址是Via Del PleDiscito 118号；开放时间是9：00～19：00，周一、圣诞以及意大利特定节日休息；电话是06-6999-4318；门票是4欧元。

✪ 祖国祭坛

祖国祭坛是意大利独立和统一的象征。它始建于1885年，于1911年落成，是为纪念意大利开国国王埃马努埃尔二世而建的。祭坛上方刻有“祖国统一、人民自由”几个巨大的拉丁文字。纪念碑前有宽阔的石阶，两旁有镀金的象征性铜像，左方代表“思想”，右方代表“行动”。石阶前边有、2个半圆形的喷泉石池，在中央石基高台上，是埃马努埃尔二世的高大镀金骑马铜像。1921年为纪念为国牺牲的英雄，在纪念碑基座下增建了无名英雄墓。墓前2支火炬日夜燃烧，两旁有2个着军服的卫兵守护在那里。每年意大利国庆，意大利共和国总统都要亲自主持向无名英雄献花圈。到意大利访问的各国首脑，通常都要到这里来献花圈致意。地址是威尼斯广场南面。

✪ 卡皮托利尼博物馆

卡皮托利尼博物馆（Capitoline Museums）是由教皇西斯特四世修建的时间最古老的博物馆，包括元老宫、新宫和保守宫。新宫里面展示的是古罗马皇帝和哲学家们的半身雕像，还有一些古代的雕刻；保守宫内主要展出青铜像，在3层的绘画馆有提香、卡拉巴乔、贝拉斯克斯等人的作品。而馆中的作品不断更换，以后会有更多的作品在这里展出。地址是Piazza Del Gampidoglio 1；开放时间是9：00～20：00；电话是06-6710-2475；门票是6.5欧元。

旅游达人点评

✪ 潮水漫过“威尼斯”

威尼斯广场每年都有几次被海潮的潮水漫过的时候，这种水漫广场的景致常令人叹为观止。在蓝天白云之下，广场一半以上的地方浸在潮水里，潮水如同在广场铺上了一面巨大的镜子，使广场上和它周围建筑清晰地映在水中，仿佛镶嵌在水晶中一般，玲珑剔透，光彩照人。每当这时，在广场上的人群便会脱去鞋袜，在水中来回奔跑、嬉戏，尽情地享受这大自然赐予的美好景致。如果你有幸遇到了这个极致的景点，可千万不要错过投入其中的机会。

✪ 观赏市景的好地方

维托里亚诺有长长的大理石台阶，连接邓鹏都是壁画的建筑物——维托里亚诺，这里是观看罗马市景的最佳地方，斗兽场、帕拉蒂诺山、威尼斯广场都能看到。在这里还有1个咖啡厅，一般是8欧元，在附近还有免费的厕所。

图拉真广场

主题特色：参照东方风格的罗马最大广场

图拉真广场（Trajan’s Forum）是为了纪念对达基亚人的征服而建的罗马最大的广场。在广场上，有2所巨大的图书馆、2座宏伟的大会堂，以及至今还耸立在废墟上的图拉真胜利纪念柱和一排排雕像，构成了当时全城最壮观的地区。整座广场的主体建筑于112年落成，而图拉真圆柱则是于次年落成的。广场的整体建筑参照了东方君主国建筑的特点，不仅轴线对称，而且作多层纵深布局。在将近300米的深度里，布置了几进建筑物，室内室外的空间交替；空间的纵横、大小、开阖、明暗交替；雕刻和建筑物交替。设计师们有意识地利用这一系列的交替酝酿建筑艺术高潮的到来，同时还使用了一些出人意料的手法。

地 Via IV Novembre 94号 营 夏季9:00～18:30、冬季9:00～16:30，每周一、1月1日、圣诞节不开放 票 4欧元

旅游达人点评

图拉真纪念柱是最值得看的地方

如果到图拉真广场参观，最值得一看的便是图拉真纪念柱，而纪念柱上的浮雕更是观赏的重中之重。这幅浮雕像是一幅真实的历史画卷，记录着图拉真皇帝自101年开始对达契亚的侵略战争。而这些严谨求实的罗马雕刻家苦心再现着这场战争的诸多场景，如出征前的宗教仪式和庄严宣誓、图拉真皇帝的训示、罗马军队构筑工事、渡河、两军对垒搏杀等。

在整个浮雕带上，图拉真出场90余次，无论是作为战争指挥的图拉真，还是表达对图拉真的歌颂以及画面的主从层次，都安排得合情合理。同时，雕刻家并不放过每一个细节，如人物的刻画，其容貌和服饰能充分体现民族特色，让参观者一看就知道哪些是达契亚人，哪些是罗马人。

可以到图拉真大帝的集市去看看

在图拉真广场的里面，有一座半圆形的建筑，这便是图拉真大帝的集市。这里也是古罗马的“购物中心”，有约150间店铺，所卖的物品也是包罗万象，鲜花、香料、蔬果、海鲜都有，还有裁缝店和修鞋的匠人。

据说，在古罗马的时候，这里的谷物以最低廉的价格卖给市民，但到了图拉真大帝时期，为了收买人心，这位伟大的统治者重新建造了这座市场，把一些食物与美酒分给当地的市民。

人民广场

主题特色：历史沧桑的纪念大门

人民广场（Piazza Del Popolo）是几个世纪以来罗马观光客都会首先抵达的地方。它就在人民之门（Porta Del Popolo）的里面。人民之门是在3世纪修建的，17世纪时为了纪念瑞典女王克丽斯汀访问罗马，便由贝尔尼尼加上了装饰。在还没有铁路的时候，来罗马的旅行者从弗拉米尼亚大街穿过人民广场进入罗马城是惯例，歌德、拜伦、济慈都曾经穿过这道门。在人

民之门里面就是人民广场，广场中央建有高24米的方尖塔，狮子喷泉守在四周；在广场的南面是被称为双胞胎教堂的2座很相像的教堂，其中的圣母玛丽亚•德鲁•波坡罗教堂就像一个艺术宝库，有很多布拉马特、贝尔尼尼、卡拉巴乔的作品。

地 罗马市中心 交 从中央车站乘坐地铁A线在Flaminio站下车，乘坐巴士88、95、117、119、490、491、495路，或乘坐有轨电车2路即可到达

旅游达人点评

休闲娱乐哪里找

被称为“双胞胎”的教堂周边有3条道路从广场呈放射状态通向各方，与左前方巴布依诺大道平行的麦尔古塔大道的小胡同里，有高档安提克的商店和时装商店，是很有罗马味道的地方；右边的大街是卖食品等普通市民的街道，有传统的鱼鲜，还有意大利菜馆与一些比较不错的酒吧，都非常值得去逛逛。

平乔山上的风景不错

在人民广场周边，有一个名为平乔山的景点，从伸向人民广场一侧的露台可以眺望到圣彼得大教堂的圆形拱顶、维托里亚诺纪念堂和罗马的街市，也是一个不错的地方，尤其是人民广场的人比较多的时候。

纳沃纳广场

主题特色：罗马最美丽的广场

纳沃纳广场（Piazza Navona）是罗马最美丽的广场。这个长方形的由四面建筑围起来的广场具有戏剧化风格，原是1世纪古罗马多米提皇帝的体育竞技场，能容纳3万观众，15世纪末被辟为市场，现在仍保留其原貌，是罗马最大的广场之一。纳沃纳广场在1644年经历了最重大的变化，而教皇英诺森十世也开始着手制订一项激进的巴洛克风格重建方案。此项举措让纳沃纳广场多了2个最主要的纪念物，就是贝尔尼尼设计的2个引人注目的喷泉，即位于广场南端的莫罗喷泉和位于中心的四河喷泉。

地 罗马市中心，万神殿以西300米 交 从万神殿步行前往，或乘坐广场巴士30、40、46、62、63、64、70、81、87、116、492、628、630、780、916路即可到达

旅游达人点评

最适合休闲的地方

不论是白天还是晚上，纳沃纳广场永远是最为热闹的地方，不但游客云集，也是街头艺术家和小商贩的一处宝地，如画画的、唱歌的、表演滑稽戏的，从早到晚都是一片喧哗热闹的场面。

由于禁止机动车辆入内，广场上随意地摆放着很多露天座位，可以坐下来悠闲地享用午餐。在这里，还有很多的咖啡厅，如果时间比较充裕，可以坐在某一个咖啡厅要1杯咖啡，在欣赏过往的人群，感觉也非常不错。

纳沃纳广场最值得看的建筑

在纳沃纳广场的正面是圣阿格尼斯教堂。这是一座美观的典型巴洛克式圣堂，教堂正立面可称为巴洛克风格装饰艺术的典

范，是由伯罗米尼和拉依纳尔迪所完成的杰作，在其地下室内尚可见到旧教堂和多米提亚诺竞技场的遗址。

在广场中央，有一座大理石制的喷泉，名为四条河喷泉，这是贝尔尼尼的作品。他把喷泉做成为古代竖立在马森齐奥竞技场的方尖碑的基座，以象征着多瑙河、恒河、尼罗河和拉普拉塔河4条大河的雕像作装饰。

广场两侧分别为海神卡尔代拉里喷泉和黑人喷泉，同时还有博尔塔和贝尔尼尼的雕塑作品，非常精美。

节日市场也很有看头

每年12月8日到1月6日，纳沃纳广场便会变成节日市场。广场上到处是卖圣诞节饰物和玩具的摊位。这是中世纪以来罗马圣诞节的传统节日，如果恰巧这个时候到达罗马，就一定不能错过这个盛会。

此外，每年8月，在这里进行有名的海战戏表演，参加者都要穿上贵族和神职人员的衣服，非常热闹。不过，这一节日没有具体的时间，碰不碰得上，就要靠运气了。

7 花之田野广场

主题特色：花的海洋

花之田野广场（Campo De’ Flori）在古罗马时期是庞培剧场(Theatre of Pompey)前面的空地。从中世纪起，王公贵族与朝圣者常在这里活动，使得这里成为了最有活力的地方。花之田野广场同时也是一个充满黑暗的地方，这里是古代时期宗教法庭执行死刑之地。广场上那座戴着头罩的阴郁雕像，是神学家佐奥达诺•布鲁诺。他在1600年的反改革运动期间就因为提出“异端学说”而被处以火刑。这座“花之广场”在早上的花市期间五颜六色，色彩缤纷，十分美丽；晚上这里又会成为罗马夜生活的中心。

地 Via Del Pellegrino 186 电 413-528-1857 营 每天 10：00～17：00 交 乘坐巴士 30、40、46、62、63、64、70、81、87、116、492、571、628、630、780、916 路或乘坐有轨电车 8 路即可到达

旅游达人点评

这是一个花的天堂，到处花香四溢。花市展览上的花都很有生命力，五颜六色，十分美观。尤其是当早晨的阳光静静地倾泻在花上时，走在花市上，看到所有的花朵都像是被镀了一层金边，闻着花朵散发着的幽幽的清香，整个人都感觉神清气爽。

这里每周一至周六都会有一个富有特色但价格不菲的食品市场，从早上6：00一直热闹到14：00，午饭时间，饭店的桌子会把广场挤得满满的，下午才会变安静。到了日落时分，广场又会挤满了享用美酒和晚餐的人们，这里会变成一个闹哄哄的露天派对场地，并且一直持续到凌晨。

罗马教堂

I ♥ ROME

1 人民圣母堂

主题特色：完美的罗马艺术与建筑收藏馆

人民圣母堂（Santa Maria Del Popolo）建造的地方，传说是尼禄的尸体被秘密埋葬的地点。人们相信这个地方受到了诅咒，认为这里时常会有鬼混出没。1099年，教皇帕斯科尔二世（Paschal Ⅱ）在这里建造了一座礼拜堂用以驱鬼，形成了人民圣母堂的雏形。1277年，这座礼拜堂得到了扩建，1472年起教皇西克斯塔斯四世（SixtusⅣ）把礼拜堂建成了一座教堂。人民圣母堂是少数的主要祈祷室仍完好的教堂之一，里面保存了完美的罗马艺术与建筑收藏。

地 Piazza Di Popolo 12 电 06-361-0836 营 周一至周六 7：00～12：00、16：00～19：00；周日 8：00～19：30

交 乘坐地铁到 Flaminio 下车，乘坐巴士 88、95、117、119、490、491、495 路或乘坐有轨电车 2 路即可到达

旅游达人点评

人民圣母堂之所以有名是因为教堂内存有不少著名雕塑家、画家的作品，在礼拜堂里有巴洛克艺术的2位奠基人卡拉瓦乔和卡拉奇的作品，也有宾杜里乔的壁画；在银行家基吉的私人礼拜堂里有拉斐尔为穹顶留下的马赛克画，也有贝尔尼尼的两件雕塑，这些都是不可错过的珍品。

在人民圣母堂看什么

基吉礼拜堂

基吉礼拜堂（Chigi Chapel）是拉斐尔为他的朋友、银行家基吉设计的私人礼拜堂和家庭墓地，它全部完工是在拉斐尔去世100多年后，最终由贝尔尼尼完成。礼拜堂里布满了雕塑、铜浮雕、绘画和大理石装饰物。拉斐尔把礼拜堂设计成正八角形结构，并为圆形穹顶装饰了马赛克画《开天辟地》（Creation of the World）。7个星球的化身围绕着太阳，每颗星都伴有一个带着翅膀的天使，它们衬托在蓝色的背景下表示蓝天，黄色的金边象征着太阳的光芒；穹顶的中间是由婴儿陪伴在周围的至高无上的上帝，他主宰着人世间一切。这是拉斐尔唯一一幅马赛克作品。

《但以理和狮子》

《但以理和狮子》放置于基吉礼拜堂的一侧，它讲述了一个精彩的故事。犹太青年但以理被古巴比伦国王尼布甲尼撒二世俘虏，因他十分勤奋深得国王赏识，很快就都受到提拔且身担要职，新的国王大流士上任后也是更加信任但以理，决定让他管理整个国家。这一决定引起了一些人的强烈不满，他们希望能找到但以理的把柄并置他于死地，但终未果；最后他们想出一个计谋，就是要求国王颁布1条法令，即所有人只能向伟大的国王祷告，违者将被扔进狮子洞里。但以理依旧是每天3次向上帝祷告，这一举动违反了国王的法令，在那些奸臣的怂恿和坚持下，但以理被推进了狮子洞，洞口被大石头封死。第2天，当国王一行跑到狮子洞口向里面喊话时，但以理告诉他们："上帝派来的天使把狮子的嘴给堵上了，因为我没做错什么，所以我现在是毫发未损。"国王知道但以理得到了上帝的庇护，他自己可不能得罪上帝，于是就把那些进谗言的奸臣连同家人一起都扔进狮子洞，很快他们就被"一抢而光"。雕塑中的但以理在走出狮子洞时，脸上的表情轻松，神情安逸，狮子安静地趴在洞口。

《哈巴谷和天使》

《哈巴谷和天使》（Habakkuk and the Angel）是贝尔尼尼1655～1661年的作品。哈巴谷在希伯来文的原意为"热烈的拥抱"，他是一位希伯来的先知，著有一本预言书《哈巴谷书》（Book of Habakuk）。雕塑中带着快乐表情的天使用哈巴谷的一缕头发就把他提起来了。在丹·布朗的小说《天使与魔鬼》（Angel and Demons）中提到哈巴谷能预测地球的毁灭时间；这座雕塑是代表土的祭坛，一连串神秘的死亡事件就从这里开始，雕塑中的天使也是最终解开这个谜的钥匙。

《圣彼得殉道》

《圣彼得殉道》（Crucifixion of Saint Peter）是卡拉瓦乔1601年专门为人民圣母堂的切拉西（Cerasi Chapel）礼拜堂而做的。画中描述的是圣彼得殉难的情景，圣彼得被钉在十字架上，但他要求把他的十字架倒过来竖，不能像耶稣基督那样，因为他觉得自己不配。3个拼命竖起十字架的人都没给出正脸，仿佛压在他们身上的圣彼得有着超乎寻常的重量，就像他们自己犯的罪一样重。

圣彼得生来内心怯懦，对耶稣充满了绝对的忠诚和佩服。但在耶稣被捕后遭到毒打审讯时，他在门外观望偷听，被人指认是耶稣门徒，他3次坚决否认，事后都泪流满面，认为自己对不起耶稣。当尼禄迫害基督徒时，他又一次选择了逃跑。当他跑出罗马城门脱离险境时，忽然看见耶稣背着十字架向罗马城走去，他问："我的主，你往何处去？"耶稣回答："去罗马被钉十字架"。圣彼得大为感悟，将怯懦化为勇气，于是也返回罗马。当圣彼得在梵蒂冈尼禄跑马场中央被钉十字架时，他要求将他头朝下倒钉，因为他不配和主耶稣一样被正钉在十字架上。

《大马士革路上的皈依》

《大马士革路上的皈依》（Conversion on the Way to Damascus）是卡拉瓦乔1601年专门为人民圣母堂的切拉西（Cerasi Chapel）礼拜堂而作的一幅杰作，也称《圣保罗的皈依》（Conversione Di San Paolo）。画中描述的《使徒行传》（Acts of the Apostles）第9章，扫罗在去大马士革的路上皈依基督教的情景，当时他被神光击下马去，光线穿过他高高举起的双臂后照在马身上，年老的马夫不知所措地看着地面。卡拉瓦乔有意识地加大了光线的对比度，使画面更加具有夸张效果。

扫罗最初信仰犹太教，极为痛恨耶稣基督和他的信徒们，因此他极力地迫害他们，还要去大马士革捉回那些逃离耶路撒冷的基督徒。在前往大马士革的路上，天空中突然闪烁出耀眼的光芒，扫罗被刺眼的圣光惊吓坠马，还听见有人对他说："扫罗、扫罗，你为什么迫害我？"扫罗问："你是谁？"那人回答："我就是你所迫害的耶稣，起来，进城里去，有人会把你该做的事告诉你"。他们一行人都惊呆了，因为他们只能听见声音却看不到人。扫罗从地上爬起来，睁开眼睛，但什么都看不见了；同行人拉着他的手走进了大马士革。他3天看不见，也不吃不喝。3天后，经历了彻底悔悟的扫罗决定皈依耶稣基督，并改名为保罗，眼睛也开始重见光明了。保罗皈依基督教后到各地旅行讲道，广收门徒，后在尼禄迫害基督徒时殉道。由于圣彼得和圣约翰是基督教的创始人，所以有很多此类成对的作品出现。

《圣母升天》

《圣母升天》（Assumption of the Virgin）是卡拉奇1600～1601年专门为人民圣母堂的切拉西（Cerasi Chapel）礼拜堂而做的。这是他当时与很多著名的画家竞争后获胜的作品。画中表现的是圣母升天时的情景，圣母从众多使徒簇拥中飘然地升到了半空中，小天使们在空中迎接着圣母。虽然这是一幅在众多名家作品中脱颖而出的精品，但卡拉奇仍对它的布局不甚满意，还有就是由于挂在两边墙上的卡拉瓦乔的杰作使它失去了应有的光芒。

圣克莱门特教堂

主题特色：丰富的罗马历史资料和文化资源的清晰呈现

圣克莱门特教堂（San Clemente）是一座能够再现罗马城历史资料和文化资源的教堂。它雄伟又不失朴实的教堂，它是罗马划时代的立体缩影。这座教堂的主体分为3层，与街道等高的一层建于12世纪，半圆后殿有植物和动物的马赛克镶嵌画。圣女加大丽娜小礼拜堂（Cappella Di Santa Caterina)里则有15世纪修复的圣女殉教壁画。地下第一层建于4世纪，这里在1967年时发现了一口井，可能是当时的洗礼池。最下面一层是更古老的米特拉神殿（Tempip Di Mitra)，公元前1世纪由波斯传来的宗教信仰与当时的基督教实力相当，其中举行圣餐仪式的祭台上还刻着杀死公牛的密特拉浮雕。

地 Via San Giovanni in Laterano 电 06-774-0021 营 周一至周六9:00～12:30、15:00～18:00；周日10:00～12:30、15:00～18:00 交 乘坐地铁至Colosseo站下车，乘坐巴士60、75、85、87、117、571、810、850路或乘坐有轨电车3路即可到达 票 教堂免费，出土文物参观：3欧元，不接受信用卡

旅游达人点评

- 在通往下层教堂与考古区时，会经过圣器收藏室的前庭，那里有关于2座教堂及密斯拉斯庙艺术的书籍和美丽的明信片，可以买来作纪念。
- 教堂下方建于1世纪的巷道很幽闭，如果你有密室恐惧症的话，最好不要去那里。不过，悦耳的地下室流水声也许会给你带来几分不一样的感受。
- 这座教堂里有很多壁画，每幅画讲述的故事都很有意思，其中有一幅叫做《希新壁画的传奇》(Legend of Sisinius Frescoes)，它描述的内容是一位富有的异教徒希新由于怀疑自己基督徒妻子的贞洁而变得又盲又聋，圣克莱门特把他医治好却激怒了他，希新愤怒时下的命令，便是目前所知最早的意大利碑文。

圣安德烈教堂

主题特色：罗马的第二大圆顶/华丽的巴洛克风格外观/不对称的正面

圣安德烈教堂（Sant’Andrea Della Valle）是一座小巧而辉煌的巴洛克式宫廷教堂，建于17世纪，是普契尼（Puccini）歌剧《托斯卡》（Tosca）的第一幕场景。圣安德烈教堂的外墙铺着浅

粉红色的大理石，每一个墙面都有着奢华的装饰，而主体装饰是一个圣安德烈石膏像飘过一堵破碎的山墙飞向天堂。此外，圣安德烈教堂的设计巧妙，在很小的空间里能够呈现出一种庄严伟大的氛围。同时，这里还有着罗马第二大的圆顶、华丽的巴洛克风格正面外观和一些很伟大的壁画作品。

地 Corso Vittorio 6 号　电 06-686-1339　营 每天 7:00 ~ 12:30、16:30 ~ 19:30　交 乘坐巴士 30、40、46、62、63、64、70、81、87、116、492、571、628、630、780、916 路即可到达

旅游达人点评

这座教堂很小，但是却很美。当你观看教堂上面宏伟的装饰时，你会发现教堂正面是不对称的，左边有一个天使在支撑教堂的上层，右边却是空的。关于这一点，还有个小插曲呢！当年这座教堂完工时，教皇亚历山大七世（Pope AlexanderⅦ）直言批评这个作品，但雕刻家柯西莫·范塞里（Cosimo Fancelli）却拒绝在旁边再加上一个天使，还说："如果你还要一个天使，你可以自己去做！"

圣安德烈教堂的屋顶是仅次于圣彼得大教堂的罗马第二大屋顶，屋顶壁画精美，引人注目。当年乔尔瓦尼·兰法兰克在绘画屋顶壁画时险些摔死，据说是他的对手多米尼西诺蓄意破坏了他的脚手架造成的。

这里的设计都很独特，有着不同于其他教堂的别样风韵。普契尼的歌剧《托斯卡》第一幕的发生地就是在教堂左边的第一个小礼拜堂里。

了解点小知识

普契尼——"真实主义"歌剧乐派的代表人物

普契尼（Puccini）的全名是贾科莫·普契尼（Puccini Giacomao），也是继威尔第之后意大利最伟大的歌剧作曲家，是19世纪末至20世纪初"真实主义"歌剧乐派的代表人物。他的创作继承和发展了意大利传统歌剧的表现手法，并加之他对歌剧艺术形式本质上的深刻理解，使得歌剧在戏剧性的表现以及剧情与音乐的贯穿发展上有了很大的改变。普契尼创作的歌剧旋律上富有创造性，优美流畅；对多声部的艺术处理也是丰富多彩，技巧超群。他通过自己的不懈努力和艺术实践，使歌剧的戏剧效果和音乐效果达到了完美的统一，演员和观众之间也有了十分融洽而又易于理解的交流。

他创作的歌剧，内容大多表现当时社会底层人民的生活以及悲欢离合的故事。在音乐语言及风格方面，他积极汲取和采用富有民间地方色彩和风格的旋律，使之更加富有民族特色和生命力。如歌剧《图兰朵》，采用了中国民歌《茉莉花》的旋律；《蝴蝶夫人》采用了《美国国歌》和日本民谣《樱花》的旋律等。这种追求异国情调的创作，也激发了作曲家在创作上的不断探索和创新。

普契尼的著名作品有《波希米亚人》、《托斯卡》与《蝴蝶夫人》等歌剧。他创作的歌剧是世界上最常演出的歌剧之一，这些歌剧当中的一些歌曲已经成为了现代文化的一部份，其中包括了《贾尼·斯基基》的《亲爱的爸爸》与《图兰朵公主》中的《公主彻夜未眠》。为了纪念普契尼在歌剧上的成就，意大利的托瑞德拉古在每年7月～8月间都会举行普契尼音乐节。

普契尼的歌剧《托斯卡》

《托斯卡》（Tosca）是普契尼于1900年创作的歌剧，同年在罗马首演。《托斯卡》共有3幕，剧本由贾可萨和伊利卡根据萨尔多的戏剧改编。在这部歌剧中，普契尼十分注重音乐的感情渲染和戏剧性效果，全剧始终强调声乐的重要性，有许多精彩唱段。例如第二幕《托斯卡》的咏叹调，《为了艺术，为了爱情》。第三幕卡瓦拉多西的咏叹调，《星光灿烂》。剧中对于人物性格的刻画很深刻，有很强的艺术感染力。

《托斯卡》的剧情：在1800年，罗马画家马里奥·卡瓦拉多西因掩护政治犯安格洛蒂而被捕受刑，女演员托斯卡此时正热恋着他。警察总监斯卡皮亚被托斯卡迷住，答应使她的恋人获得自由。但作为回报，她得委身于他。托斯卡被迫假意顺从，在警察总监刚写完假处决的命令后，趁其不备用刀刺死了他。黎明时，马里奥被带到刑场，托斯卡告诉他这只是假处决，谁料这是警察总监耍的花招，马里奥真的被处决了。这时刺死总监一事已经被人发现，并认定斯卡尔皮亚是托斯卡所杀。托斯卡陷入绝境，终于呼喊着"斯卡尔皮亚，上帝面前见"并跳墙自杀。

拉特兰诺的圣约翰教堂

主题特色："所有教堂之母"

拉特兰诺的圣约翰教堂（San Giovanni in Laterano）是君士坦丁在4世纪建造的，1309年之前它一直是主要的教皇居所，19世纪以前教皇也都在这里加冕。教堂正面顶端有15座巨大的耶稣雕像，2座圣约翰雕像，还有12座权威神学家的雕塑；走廊左边有1座13世纪的修道院，中央有1口9世纪挖的井。经过战争、火灾和地震等灾难以及一次次的修复重建之后，圣约翰教堂原来的长方形会堂所剩无几，只留下一座巨大的房子，但不可否认的是，拉特兰诺的圣约翰教堂仍是"所有教堂之母"（Mother of All Churches）。

参观礼拜堂的技巧

如果你要去洗礼堂、修道院或博物馆看看的话，要注意了！洗礼堂的开放时间是每天9:00～12:00、16:00～19:00，其中修道院和博物馆是每天9:00～18:00开放，门票价格为2欧元（如果有梵蒂冈博物馆的门票可以免费进入），不接受信用卡。

地 Piazza Di San Giovanni in Laterano 4 电 06-6988-6433 营 每天7：00～12：00、16：00～18：30 交 乘坐地铁至San Giovanni站下车，乘坐巴士16、85、87、117、186、218、650、665、714、850路，或乘坐有轨电车3路即可到达 票 免费

旅游达人点评

在教堂的修道院附近有座博物馆，据说那里收藏了法衣和帕莱斯特里那的音乐手稿。此外，教堂虽几经修复，早期的一些珍宝却也得以幸存。教堂后殿的那幅13世纪的马赛克作品在修复中就保存了下来，主圣坛上方的哥特式华盖也同样如此。还有北墙那里的青铜大门据说是从卡拉卡拉浴场挪过来的。

河西圣母堂

主题特色：罗马最早的圣母堂

河西圣母堂（Santa Maria in Trastevere）是罗马最早的圣母堂，这座建筑的年代始于教皇嘉里一世（Pope Calixtus Ⅰ），是早期的圣母信徒礼拜中心，也是罗马唯一没有因腐朽或是巴洛克改革派加工而变形的中世纪教堂。传说耶稣诞生的时候，教堂所在地的一口井突然奇迹般地喷出了石油，并且源源不断地流向了台伯河。人们对于这个传说的纪念，可从那条叫做"油井街"(Via Della Fonte Dell'Olio)的窄窄的街道看出来。这个奇迹还被描绘在于《圣母生平》（Life of the Virgin）的

大幅镶嵌画中。目前，这座教堂里有13世纪的镶嵌画、22根不协调的古石柱和一处科斯马蒂式地面等值得一看的遗迹。

地 Piazza Santa Maria in Trastevere广场　电 06-581-4802　营 每天7:30～21:00　交 乘坐巴士23、280、630、780路或乘坐有轨电车8路即可到达　票 免费

旅游达人点评

远眺河西圣母堂，可以看见铺着鹅卵石的广场上有着一个很漂亮的喷泉，因为限制机动车通行，所以可以说这是台伯河西岸的心脏地带和最棒的地方。河西圣母堂里到处都是精美的马赛克图案，描绘着圣母生活中的一些场景。

●河西圣母堂

罗马地下古迹

多米提拉地下墓穴

主题特色：罗马最大的地下墓穴系统

多米提拉地下墓穴（Catacombe Di Domitilla）是罗马最大的地下墓穴系统。这个地道似一座蜂巢，位于罗马执政官时期的联外道路下方，埋葬着罗马早期的基督教徒。墓穴沿着黑暗的廊道堆成梯子状并铺上了石灰岩，这条长廊的长度大约有12千米，但是游客并不能看到所有的部分。墓穴内有古典与基督教式的壁画以及一些大理石版雕刻残迹，包括《神的牧羊人基督》这种极早期的耶稣图像。

地 Via Delle Sette Chiese 282 电 06-513-3956 营 周一、周三至周日8：30～12：00、14：30～17：00，1月闭馆 交 乘坐巴士118、218、660、760路即可到达 票 5欧元，6～15岁儿童：3欧元，不接受信用卡

旅游达人点评

- 在罗马，最刺激最骇人的活动恐怕就是在这些狭窄又阴暗的迷宫似的廊道里行走了，观赏着两旁的墓龛，再看看粗糙的灰泥雕刻，感觉会很异样。
- 这些陵墓的发现地曾经属于1世纪时罗马执政官的妻子弗莱维雅·多米提拉。多米提拉出于宗教信仰，把自己放逐在庞沙岛（Ponza）上，最终憔悴殉道而亡。除此之外，这个墓穴里还埋葬着许多古代基督教徒。
- 墓穴外的柱子上的描绘了圣徒Achilleus殉道的场景，他的两只手被反绑在背后，但是柱子已经不见踪影。墓穴里最古老的部分是弗莱维雅的地下室，过去的这里是一个异教徒的埋葬地，后被基督教徒接手，这里到处可见保存状况各异的壁画。

圣卡利斯托地下墓穴

主题特色：埋葬着罗马最高贵的女儿的

在圣卡利斯托地下墓穴（Catacombe Di San Callisto）一带大约残留着30多个地下墓穴，而圣卡利斯托地下墓穴是其中最大而且最重要的一座，墓穴里面埋葬的是罗马最高贵族的女儿，据说就是与

达成三头执政体的克拉苏的长子马克•克拉苏结婚的切奇莉娅•梅泰拉。后来，这个地方被基督教承认后就继续扩大，光这一带的墓穴就延伸达500千米。在这个地下墓穴的内部有描绘3世纪的湿绘壁画与装饰，这些是基督教早期艺术时不可缺少的内容，也成为了基督教艺术的典范。

地 Via Appia Antica 110 电 06-513-0151 网 www.catacombe.roma.it 营 周一、周二、周四至周日 8：30 ~ 12：00、14：30 ~ 17：00，2月闭馆 交 乘坐巴士 218 路即可到达 票 5 欧元，优惠价格：3 欧元，接受信用卡付款

旅游达人点评

- 如果到罗马参观，在某一天想以地下墓穴的参观为主，可以在拉泰拉诺广场乘坐218路公共汽车到圣卡利斯托地下墓穴和多米蒂拉地下墓穴。从这里到圣塞巴斯蒂安地下墓穴和罗慕路斯之墓约1千米的距离，不过这一带的道路比较窄，交通也比较拥挤，步行时要小心车辆。
- 放这一代的地下墓穴不少，顺着回古阿庇亚大道的方向再向前走，左边就是马克塞提斯大帝的儿子罗慕路斯的陵墓和马克塞提斯大帝的竞技场，再走一段就是圣卡利斯托地下墓穴的陵墓。从这里往前，可以看到卡拉卡萨松树和大道上的遗迹以及留有车辙印痕的石板、远处呈拱形的高架引水渠等，也可以体验到比较浓厚的罗马气息。不过，如果是11月至次年2月的时候前往这一带旅游要特别留意景点的开放情况，因为这一带在此期间有1个月不对外开放。
- 古代的人们通常把死人用布包起来，安放在墙上挖出的洞里，并把入口用石头封起来作为墓穴。这种方法导致在地下深处很多层像迷宫一样纵横交错的墙上埋葬着很多遗体，陵墓内部的气息十分阴冷，这里较适合有冒险精神和考古兴趣的人参观。

马梅尔定监狱

主题特色：古罗马最主要的囚禁犯人之所

马梅尔定监狱（Carcere Mamertino）是古罗马主要的囚禁犯人之所，任何试图威胁古罗马帝国安全的人都会被投入马梅尔定监狱。这座监狱位于罗马广场和帝国大道之间，通向卡皮托山的台阶脚下。而马梅尔定监狱最出名的囚犯就要数圣彼得了。他的脸曾被守卫按在楼梯旁的墙上，因而墙上有了他的脸部痕迹。楼下的1根柱子，据说也是圣彼得被锁过的地方。圣彼得还在监狱的地下挖掘了一口冒着水泡的井，为那些被他杰出的人格所感化的监狱守卫施行浸礼。

地 Clivio Argentario 1 电 06-679-2902 营 11月～次年3月每天9：00～17：00，4～10每天9：00～18：00
交 乘坐巴士60、81、85、87、117、175、271、810、850路即可到达 票 自由捐赠

旅游达人点评

来马梅尔定监狱参观并不是一个十分舒服的经历，这里阴暗、潮湿、狭窄而压抑，想象着保罗和彼得如何被扔进污水里，如何被囚禁在这样一个肮脏的环境中，还真是很让人伤心的一件事。监狱本身包含的惩罚囚犯的色彩，作用在这些圣徒的身上，总让人觉得有些变味儿。

马梅尔定监狱已经被拆掉了地板，增加了一些多媒体的音响，并给游人设置了语音导览，会告诉你一些相关的影片，可以说融入了一些商业化色彩，原宗性也因而有所影响。

在过去的那些日子里，这所监狱里的囚犯只能通过地板上的一个洞钻下去，无数在这里被活活饿死的囚犯还会被扔进古罗马的大下水道里。每一个小小的细节都可见古罗马教廷的腐败和残暴。

巴尔比天井

主题特色：隶属于罗马国家博物馆的建筑

巴尔比天井（Crypta Balbi）隶属于一个历史相对比较短的博物馆，这座博物馆里展出了罗马各种比较有趣的考古发现，还把罗马最好的珍宝和最新的科技相结合，展示了罗马的整个发展史。巴尔比天井是公元前13世纪建造的，是一座有门廊的庭院，它连接着一座已毁的剧场，从整天参观效果来看，这里还是值得一看的！

地 Via Delle Botteghe Oscure 31 电 06-678-0167 营 周二至周日9:00～19:30，售票处18:45关门 交 乘坐巴士46、62、70、87、186、492、571、810、916路或乘坐有轨电车8路即可到达 票 7欧元，优惠价格：3.5欧元，不接受信用卡付款

旅游达人点评

巴尔比天井是整个博物馆中的一部分，它连同其他遗迹一起有着很高的参观价值。除了有展示罗马历史的展览馆、地穴的Balbus剧院以外，楼上包括盘子、碗、玻璃器皿、工匠的工具、油灯等在内的展品也十分丰富，有机会这样去观赏这些能够窥见古罗马人日常生活的物品，也是很好的。

巴拉科古雕塑博物馆

主题特色：极为重要的古雕刻收藏馆

巴拉科古雕塑博物馆（Museo Barracco Di Scultura Antica）的地下建筑始于4世纪，这座赏心悦目的博物馆内有着丰富的古雕刻收藏品，包括有亚述人的浮雕、古希腊雅典的花瓶、斯芬克斯像、巴比伦石狮，还有罗马、伊特鲁里亚的展品等，大多代表着古代雕刻艺术的发展过程，数量虽然不多，但地位却极为重要。

地 Corso Vittorio 166 电 06-6880-6848 营 周二至周日9:00~19:00 交 乘坐巴士40、46、62、64、116、571、916路即可到达 票 2.58欧元，优惠价格：1.55欧元，不接受信用卡付款

旅游达人点评

这座博物馆内的典藏都有着很高的价值，在参观完那些著名的古代雕刻艺术作品外，不要忘了到博物馆3楼去欣赏一下那幅《受伤的母狼》，这是由利亚波斯在公元前4世纪创作的，虽然，这座博物馆里的作品是一件复制品，但依然十分精美。

罗马宫殿与别墅

I ♥ ROME

尼禄金殿

主题特色：罗马有史以来最大最奢华的宫殿

尼禄金殿（Nero' Golden House）是尼禄大帝的住所。64年，古罗马皇帝尼禄在罗马城大火后宣布修建黄金宫殿。宫殿采用圆筒形拱顶，属于一种比较新式的建筑风格。黄金宫殿原有100多个大厅，总占地面积将近130公顷，历时数年才修建完毕。大厅的内部装饰富丽堂皇，所有房屋的墙都镶有不同种类的大理石，大理石表面镀着一层黄金，因此获得了黄金宫殿的称号。尼禄金殿里各种奢侈设施一应俱全，甚至还有自属的森林，是罗马有史以来最大、最奢华的宫殿。

地 Viale Della Somus Aurea 电 06-3996-7700 营 周一、周三至周日9：00～19：45，周二、1月1日、5月1日、12月25日休息 票 5欧元，必须提前预订，预订费用1.5欧元

旅游耍家点评

- 如果是在旺季游览黄金宫殿，可以在APT客服中心预约，古罗马斗兽场也是在这里预约的。地址是Via Parigi 5。参观黄金宫殿的时候，每满25人就有1名导游带领参观，并负责讲解。
- 在黄金宫殿内有一个八角形的房间，里面陈列了很多古老的艺术品，而在当时，这里还是一个宴会厅，到这里你可以想象一下当时的人在这里举行宴会的情景。

法尔内塞宫

主题特色：最具文艺复兴时期风格的建筑

法尔内塞宫（Villa Farnese）是一栋建立在法尔内塞广场上的建筑，曾是罗马最具文艺复兴时期风格的建筑。这座宫殿由巴洛克时期最重要的建筑师安东尼奥·达·圣迦罗设计，米开朗琪罗等人完成。其内院中有许多支墩，遍布在一、二层楼上，顶层楼则用壁柱连接起来。米开朗琪罗接管此项工程后，提高了顶楼的高度，以与改建后的正立面相呼应，用重叠壁柱作为连接部件，并安置了形式不稳定的窗户和生动的组合式檐口。法尔内塞宫艺术装饰的精华在于壁画，而壁画又以16～17世纪的作品为主。可惜的是，现在的法尔内塞宫，是法国大使馆，不允许参观。

地 Via Della Lungara 230 网 www.lincei.it 营 1～3月中旬、7～9月中旬每周一至周六9：00～13：00，3月中旬至6月、9月中旬至10月、12月周一、周六9：00～16：00、周二至周五和每个月的第1个周日9：00～13：00 交 乘坐巴士23、125、271、280、630、780路或乘坐有轨电车8路即可到达 票 5欧元，优惠价格：4欧元，不接受信用卡付款

旅游要家点评

- 法尔内塞宫16世纪的壁画有2处：一在红衣主教厅，由达尼埃莱·达·沃尔泰拉装饰；一在法氏显贵厅，先由弗兰切斯科·萨尔维亚蒂、后由祖卡罗兄弟塔代奥和费代里科相继完成；17世纪壁画也分2处：更衣室由阿尼巴莱·卡拉奇绘制；长廊则由他及其兄阿戈斯蒂诺合作。这2个厅堂廊室，均在法尔内塞宫的2层。
- 法尔内塞宫是典型的洛可可式建筑风格，给人以华美、铺张、过分考究的感觉。宫中最为富丽堂皇的殿堂要算著名的镜廊了。镜廊长73米，宽10.5米，高12.3米。左边与和平厅相连，右边与战争厅相接。拱顶上布满了描绘路易十四最初18年征战功绩的彩色绘画。吊灯、烛台与彩色大理石壁柱及镀金盔甲交相辉映；排列两旁的8座罗马皇帝丰耳雕像、8座古代天神整耳雕像及24支光芒闪烁的火炬，令人眼花缭乱。最为吸引人的，还是与长廊左侧面对花园而开的17扇巨大拱型窗门相对应的17面巨型镜子，这些大镜子，每面均由483块镜片组成。白天，人们在室内便可通过镜子观赏园中美景。夜宴时，400支蜡烛的火焰一起跃人镜中，镜内镜外，烛光闪耀，如梦如幻。

了解点历史掌故

✪ 沃尔泰拉被后世誉为“穿裤子画家”，因为他于1564年受命为西斯廷礼拜堂米开朗琪罗《最后审判》中的裸体圣人遮羞，在大师的巨作上留下了遭人讥诮的话柄。

其实，沃尔泰拉是一位才华出众的优秀艺术家，不仅善画，而且善雕，其一生创作出了很多的佳作。正因为如此，法尔内塞宫的主人亚历山大·法尔内塞红衣主教（当选为教皇后称保罗三世，1534～1549年在位）才在1547年请他装饰红衣主教厅。他在小桑迦洛设计的藻井木顶下面做了一条饰带，以绘画和灰泥浮雕相结合，做得富丽堂皇。这一装饰与法国枫丹白露宫里普里马蒂乔的杰作遥相呼应。据推测，普里马蒂乔于1540年返罗马时，沃尔泰拉同他有往来，因此才对这种绘塑有所了解，并结合成为一种新的形式。

在饰带的泥塑上，它以小爱神和司芬克斯结合白鹭和花卉葡萄的形象及图案为装饰框架，借此留出绘画空间。饰带上的壁画题材，均借神话寓意为法氏家族歌功颂德，如以酒神巴克科斯的幼年事迹喻法氏的伟绩，以法氏象征物独角兽喻该家族的纯洁和英勇。沃尔泰拉在绘画领域，先后从米开朗琪罗和拉斐尔2位前辈大师那里得到了许多有益的影响；但在雕塑领域则义无反顾地追随米氏。法尔内塞宫红衣主教厅的饰带，充分体现出他的艺术风格与成就，其中的《彭透斯被撕得粉碎》便是最好的证明。

奎里纳莱宫

主题特色：意大利总统府

奎里纳莱宫（Palazzo Del Quirinale）是一座建在被称为罗马七大丘的奎里纳莱山上的宫殿，现为意大利总统府。最早这个地方是用来供奉奎里诺神的地方，从16世纪起梵蒂冈教皇下令在此修建奎里纳莱宫作为其夏令行宫；宫殿始建于1573年，许多建筑家都参与了设计，如贝尔尼尼等，后来这里成为了教皇的权力中心，直到1870年意大利统一，这里成为国王的官邸，1947年后成为共和国总统府。

地 Piazza Del Quirinale 营 每天8:30～12:00，7、8月关闭 交 乘坐巴士116、117、52、53、56、58路在Barberini站下车步行5分钟即可到达 票 5欧元

旅游耍家点评

在奎里纳莱宫前广场中央一座双子星喷泉，喷泉上有4尊古罗马时期的双子星神和他们的马匹的雕像，这些雕像是1787年在奎里纳莱山丘上的君士坦丁浴场发现的，也是公元前5世纪希腊原作的仿制品。广场上还有古埃及方尖塔，站在那里可以眺望到远处的圣彼得大教堂的圆形拱顶，景色非常优美。

威尼斯宫

主题特色：历史与收藏兼备的博物馆

威尼斯宫（Palazzo Venezia）是罗马市中心的一座宫殿，是一座大型的文艺复兴时期的府邸。威尼斯宫由教皇保罗二世（Pope Paul Ⅱ）始建于1455年，他很喜欢从阳台上观赏赛马盛会；16世纪中叶，这里成为了威尼斯共和国的大使馆；第二次世界大战时期是墨索里尼的住所，他曾在2楼的一个窗口发表了他的法西斯主义演说。这座宫殿的大部分石料取自附近的罗马斗兽场，目前这里收藏了15～17世纪的陶瓷器、银器、室内装饰品和武器，是一座很有价值的博物馆。

地 Via Del Plebiscito 118 电 06-6999-4318 营 周二至周日8：30～19：30，售票处18：30关门，每周一、圣诞节、1月1日新年、5月1日、8月15日不开放 交 乘坐巴士40、46、60、62、63、64、70、81、87、186、492、628、810路或乘坐有轨电车8路即可到达 票 4欧元，优惠价格：2欧元，18岁以下和65岁以上的欧盟公民可以免费参观

旅游要家点评

来威尼斯宫一定要小心认路，因为很容易走错方向。威尼斯广场上造型别致的景物和河道充满了浓郁的异国风情。此外，广场上的商贩也不少。

博物馆里的典藏很丰富，能够充分感受到历史的厚重和沧桑。要注意的是是博物馆里不允许拍照和录像，违者会受到惩罚。

圣天使城堡

主题特色：充满神话色彩的堡垒

圣天使城堡（Castel Sant’Angelo）位于台伯河畔，原本是139年建成的一座皇帝陵园，只是由于罗马多次受到外族人侵袭，而这个建筑坚固易守，后来就多被用作防御性堡垒了。这个城堡与梵蒂冈只有几百米之遥，为此，在教皇受到战争威胁时，这里曾经是教皇的避难所。它与梵蒂冈之间有一条暗道相通，遇到危险时，教皇可通过这一通道从梵蒂冈进入这座堡垒。中世纪以后，圣天使城堡曾经作为要塞、教皇的居所和监牢。科学家布鲁诺曾经在这里被拘禁。据说590年瘟疫发生时，这座城堡上出现了用剑驱散瘟疫的天使，圣天使城堡因此得名。城堡上圆下方，外围城墙则是五角星形，造型伟岸坚固，仿佛任何力量都无法摧毁。现在的城堡内部是一所博物馆，展示教皇寝宫、历代兵器等。

地 Lungotevere Castello 50 电 06-681-9111 营 周二至周日9：00～20：00，售票处19：00关门 交 在罗马市内乘坐地铁A线在Lepanto站下车，沿向南的大道直行，到卡维尔广场右转，步行约15分钟；也可以由纳沃纳广场步行5分钟到台伯河边，沿河岸走到圣天使桥，过桥就是城堡正门 票 7欧元，有特别展览的时候加2欧元，不接受信用卡

旅游要家点评

在圣天使城堡内，有一座名为圣天使的桥，这是连接城堡与台伯河对岸的桥，为贝尔尼尼的作品。桥上有12尊天使塑像，每一位天使手中都拿着一种耶稣受刑的刑具。桥上有很多小贩兜售纪念品，但很多都是仿冒的，不买为好。圣天使教堂的城堡是平面的，登上城堡，可以从露台眺望罗马景观。此外，圣天使城堡在很多艺术作品中都曾出现过，如电影《罗马假日》、歌剧《托斯卡》，而最近的一次则是惊悚小说《天使与魔鬼》。

了解点历史掌故

✪ 传说在590年的时候，罗马遭遇瘟疫，教宗率信众游行，祈求圣母施恩熄灭瘟疫时，天空突然出现了一位天使。他站立在陵墓顶端，并将一口宝剑收入剑鞘内以示恩准了祈祷，后来1尊天使雕像就出现在了陵墓顶端，因而这个城堡被便称作“圣天使古堡”。

马西莫宫

主题特色：蔚为可观的古代艺术和工艺品典藏

马西莫宫（Palazzo Massimo Alle Terme）内有着蔚为可观的古代艺术和工艺品，在它的地下室里有很多的古代钱币、罗马人的奢侈品，以及贸易路线的地图和影像资料；底楼和2楼则陈列着皇室家族及少量普通人的半身像；1楼也有大量的藏品，其年代克追溯到69年以前；马西莫宫里最大的亮点在3楼，这里陈设着各种罕见的壁画，壁画中展示的透视技法在当时还很少见，不禁让人感慨古罗马壁画技巧的超前。

地 Largo Di Villa Peretti 1 电 06-480-201，预订电话：06-3996-7700 营 周二至周日9：00～19：45，最后进入时间是18：45，每周一、圣诞节和1月1日新年闭馆 交 乘坐地铁到Repubblica站或乘坐巴士16、36、38、40、64、86、90、92、105、157、170、175、204、217、310、360、492、590、649、714、910路即可到达 票 7欧元，优惠价格：3.5欧元，不接受信用卡付款

旅游耍家点评

- 在观赏底层和3楼的那些人像时，按照年代顺序可以看出罗马人发型潮流的转变和演进，非常具有时间性，也很有趣。
- 2楼各个展厅里的藏品十分丰富，1号大厅里有弗拉维王朝第一个皇帝韦斯巴芗的一座拳击家似的半身雕像；5号大厅里有阿波罗雕塑和一个捧着盘子的女孩像，这都是从尼禄大帝在罗马南面的安奇奥里搬过来的；6号大厅里有一座大理石的希腊雕像《掷铁饼者》的复制品；7号大厅里有一座安详地躺着的赫马佛洛狄忒像，也是2世纪的希腊雕塑复制品。

朱利亚别墅

主题特色：意大利最佳埃特鲁斯坎收藏

朱利亚别墅（Villa Giulia）拥有意大利最佳埃特鲁斯坎收藏，可以供人欣赏意大利半岛上第一个伟大文明。朱利亚别墅的兴建就是为了享乐，这里曾经是教皇朱利奥三世的别墅，也是教廷最理想的休憩住所。朱利亚别墅内展示的是公元前8世纪～公元前6世纪在亚平宁奠定城市文明的伊达拉里亚人的工艺品。不仅是针对伊达拉里亚人的文化和历史有兴趣的人，一般的人也可以从欣赏的角度来参观这座博物馆。别墅中随处可见回廊、喷泉和花园，中庭的花坛中鲜花怒放，深处建有美丽的伊达拉斯库神殿的彩色复制品。内部分为2层，陈列室围着中庭排列。

地 Piazzale Villa Giulia 9 电 06-686-4759 营 每周二至周日8:30~19:30 交 乘坐巴士到Galleria Arte Moderna站下车或乘坐有轨电车3、19路即可到达 票 4欧元

旅游要家点评

这是一个历史遗存的别墅，像一座公园，壁画长廊被藤蔓覆盖，十分具有艺术的意境美。这里不是特别容易找到，游客也并不是很多，你可以有大量的置身于画廊或花园，尽情享受这里的完美艺术感觉。

1楼第7展室中有从维奥出土的文物，是伊达拉里亚艺术家中唯一名声流传至今的维尔卡作的《阿波罗像》、《黑拉库勒斯》、《抱孩子的女人》等，是伊达拉里亚艺术的顶点。第9展室的《夫妇寝棺》，合葬的夫妇充满了爱与温柔的气氛。这是公元前6世纪的作品，是从罗马西北部伊达拉里亚的古代城市中发掘出来的。2楼第15展室里有青铜制的各种日常用品，其中花纹美丽的"葡萄酒壶"值得一看。第18至第28展室里有青铜制的镜子、烛台、壶、首饰等。第29展室里有复原的法勒里·维特勒斯神殿的装饰品，还有受后古典希腊主义影响的《阿波罗的胸像》。第33展室里有《费可罗尼的祭祀用器》，这个青铜制的大圆筒型的容器表面还有精致的浮雕，十分值得一看。

了解点历史掌故

✪ 埃特鲁斯坎文化

公元前9世纪公元前8世纪，意大利半岛上出现了2个新民族：埃特鲁斯坎人和希腊人。古人认为埃特鲁斯坎人来自东方的安纳托利亚，他们的文明混合了来自东西方的各种因素。在埃特鲁斯坎文明鼎盛时期还只是村民的罗马人，与埃特鲁斯坎人的语言、思想和宗教有着紧密的联系：埃特鲁斯坎人对罗马文化向文明的转化产生了独一无二的重要影响。

埃特鲁斯坎人创造出了瑰丽的文化奇观，但他们的文字仅存于一些墓志铭的碑文中，我们已不能领略其中的风采。考古学家和语言学家经过对这些墓志铭上的碑文进行考证，发现埃特鲁斯坎人在进入亚平宁半岛定居后的最初活动区域在今天的意大利北部一带。公元前8世纪中叶，埃特鲁斯坎人已开始步入繁荣昌盛的新时期，他们在意大利半岛一共建立了12座城市，号称"埃特鲁斯坎帝国"，并开始通过陆路和海路，与希腊和西亚、北非的一些国家建立联系，进行海外贸易。发展到公元前6世纪，埃特鲁斯坎人的社会繁荣达到了高峰，埃特鲁斯坎人、希腊人和北非的迦太基人之间的文化、经济交流非常频繁。在对外交往的过程中，他们吸收了北非等地外族文明的营养，创造了字母，形成了自己的雕塑及绘画风格，发展了以希腊拟人神为基础的宗教信仰，并精心制定了一套占卜未来的仪式，使自身的繁荣达到了一个新的阶段，这些后来都被罗马人继承了下来。

✪ 埃特鲁斯坎的美术和绘画

公元前8世纪～公元前3世纪，埃特鲁斯坎人创造了拱券建筑和具有东方风格的装饰壁画，以及有力而写实的雕刻，对后来的罗马美术产生了深刻影响。埃特鲁斯坎人的绘画遗存主要是墓室壁画。这些壁画均采用矿物质颜料绘成，内容以日常生活场面为主，风格较为自由，不像古埃及墓室壁画那样程式化。在塔奎尼亚等地的墓室中，描绘的多是宴会、舞蹈、战争、狩猎等盛大场面，画中人物与自然景色相当协调，且有的人物形象还反映出情绪的变化。公元前4世纪时，随着罗马的日渐兴盛，埃特鲁斯坎人的经济和文化开始衰微，壁画中自由欢快的气氛为紧张、威严的形象所取代。

✪ 埃特鲁斯坎的建筑

埃特鲁斯坎建筑分为城市建筑、神庙建筑和陵墓建筑3类。其中，城市建筑已不复存在，城堡建筑的遗迹只有佩鲁贾城的奥古斯塔门；神庙建筑因是木结构未能留存下来，而从仅有的地基看，总体设计与希腊神庙类似，只是台基较高，庙堂分为3部分，用以象征三位一体的神，庙内的壁面上还装饰着许多浮雕，非常华美；陵墓建筑则适应着丧葬习俗和灵魂观念的需要，墓室完全按日常居宅的结构建造，内部装饰考究，且放入大量随葬品。

✪ 埃特鲁斯坎的雕刻和工艺

埃特鲁斯坎雕刻主要包括陵墓和神庙装饰，陶棺和神像等。这些雕刻都涂有浓烈的色彩，人物表现逐渐由程式化向个性化和写实方面转变。最早的雕刻是用于装骨灰的陶质人形罐，盖子做成人头，身躯只是在器身上加2个乳头表示出来，手法极其夸张。在维伊城发现的阿波罗神庙的装饰雕像《阿波罗》，人物比例同真人大小，身体呈前倾状，面部带有古风式微笑，胸部与腿部的肌肉坚实有力，衣纹作了装饰性处理。整个作品的风格是希腊的理想手法和埃特鲁里亚写实作风的结合。在工艺美术方面，以青铜工艺和黄金首饰为主要成就，而象牙雕刻和珠宝琥珀等工艺也相当出色。母狼雕刻是青铜工艺盛期的作品，手法较为写实，铸造技术娴熟，是埃特鲁斯坎人的想象力和观察力相结合的独特表现。

罗马的喷泉

I ♥ ROME

1 特雷维喷泉

主题特色：罗马最大的也是知名度最高的喷泉

特雷维喷泉（Fontana Di Trevi）是个著名的许愿池，它是罗马最大的也是知名度最高的喷泉，喷泉位在三条街的交叉口，Trevi即是指此意。这个喷泉也是全球最大的巴洛克式喷泉，又叫做幸福喷泉，传说会带给人们幸福，在电影《罗马假日》风靡全球后闻名于全世界。喷泉建筑是左右宿舍对称的，在中央立有一尊被2匹骏马拉着奔驰的海神像。海神像是在1762年由雕刻家伯拉奇的设计并完成的，在海神的左右两边各立有2尊水神，右边的水神像上，有1幅“少女指示水源”的浮雕，而浮雕上面有4位代表四季的仕女像。每一个雕像神态都不一样，栩栩如生。喷泉的主体在海神的前面，泉水由各雕像之间、海礁石之间涌出，流向四面八方，最后又汇集于一处。

地 Piazza Di Trevi 电 长岛旅游局877-386-6654 交 乘坐地铁至Barberini站下，或乘坐巴士52、53、58、60、61、62、71、95、492路到Via Del Corso下车即可到达

旅游耍家点评

到许愿池一定要许愿

在罗马有一个美丽的传说，只要背对喷泉从肩以上抛一枚硬币到水池里，就有机会再次访问罗马，因而很多旅游者在喷泉边排着队往里抛硬币，可见罗马的魅力之大。如果以同样动作抛3次硬币，第一枚是代表找到恋人，第二枚是彼此真心相爱，第三枚是蜜月成功，并在婚后一起重返罗马。因而在清澈的池底，可见各国钱币。罗马政府会定期收集这些硬币，充做慈善基金。

建议清早就到这里玩

由于这个许愿池是罗马比较热门的景点，因而到了晚上人特别多，还有人不明所以地就给你照相，然后要你给钱，因而最好不要到这里呆太久，建议上午9：00左右到这里来。

由于许愿池在比较偏僻的小路的尽头，因而巴士和地铁不能到这里来。如果是乘坐公交的话，你可以在巴尔贝尔里尼站下车，然后从科尔索大道前往；如果乘坐地铁的话，同样在巴尔贝里尼站下车，进入巴尔贝里尼广场左侧的小路就可以到达。

在费里尼的经典之作《甜蜜生活》里，Anita Ekberg穿着黑色无肩晚礼服向池子里纵身一跃，从而使许愿池名声大噪。也许亲临现场，你也会有一跃池中的冲动，但是奉劝你千万不要那么做，在许愿池里踩水、嬉戏、洗涤和泼水都是明令禁止的。你也千万别去饮池子里的水，虽然它看上去很干净，但透亮的水里其实含有漂白剂氯，喝过之后会中毒的。

旅游耍家告诉你

✪ 其实，世界上可以许愿的东西很多，如许愿绳、许愿石、许愿草……

许愿绳是一根紫色的细细长长的线，中间穿着小小的透明的珠子。传说一边许愿一边把它绕在手腕上，当某天那个结自然散开时，也就是你的愿望要实现了！

许愿石有好几种，用来求姻缘的，一般粉红色、红色的宝石；求健康、避邪作用的，用黑色的宝石；求正财、贵人运的，用绿色宝石；如果想加强逻辑、理智、计算、记忆能力的，可以用黄色宝石……

许愿草是一颗充满着灵气的仙草，她一直在默默地把好运带给善良的人们。传说你在它面前许下愿望，它就会帮你实现。

乌龟喷泉

主题特色：有着浪漫传奇色彩的可爱喷泉

乌龟喷泉（Fontana Delle Tartarughe）是意大利文艺复兴后期的一座喷泉，位于意大利罗马的圣天使区，由波尔塔的贾柯莫在1581～1584年间设计而成。喷泉的中间即是一只拼命想翻过边缘爬出来的乌龟，围绕青铜龟旁边的是4个少年，他们微微起身将海龟托起到水面上，画面相当逼真传神。不过据说海龟可能是后来的修复工程中添上的，因此现在的海龟是复制品。

地 Piazza Mattei 交 乘坐巴士40、46、60、62、63、64、70、81、87、186、492、628、810路或乘坐有轨电车8路即可到达

旅游耍家点评

✪ 乌龟喷泉虽然不是很大也不显眼，但是也有一个动人的传说呢！相传在16世纪80年代的时候，一个叫马特约公爵失去了所有的财产，未婚妻也离他而去，他希望向未来的岳父证明自己仍有所作为，便一夜之间在家族宫殿的广场上建造了这座喷泉。次日早晨，他成功展示了自己的成果，从宫殿的窗口看出去就能看到这个喷泉，婚礼也因此得以如期举行。

✪ 乌龟喷泉不仅乌龟是复制品，3尊少年雕像的原作也保存在卡皮托山博物馆群里，另外一个则被盗。此外，在马特公爵的家族宫殿内的院子里也装饰了众多古典主义的雕塑，你也可以顺便去逛逛。

方塔那保罗喷泉

主题特色：包含纪念意义的喷泉

方塔那保罗喷泉（Fontana Paola）是弗来米尼奥·伯兹奥和乔尔瓦尼·方塔于1612年为教皇保罗五世设计的，并加上了教皇的名字。喷泉的柱子来自于原先的圣彼得大教堂，喷泉的建造是为了庆祝一个由图拉真皇帝建造的古代导水渠的重新使用。

地 Via GaribalDi 交 乘坐巴士44、75、710、870路即可到达

旅游耍家点评

喷泉后面的那座建筑有着白色的墙壁、椭圆形的拱门、标新立异的屋顶，无不展示着迷人的巴洛克风格。尤其是到了傍晚，天空的颜色如墨似漆，云朵亦卷亦舒；柔和的橘色灯光打在建筑上，如梦似幻；喷泉里的水盈盈浅浅，微波荡漾，晶莹透彻，实在是一幅美轮美奂的图画。

了解点历史典故

那些值得纪念的引水渠

无论是对生物的生存，还是经济的发展；无论是对生活的持续，还是美景的衬托……水，都发挥着无可比拟的巨大作用。对于一座城市的发展来说，亦是如此。

自从帕拉蒂尼山上的首位居民将地盘扩张到山下沼泽地之后，净水源头对一个迅速发展的城市来说，就成为了首要之需。古罗马人口的急剧增长，使得居民用水问题成为一个巨大的难题，仅仅依靠抽干沼泽地的水和井水是难以维系罗马人民生存的。公元前312年，阿庇乌斯·克劳狄选择阿尔班山（Alban）的天然泉水，建造了第一个阿皮亚引水渠，拯救了这座城市。到52年为止，罗马已经有了9条引水渠，不仅极大地满足了罗马人民的饮水问题，而且水还被不断引入私人别墅、大浴场、公共喷泉里，这座城市完全依赖上了这些引水渠。

6世纪初，蛮族人切断了这些引水渠，给岌岌可危的罗马城以致命的一击，罗马人口不断减少。直至16世纪，罗马局势稳定，城市得以重建，引水渠也被修复。罗马的皇帝还建造了很多崭新而杰出的引水渠，教皇则相应地建造了很多的喷泉，意在展示清冽活水正在源源不断地流进罗马。

仙女喷泉

主题特色：宏伟巨大的喷泉

仙女喷泉（Fountain of the Naiads）是一座巨大的喷泉，中间有大股的水从海神格劳柯斯身上冒出，旁边包围着仙女和马匹。这个组合是由马利欧·鲁泰利（Mario Rutelli）于1888年创作的，他是20世纪末期罗马市长法兰切斯科（Francesco）的祖父。

地 Piazza Della Republica　交 乘坐地铁A号线或乘坐巴士至Repubblica Teatro Dell' Opera站下车即可到达

旅游耍家点评

喷泉的水柱从中间的海神怀中喷涌而出，直射云霄，十分有气势。再加上四周的仙女映衬，十分壮观。在这里取景照相是一件很容易的事，气势如虹的海神像和直入天穹的水柱、姿态优美的仙女，还有周围充满罗马风情的建筑，无论你从哪个角度照出来的照片都很有艺术美感。

罗马城郊的迷人风光

I ♥ ROME

1 古奥斯底亚港遗址

主题特色：古罗马生活的再现地

古奥斯底亚港遗址（Scavi Di Ostia Antica）是一处被挖掘出来的废墟，展现了古罗马城镇的日常生活场景。传说古奥斯底亚港是由罗马第四代国王Ancus Martius在公元前7世纪后半叶建造的，不过，目前所能见到的最早的遗址已是公元前330年左右建立的了。在长达600多年的时间里，古奥斯底亚港一直是古罗马的主要港口，直至4世纪时逐渐衰落。经过数个世纪的变迁，古奥斯底亚港也最终被人们遗弃。当你在一个阳光明媚的日子来这里，看看那散布在各个角落的迷人遗迹，你一定会感叹历史无情的变迁和岁月匆匆的痕迹。

地 Viale Dei Romagnoli 717号，Ostia Antica

电 06-5635-8099 网 www.itnw.roma.it 营 3月周二至周日8：30～18：00,4～10月周二至周日8：30～19：00，11～次年2月周二至周日8：30～17：00 交 乘坐巴士COTRAL到达（每半小时1班），或在Roma-Lido火车站（Piramide地铁站旁）乘坐火车到古奥斯底亚港城区在Lido Centro站下车即可到达 票 4欧元，优惠2欧元

旅游要家点评

- 来古奥斯底亚港遗址吃野餐是一件不错的事儿，试想，当你坐在一片饱含历史沧桑的遗迹之中，咬着散发着香气的野味，回望着历史遗存的痕迹，遥想着历史的漫漫云烟，是不是会有一种很特别的感觉？虽然，这里通常是不允许野餐的，不过只要你不要太声张，一般是不会有人来干涉的。
- 在古奥斯底亚港遗址之上有一个博物馆，里面收藏了很多本地的艺术品，有雕像、壁画残片和表现日常生活场景的浮雕。博物馆旁边有个咖啡馆和一家书店。在距离遗址发掘现场入口处步行5分钟的地方，是古奥斯底亚港的中世纪城堡和一些风景如画的农舍。这些景观都是很迷人的，可以去看看。
- 古奥斯底亚港最有特色的地方在行会广场（Forum of the Corporations），这个广场上有各种商业行会，开阔的广场周围则是一圈小商店，这些商店的地板上有着和经营业务相关的马赛克图，非常独特。
- 在迪库曼纽斯大道和古奥斯底亚博物馆之间的地段，有个古罗马酒吧“Thermopolium”，这个酒吧里有着大理石柜台、广告壁画、喷泉花园，你可以来这里感受下古罗马的悠闲时光。

弗拉米尼亚古道和台伯古道沿途

主题特色：风景优美的古道沿途

弗拉米尼亚古道（Via Flaminia）曾是条开阔的乡村道路，由这条路行走可以看到隐藏在有着粗鄙外表的城镇之下的那些造型优美的中世纪村落和教堂，也可以看到中世纪城镇Civita Castellana的景色。台伯古道（Via Tiberina）在弗拉米尼亚古道的东面，并与之平行。这条路看上去更像是古道。在台伯古道的沿途，有着萨宾人的宗教和贸易中心Lucus Feroniae，也有Riserva Naturale Tevere Farfa湿地，还有陡然屹立着的Monte Soratte山等。

地 台伯河沿途至达亚得里亚海滨段 交 坐自Saxa Rubra站发车，经弗拉米尼亚古道和台伯古道的COTRAL班车即可到达

旅游耍家点评

- 在弗拉米尼亚古道不远处，有座巨大的山丘，上面是中世纪城镇 Civita Castellana。这座城镇里有个很不错的中世纪城中心和一个 15 世纪城堡 Rocca（或 Forte Sangallo），城堡里面是 Museo Nationale Dell' Agro Falisco，这座博物院只供参观，每周二至周日的 8：00 ~ 18：00 可进入，入场是免费的，很值得一看。
- 在弗拉米尼亚古道沿途的Orte以西10千米处，有个怪兽公园Parco Dei Mostri，这个公园是维奇诺公爵在妻子死后建造的，位于神圣森林（Sacro Bosco）里。维奇诺利用地产里的火山碎晶凝灰岩，经过多年的努力，在公园里摆放了许多怪诞的雕像，可以说，这些雕像与他所处的时代是格格不入的，有机会你可以去看看。神圣森林（Sacro Bosco）的具体地址是Localita GiarDino，Bomarzo。开放时间是每天的8：00 ~ 日落，10月 ~ 次年4月通常不开放。其中的神圣森林要收取门票，一般为8欧元/人，4 ~ 8岁的孩童是7欧元/人，不接受信用卡付款。

狄伯提那路沿途

主题特色：别墅如花般盛开的地方

狄伯提那路（Via Tiburtina）算不上是一条特别出彩的道路，但是沿途的风景还是值得一看的。刚上狄伯提那路不久，就能看到戒备森严的特比比亚监狱（Rebibbia），一直到距离罗马20千米处的提佛利城，有2处联合国教科文组织的世界文化遗产遗址，一处是德斯特别墅（Villa d' Este），另一处是哈德良别墅（Villa Adriana），另外还有着闻名罗马的硫黄喷泉和很多间乡间别墅。在提佛利城的对面，是建于罗马共和国时期的圆形罗马女灶神庙和建于2世纪的长方形女巫庙，从神庙这边可以看见岩石峡谷那边的野生公园。

地 阿涅内河（Aniene）沿岸，与台伯河北段汇合的地方 交 在Ponte Mammolo车站乘COTRAL巴士即可到达

旅游耍家点评

- 哈德良别墅建在一个斜坡上，别墅的主人哈德良是个业余的建筑师。据说别墅里的很多有特色的地方就出自他的设计，尤其以建筑和水的独具一格的最为显著。在哈德良死后，帝国灭亡的几个世纪里，这里成了搜罗珍宝的地方，至少有500多件遍布世界各地的雕塑均被证实来自这里，同时发现于这个别墅里的大理石和马赛克物品在卡皮托山和梵蒂冈博物馆的罗马艺术品收藏中也占有很大比例。
- 德斯特别墅是提佛利城最有名的一座别墅，它是建于1550年的红衣主教Ippolito d' Este的一座奢华行宫。这座别墅有很多的看点，灵动的喷泉、迷人的花园、精巧的装置……可以说，这是值得一看的好地方。

小贴士 TIPS

- 哈德良别墅位于Via Di Villa Adriana路，Villa Adriana。开放时间是11月～次年1月9：00～17：00，2月9：00～18：00，3月、10月9：00～18：30，4月、9月9：00～19：00，5～8月9：00～19：30。门票是6.5欧元，优惠门票是3.25欧元，不接受信用卡付款。
- 德斯特别墅位于Piazza Trento 1号，Tivoli，开放时间是2月周二至周日9：00～17：30，3月周二至周日9：00～18：15，4月周二至周日9：00～19：30，5～8月周二至周日8：30～19：45，9月周二至周日9：00～19：15，10月周二至周日9：00～18：30，11月～次年1月周二至周日9：00～17：00。门票价格是6.5欧元，优惠价格是3.25欧元，不接受信用卡付款，但是网上预订门票的话是可以接受信用卡付款的。德斯特别墅还为残疾游客提供电动车，不过是需要预订的，预订电话是07-7433-2920。

罗马周边景点

I ❤ ROME

1 蒂沃利

主题特色：风景优美的古镇

蒂沃利是意大利拉齐奥区的一个古镇，临特韦雷河支流阿尼埃内河，离罗马30千米。小镇的风景优美，阿涅内河穿梭峡谷之中，潺潺而流。举目远眺，萨比尼山的矮坡上，一栋栋豪华别墅掩映于苍郁的层峦茂林与如画般的泉水瀑布之间。其中的哈德良别墅，在1999年被联合国教育科学文化组织列入《世界文化遗产名录》。而蒂沃利的魅力不仅仅只有这些，还在于它的恬静，在于环绕它的哈德良故事，更在于那陈年佳酿般的清醇，原汁原味的历史定格。闲庭信步，时空交叠，你仿佛置身在另一个世界，不时能与罗马先人擦肩而过。

地 罗马以东30千米处　交 从罗马市内的蒂沃利总站乘坐公交前往，时间1个小时左右，票价1.5欧元

埃斯特别墅（Villa d' Este）属于意大利花园别墅，园林中大大小小数百座设计巧妙的喷泉与自然景观水乳交融，不仅使埃斯特别墅成为意大利园林设计的典范，也为它赢得了“百泉宫”的美誉。因为埃斯特别墅的喷泉多，因而水就是这里的灵魂，除去大大小小的喷泉外，各式水道遍布全园，无论走到哪里都可以听到潺潺的流水声，给意大利炎热的夏天带来难得的清凉。

地 Piazza Trento　电 07-7433-3404　营 一般是在8：30开门，旺季在18：30关闭，淡季在17:30关闭；周一不开放　票 6.5欧元

哈德良别墅（Hadrian's Villa）是古罗马的大型皇家花园，它是罗马帝国的皇帝哈德良为自己营造的一座人间伊甸园，是一个雕刻、建筑和水环境互相融合的产物，让人产生了与后来英式风格相关的、非常特殊的幻觉效果。别墅里面没有五颜六色的遮阳伞，没有招摇纷扰的售货摊，也不见商店、餐厅，不提供餐饮服务，据说过去那里汽车站贴的告示上，还会提醒游客自备干粮。

地 蒂沃利市内　电 07-7438-2733　营 一般是在8：30开门，旺季在18：30关闭，淡季在17：30关闭；周一不开放　票 6.5欧元，有展览的时候9欧元

旅游要家点评

蒂沃利是一个适合度假的地方

蒂沃利是一个能让人度过舒适假期的地方。在蒂沃利，你绝对不会看到狼藉遍地的包装盒或塑料垃圾，亦无任何喧嚣，甚至也没有一些代表这里历史的标记，向你提醒着这个城市所有的光辉岁月。耳目所及，一切都是不受污染的。而留给游者的，正是应当属于那个时代的静谧和气韵，因而，由此而生的想象、寻觅和言说，也才可能更真切可人。

交通一定要弄清楚

前往蒂沃利，是在罗马市内乘车，你可以在地铁B线的终点站下车，从地铁站出来就可以见到一个公共汽车总站，前往蒂沃利的公交就从这里出发。前往蒂沃利的车次非常频繁，每10～20分钟就有一趟车。

如果前往埃斯特别墅的话，一定要在公交车终点站的前一站下车，然后从这里下斜坡，穿过马路就可以到达景区了。从埃斯特别墅前往哈德良别墅，你可以在普雷内斯蒂纳大街乘坐前往罗马的车在哈德良别墅下。从哈德良别墅前往罗马，可以在别墅马路对面乘车前往蒂沃利后，转乘公交前往罗马市区。

了解点历史典故

说到蒂沃利，那么就不可不提哈德良。这是一个被认为是罗马史上最有文化修养的皇帝，才华横溢，政绩昭彰，人称五贤帝之一。

哈德良生于西班牙的伊达里卡，幼年丧父，被托付给表叔、罗马皇帝图拉真照管。他受过良好教育，深得希腊文化熏染，成年后得到器重与赏识，平步青云，仕途顺畅。据说这位皇帝身材高大，体格健壮，外貌俊朗，有着一头漂亮的卷发，尤其一脸的络腮胡须一时竟成时尚，引得后来罗马男子纷纷效法，使得留须之风大盛。图拉真去世后，哈德良被推继位，登上皇帝宝座。

哈德良歌舞弹唱、写诗作文样样精通，绘画雕塑、哲学雄辩、星象地理，无所不涉，尤其醉心于灿烂的希腊文化和艺术，毋宁说他骨子里更像个希腊人。这种强烈的爱好与求知欲望，使他终生喜好出外巡游，乐此不疲。每次出巡的随行者，不是招摇华贵的仪仗队，而是一批学者、艺术家、建筑师。哈德良足迹所至，及于大半个罗马帝国。

这位伟大的皇帝生命最后的两年半时光在蒂沃利度过，而哈德良别墅便是他建造的伊甸园。在这座人间伊甸园中，他安排各项后事，更带着对往昔的无限眷恋。随着年暮体衰，病况愈重，哈德良的鼻孔经常流血不止。痛苦之余，他欲仰药解脱，但没有找到；于是命令一名奴隶以利剑刺杀自己，奴隶被吓得逃走；后来他又求助医生施予毒药，医生则被吓得只有自杀的份儿；哈德良万般无奈，不得不自觅小刀企图自刎，但又被随侍人员夺去。垂头丧气之下，他哀叹自己有权处死任何人，却无权处死自己。到了138年，62岁的哈德良在巴伊埃的海滨胜地终因气绝力竭而殁。

7 奥斯提亚

主题特色：展现历史风貌的古城

奥斯提亚（Ostia）是罗马城外的古城，已经有2000多年的历史。在这里，你可以从古罗马的剧场、市场、小店、神店、住家和大众广场，还有埋葬亲人的“逝者之门”中深刻体会到古骡马的风情。在入门一直到古城的这一段，还可以看到瓷砖艺术品，有鱼和船、大象和仙女等图案，因为这里曾是港口城市，大象的图案说明当时的这里已经有与非洲贸易来往的遗迹。不过，要想更全面地了解这个古城，充沛的历史考古知识的搜素也不可少。

地 Viale Del Romagnali 717　电 06-5635-8099　营 夏季8：30～18：00；冬季8：30～16：00　交 从罗马前往奥斯提亚，可以在中央车站乘坐地铁B线在马里亚纳站换乘奥斯提亚・里德线到奥斯提亚站下　票 4欧元

旅游耍家点评

奥斯提亚古城的主要景点是从入口处进去右边的消防员营房、海神浴场、露天剧场、行会广场以及博物馆等。如果不熟悉路线，可以在露天剧场的购买带有照片解说书。

需要注意的是，大部分的观光团不会安排来奥斯提亚旅游，因为一般旅游团的时间安排都很仓促，罗马城内的众多美景古迹已经足够占据全部旅游时间，所以来这里旅游的客人主要是散客和意大利的学生，如果是跟团游的话，基本上是不可能实现到这里来游玩的想法的。

罗马尼城堡

主题特色：风景秀丽的小山村

罗马尼城堡（Castelli Romani）虽然名为城堡，但实际上并不是城堡，而是一个位于罗马城东南方向25千米处的阿尔巴尼山上的小村庄的总称。这是一个湖光山色、十分迷人的地方，从古代罗马皇帝到文艺复兴时期，罗马贵族竞相在这里建造豪华的别墅，至今这边还残存一些遗迹。此外，这里还作为葡萄酒的产地而闻名，在小山丘上全是葡萄园。

地 罗马东南方向25千米处 交 在中央车站乘坐火车可以到达

弗拉斯卡蒂（Frascati）镇风景秀丽，以其众多的宗教别墅而闻名，其中最为有名的便是被称之为文艺复兴时期艺术瑰宝的阿尔多布兰迪妮别墅。这座别墅里面有非常漂亮的林阴小道、喷泉、人工洞等。

地 Piazza Marconi 1（旅游中心） 电 06-942-0331（旅游中心） 营 8：00～14：00，15：00～18：00；周日和节假日，周一、周三、周四、周六下午休息（旅游中心） 9：00～13：00，夏季15：00～18：00；冬季15：00～17：00（阿尔多布兰迪妮别墅）

甘多尔福堡（Castel Gandolfo）位于阿尔巴尼丘陵地，是17世纪以来的罗马教皇避暑地，有华丽的教堂、公园和别墅，还是梵蒂冈天文台所在地。每年7～9月，梵蒂冈的教皇就会到这里来住，这时候可以看见门口有衣着色彩鲜艳的瑞士士兵。

地 Piazaa deila Liberta 6（旅游中心） 电 06-936-0340（旅游中心） 营 只有夏季开放

旅游耍家点评

娱乐活动丰富

罗马尼城堡是一个很受罗马人青睐的度假地区，春夏气候凉爽宜人，既有俯视罗马市区的壮丽景观，又有宁静平和的整齐街道，加上处处有橄榄、葡萄园，醇酒佳肴又物美价廉，让许多老饕趋之若鹜，经常专程开车来吃一餐饭。

如果从罗马搭车前往城堡区，你就会注意到沿途遍布豪宅，其中不少是意大利富人前来置产的避暑山庄，也有些是退休养老的田园宅第。除豪宅之外，这里还有很多新颖的夜店、酒吧。

节日非常受人欢迎

春天，在罗马尼城堡会举行“草莓节”，鲜花使吉安兹坦的道路仿佛是铺了地毯一样；秋天，有葡萄酒从喷泉喷出的葡萄酒节，在葡萄酒节结束以后人们会到山里的栗树林采摘栗子。当然，除了这两个节日外，罗马尼城堡还有众多的节日，非常受游客的欢迎。

真扎诺的祭花节

真扎诺是一个位于内米湖畔小山丘上的小村子。按照1779年以来的传统，每年在6月份的第3个周末到下周一的早上，这里会举行一次鲜花节。在节日的前一天晚上，当地居民会先用粉笔在大街的地面上勾勒出图案的草稿，然后用各色的花瓣在大街上铺出有各种各样图案的鲜花地毯。据说每年用在地毯上的花朵数量有35万之多。到了下个周一的早上，城里的儿童会在大街上奔跑而过，将这些漂亮的鲜花地毯完全破坏掉，至此鲜花节正式闭幕。

“国中国游”梵蒂冈

I ♥ ROME

梵蒂冈是世界上最小的主权国家，它位于意大利首都罗马城西北角的梵蒂冈高地上。这个国占有0.44平方千米，只有北京故宫的3/5大，是一个典型的国中之国。有趣的是，这个全世界最小的国家，却是8亿天主教徒的精神中心，每年吸引着上百万的游客前来参观、游览。而梵蒂冈的景点也不少，包括圣彼得广场、圣彼得大教堂、梵蒂冈宫和梵蒂冈博物馆等。

梵蒂冈游览中心

地址：Piazza San Pietro，就在面向圣彼得广场左侧的半地下

电话：06-6988-2350

开放时间：8:30～18:30

宗教信仰：天主教

官方语言：为意大利语和拉丁语

货币单位：欧元、里拉

国旗：呈正方形，由金黄色和银白色2个竖长方形组成。传说金黄和银白两色是耶稣12门徒之一圣彼得的2把钥匙的颜色。右侧的白色旗地中，绘有教皇保罗六世的皇徽。

国徽：即教皇徽，是梵蒂冈城国的标志。为盾徽。盾面为红色，其上有2把交叉着的钥匙和一顶罗马教皇的三重冠冕。红色在历史上曾是天主教教堂的颜色；金黄色和银白色的2把钥匙是主给圣彼得（《圣经》中耶稣十二门徒之一）的，象征把天上和地上的一切权力都交给他；三重冠是主教冠和人间的皇冠结合产生的。

交通：前往梵蒂冈可以在罗马的中央车站前的伊诺蒂大街乘坐开往共和国广场的40路快车。在和解大街下，顺着和解大街向前400米左右就可以进入圣彼得广场。

圣彼得教堂

主题特色：富丽堂皇的建筑圣殿

圣彼得教堂位于圣彼得广场的西南面，最初是由君士坦丁皇帝在圣彼得墓地上修建的，于326年落成。16世纪，教皇朱利奥二世决定重建圣彼得天独厚教堂，在长达120年的重建过程中，意大利最优秀的建筑师布拉曼特、米开朗琪罗、德拉·波尔塔和卡洛·马泰尔相继主持过设计和施工，直到1626年才正式宣告落成。现在的教堂是一座长方形的教堂，整栋建筑呈现出一个十字架的结构，造型是非常传统而神圣的。现在的圣彼得教堂不仅是一座富丽堂皇值得参观的建筑圣殿，它所拥有多达百件的艺术瑰宝，更被视为无价的资产。

走廊

走进大教堂先经过一个走廊，走廊里带浅色花纹的白色大理石柱子上雕有精美的花纹，长长的走廊的拱顶上有很多人物雕像，整个黄褐色的顶面布满立体花纹和图案。再通过一道门，才进入教堂的大殿堂。

殿堂

殿堂的宏伟可能会令所有的参观者惊叹，高大的石柱和墙壁、拱形的殿顶、四周色彩艳丽的图案、栩栩如生的塑像、精美细致的浮雕都是一件件的艺术品，彩色大理石铺成的地面也是光亮照人。

屋顶

现在见到的教堂中央著名大拱形屋顶是米开朗琪罗的杰作，双重构造，外暗内明。圆顶廊檐上有11个雕像，基督耶稣的雕像位于中间，廊檐两侧各有一座钟，右边的是格林威治时间，左边的是罗马时间。

形状

整个圣彼得教堂的内部呈十字架的形状，在十字架交叉点处是教堂的中心，中心点的地下是圣彼得的陵墓，地上是教皇的祭坛。祭坛上方是金碧辉煌的华盖，华盖的上方是教堂顶部的圆穹，整个圆穹的周围及整个殿堂的顶部布满美丽的图案和浮雕。一束阳光从圆穹照进殿堂，给肃穆、幽暗的教堂增添了一种神秘的色彩，那圆穹仿佛是通向天堂的大门。

地 Piazza San Pietro 电 06-6987-4466 营 4～9月7:00～19:00；10月～次年5月7:00～18:00 交 在意大利乘坐巴士车在Basilica Di San Pietro站下即可到达

旅游要家点评

圣彼得教堂的几个特色

因为圣彼得教堂占地比较宽阔，因而在参观这座教堂的时候要把握几个重要特色，不然进入之后会不知从何看起。

在教堂大殿下面有5扇门，平常游览一般都入中门，如果遇上重大活动，教徒们就可从右边的圣门进入大殿，不过这需25年才有一次。按规定，每隔25年的圣诞之夜，圣门打开后由教皇领头走入圣堂，意为走入天堂。其他三门分别是“圣事门”、“善恶门”和“死门”。

在圣彼得教堂内部，最惹人注意的雕刻艺术杰作主要有3件。一是米开朗琪罗24岁时雕塑作品，圣母怀抱死去的儿子的悲痛感和对上帝意旨的顺从感在作品中刻画得淋漓尽致；二是贝尔尼尼雕制的青铜华盖，它由4根螺旋形铜柱支撑，足有5层楼房那么高。华盖前面的半圆形栏杆上永远点燃着99盏长明灯，而下方则是宗座祭坛和圣彼得的坟墓，教皇会在这座祭坛上，面对东升的旭日，当着朝圣者举行弥撒；三是圣彼得宝座，也是出自贝尔尼尼之手是一件镀金的青铜宝座。宝座上方是光芒四射的荣耀龛及象牙饰物的木椅，椅背上有2个小天使，手持开启天国的钥匙和教皇三重冠。传说这把木椅是圣彼得的真正御座，后经考证为加洛林国王泰查二世所赠送。

教堂的好玩事

在教堂左侧有由卫兵队的成员，他们身穿的别致制服500年不变，据说也是米开朗琪罗设计的，其手中的长戈是15世纪的产品。游人如果想同卫兵合影留念，他们不会拒绝，但要想从这里进入教皇宫是行不通的。

怎样才能上圆屋顶

如果到了圣彼得教堂，不登一下圆屋顶的话肯定会觉得遗憾。你可以在圆屋顶的售票处也就是圣彼得教堂正面廊柱右边购买门票，再通过这里进入登圆屋顶的通道。圆屋顶虽然有电梯可以登顶，但还是需要爬300多级的台阶，幸好这段路途中有圣像画可以供人欣赏。

需要注意的是，参观圆屋顶与圣彼得大教堂的人非常多，建议早点去参观，如果圆屋顶的售票处排很长的队的话，可以先参观教堂，总之要随机应变。

圆屋顶顶楼同时也是罗马的购物胜地，虽然需要爬很多级楼梯才能到礼品店，但这里的货源很充足，浮雕宝石比任何地方卖得都便宜。

参观教堂需要注意的事情

在进入圣彼得教堂之前，会有人专门检查身上所带的物品，还会检查穿着。因而在参观教堂的时候要注意衣着，如果穿得比较暴露，像穿短裤或者拖鞋、背心等，都会被拒绝入内。而梵蒂冈很多景点都是如此，建议在去的时候穿得稍微正式一点。

此外，由于圣彼得教堂是天主教的大本营，因而在参观的时候要注意自己的言行。

圣彼得广场

主题特色：拥有世界上最大天主教堂的广场

圣彼得广场(Piazza San Pietro)是一个集中了各个时代精华的广场，位于梵蒂冈的最东面，因广场正面的圣彼得教堂而出名。它是由贝尔尼尼设计并于1667年建成的。广场周围成半圆形的长廊里有4列共284根多利安柱式的圆柱，圆柱上面是140个圣人像。中央是一根40年从埃及运来的巨大圆柱，高25.5米，重320吨，据说圣彼得曾被倒挂在十字架上。广场左右两边有2座喷泉，右边是玛德尔诺17世纪时修的，左侧的是贝尔尼尼后来修的复制品。站在圆柱与喷泉之间的白色大理石上看长廊里的圆柱，不可思议的是，4根圆柱看上去只是1根。面向圣彼得教堂的右手侧的建筑物里有教皇的书房。

营 夏季7：00～19：00、冬季7：00～18：00，广场上的珍宝馆开放时间为9：00～18：30、10～次年3月9：00～14：30

交 乘坐巴士到Risorgimento/S.Pietro下车或乘坐有轨电车19路即可到达

旅游耍家点评

- 面对教堂，在圣彼得广场的左侧是梵蒂冈的入口处，有2个卫兵。这些教皇御林军的卫兵必须是瑞士籍的天主教徒，因为当年瑞士的雇佣兵曾经拼死保护过老教皇。
- 每个周日圣彼得广场上都会有天主教徒聚集，等到12：00，随着教堂钟声响起，教皇会在圣彼得大教堂楼顶正中窗口出现，向教徒们发表演说，梵蒂冈的瑞士侍卫队每年5月6日在圣达马索院内举行宣誓仪式，诵念5个多世纪来一直不变的誓词，祈求上帝保佑自己圆满完成任务，为效忠教宗可以献出自己的生命。
- 圣彼得广场的右边和左边靠里面的地方、去博物馆的公共汽车站前这3处地方有邮局，可以买到梵蒂冈发行的各种邮票和货币。当然是要用在意大利通用的里拉来购买。
- 在圣彼得堡广场两侧，有两座造型讲究的喷泉，相传也是各家作品，泉水从中间局上喷射，下分两层，上层呈蘑菇状，水柱落下，从四周形成水帘；下层呈线状，承接泉水成细流外溢，潺潺有声。

梵蒂冈博物馆

主题特色：世界上最早的博物馆之一

梵蒂冈博物馆位于圣彼得教堂北面，原是教皇宫廷。而这个博物馆可以说是世界上最早的博物馆之一，早在5世纪就有了雏形。16世纪时，博物馆与圣彼得大教堂同时扩建，所收集的稀世文物和艺术珍品，堪与伦敦大英博物馆和巴黎卢浮宫相媲美。现在，博物馆拥有12个陈列馆和5条艺术长廊，汇集了希腊、罗马的古代遗物以及文艺复兴时期的艺术精华，大都是无价之宝。

地 Viale Vaticano 电 06-6988-3332 营 4月31日～10月31日8：45～16：45，11月1日～3月31日8：45～13：45

票 12欧元，学生凭学生证及14岁以下的儿童8欧元

庇奥克里门提诺美术馆

主要是18世纪时期克雷芒十四世和庇护六世时期的雕刻作品群，以希腊罗马时代的雕刻最为精彩，名作有《克尼多斯的维纳斯》《沉睡的阿莉亚多尼》《望楼的阿波罗》《劳孔》以及《望楼的躯干雕像》等。

伊突利亚美术馆

以公元前4世纪前的收藏品为主，重要作品有公元前5世纪赤土制的《飞马》、公元前7世纪伊突利亚的青铜《特迪的战神像》、以及公元前4世纪的《黑像式双耳壶》等。

拉斐尔诸室署名室

以拉斐尔在天花所作的板壁画《雅典学园》驰誉于世，这是拉斐尔在25岁左右的作品，4幅主画为：《圣体的争论》《雅典学园》《三大德性》和《帕纳索斯山》；艾略多罗室作品以表现神意和奇迹的主题为焦点，《希略多拉斯的放逐》描绘耶路撒冷遭掠夺的景象，《波塞纳的神奇弥撒》则表现足与提香媲美的色彩光辉；拉斐尔回廊的画作取材于旧约圣经，因此又被称为《拉斐尔的圣经》，回廊内最著名的画作为《波尔哥的火灾》。

梵蒂冈画廊

画廊是梵蒂冈美术馆中较新设置的部门，收藏了许多乔凡尼、卡拉瓦乔、拉斐尔和达文西的作品。其中最著名的有拉斐尔的《基督变容图》、达文西的《圣杰洛姆》和卡拉瓦乔的《基督下十字架》。

西斯汀礼拜堂

这个展厅在宫殿的最里面，是教皇公用的礼拜堂，也是选举教皇的会场。这个长方形的礼拜堂两侧共有12幅壁画，左侧6幅描写以色列救星摩西的生平；右侧6幅描绘耶稣的生平，其中的米开朗琪罗的巅峰画作《创世纪》和《最后审判》是镇堂之宝。《创世纪》为天花板上的天顶画，面积300平方米，由9幅中心画面组成。画中的343个人物，个个都是理想化、英雄化、大力士型的，充分表现了人体的力量美。

旅游耍家点评

跟着不同颜色的线游览

在梵蒂冈博物馆内，地上有几种颜色的引导路线，它是按小时计算路程，最短的是2个小时。因而最好事先规划一下路线，集中在几个主题上。而这个博物馆的展厅主要包括：八角庭院、动物雕塑馆、缪斯厅、圆形大厅、马车厅、烛台陈列廊、壁毯陈列廊厅、地图陈列廊、圣母怀胎廊厅、拉斐尔诸室署名室、博尔戈大火厅、西斯廷教堂、梵蒂冈图书馆和画廊。在参观博物馆的时候，可以在馆内租用Gallery Guide（即配有CD和耳机的导游设备），它可提供给游客包括6种语言在内的丰富而有趣的解说词，包括350多件艺术品的讲解和各个展厅的主要历史等，租用这样1套设备大约花费5.5欧元。

梵蒂冈博物馆的免费日

梵蒂冈博物馆是西欧收费最贵的博物馆之一，而且开馆时间奇短。每个月最后一个周的周日，是梵蒂冈博物馆的免票日，可以节省下来十几欧元，但是在这一天，你可能会见识到你人生中最壮观的一次排队，因而建议早点出发。

● 圣彼得广场

I ♥ ROME

PART 7

玩转罗马全攻略

207-238

玩转罗马全攻略

I ♥ ROME

1 从零开始了解罗马

“永恒之城”的历史

罗马被称为“永恒之城”，在历史上出现于公元前700多年。先是罗马共和国的首都，历时近500年；接着又戴上了罗马帝国的首都荣冠达503年；中世纪，作为教皇国首都长达11个世纪；后来又成为意大利王国统一后的王国首都。在2700多年的历史中，众神让位于上帝，上帝又让位于艺术家。帝国取代了共和国，总统又取代了元首。然而，上帝归上帝，凯撒归凯撒，只有罗马永恒。

罗马城徽是一只母狼照看着2个男孩，这2个男孩就是罗马城的奠基人罗穆卢斯与雷穆斯，而“罗马”这个名字就来自于罗慕卢斯。传说这对孪生兄弟是战神之子，生下来就被抛于台伯河中，由一只母狼抚养成人，最终报仇建城。最早的罗马在台伯河边的七座小山上建立起来，因此别称“七丘之城”。

从城市到帝国

“共和”这个充满现代意味的词，其实在公元前509年就出现了，罗马是世界上第一个共和国。随着国家的日益强大，凯撒以无与伦比

的强势成为罗马的最高统治者，共和制度被元首制度被取代。接下来一系列的战争与征服，罗马的领地跨过欧、亚、非三洲，地中海成了罗马的内海。此时的罗马代表了一个空前强盛的帝国。

帝国时代

凯撒终结了共和时代，但帝国的第一个皇帝却是他的继承者奥古斯都（屋大维）。他开创了罗马兴建大型公共工程的传统，神庙、剧场、水道、浴池，使罗马城的面貌焕然一新，他曾自豪地说："我接受的是一座砖造的罗马城，却留下了一座大理石的城市。"

基督教世界的首都

屋大维之后的千年，罗马都是世界上最适合居住的城市，也是西方世界的中心。耶酥和基督教的诞生粉碎了人们对罗马诸神的信仰，也动摇了罗马统治的基础，罗马帝国开始衰落，光环也日渐黯淡。提奥多西皇帝于392年把基督教定为帝国的国教，使罗马摇身而成为基督教世界的首都。至今保留的宗教建筑和文物古迹，成为游客游览罗马的主要景点之一。

罗马的再生

基督诞生后1500年，古罗马艺术复兴，罗马成了艺术家的圣地。诗人歌颂它，画家描绘它，大师们竞相以最得意的作品来装点它。古罗马时代巨大的公共建筑和文艺复兴时期风格百变的作品交响，罗马终于成了一座真正的露天博物馆。从那以后，罗马虽然不再是权力的中心，但艺术之都的地位却再也没有被动摇过。

罗马的地理和区域

罗马——意大利的首都，位于台伯河下游的丘陵和平原上，是意大利政治、历史、文化和交通中心，同时也是古罗马和世界灿烂文化的发祥地，已有2500余年的历史。它是一座艺术宝库、文化名城，也是罗马天主教廷所在地。罗马是意大利占地面积最广、人口最多的城市，也是世界最著名的游览地之一。东距第勒尼安海25千米，市区跨台伯河两岸，架有桥梁24座。人口约255万（2001年）。亚平宁山脉把意大利半岛分成了东西两部分，亚平宁山脉旁边，是台伯河，罗马位于台伯河流入地中海的海拔最低30千米处。罗马教廷所在地梵蒂冈位于古城区西北角。

约公元前2000年初，罗马人从东北移居于此。公元前8世纪～前4世纪筑城堡，逐步形成早期罗马城。罗马古城酷似一座巨型的露天历史博物馆。在罗马古都遗址上，矗立着帝国元老院、凯旋门、纪功柱、万神殿和大斗兽场等世界闻名的古迹；这里还有文艺复兴时期的许多精美建筑和艺术精品。

罗马的建筑

罗马的建筑具有独特的风格，造型厚重、敦实，线条简单、明快，其中部分建筑具有封建城堡的特征，是教会威力的化身。罗马的大部分建筑都是气势恢弘而富有魅力的，给人以雄浑庄重之感。早在公元9世纪～15世纪，罗马式建筑就开始兴起，并且渐渐成为欧洲基督教流行地区的一种建筑风格，可以说是欧式基督教教堂的主要建筑形式之一。

罗马建筑风格在教堂的盛行

教堂是建立在现实世界之上的神圣空间，是神在人间的宅第，也是人类获取心灵慰藉的神圣之地。因此，对于欧洲信奉基督教的国家来说，教堂无疑是一个时代最好的建筑。罗马建筑风格多见于修道院和教堂，教堂之于罗马就好比神殿之于古希腊艺术。在古罗马时期，宗教信仰强烈，教堂是当时最富有、最具权威且无所不在的机构，这样的历史背景造自然造就了罗马建筑风格在教堂的盛行。

拱门建筑的完美呈现

罗马有很多火山爆发造成的凝灰岩，这些石头的质地很松软，并不是建筑需要的理想材料。因此，公元前3世纪时，罗马人就将火山灰、石灰和凝灰岩的碎片和在一起，发明了一种类似混凝土的材料，同时，用砖装饰建筑表面，为混凝土墙壁提供了内部支撑力，使拱门建筑的建造成为了可能。不仅如此，罗马人还使拱门建筑达到了空前的完美状态，让世界第一次看到了一种巨大的无需支撑的砖石建筑。

高耸云天的巨大柱子

柱子在罗马建筑中的运用可谓到处可见，无论是在广场、剧院，还是神庙、教堂，亦或是别墅、花园里，风格朴素、形状结实的柱子都是不可或缺的建筑元素。在古罗马时期，柱子是一种权力的象征和代表，也是一种对战争胜利后的炫耀；早期的基督教教堂里，柱子更多的是起到装饰的作用；现如今，那些高耸入天的柱子继续装点着罗马的建筑，并成为过去的留存，向人们展示着历史的厚重与深沉。

巴洛克风格

巴洛克建筑是17～18世纪在意大利文艺复兴时期的建筑基础上发展起来的一种建筑和装饰风格，一度在欧洲广泛流行。现代罗马的样子在很大程度上来说，也是由巴洛克风格创造出来的。巴罗克风格的建筑特点是外形自由、追求动态，偏好富丽的装饰和雕刻，喜欢强烈的对比色彩，并且常用穿插的曲面和椭圆形空间。从这点来说，富丽堂皇的巴洛克风格的教堂，不仅能造成相当强烈的神秘气氛，而且符合天主教会炫耀财富和权威的要求。

造型独特的屋顶

罗马建筑的设计与建造都以拱顶为主，以石头的曲线结构来覆盖空间。广泛采用了古罗马的半圆形拱券结构。它一般是在门窗和拱廊上采用半圆形拱顶，并以一种拱状穹顶和交叉拱顶作为内部的支撑。而这些拱顶强有力的外延感往往又被厚实的窗间壁和墙所抑制，厚实的石墙是当时严重的封建割据和频繁的内外战争的时代特点在建筑上的反映。

罗马独特的气候特征

罗马由于地处地中海沿岸，是典型的地中海气候，年平均气温15.5℃，年降水量880毫米。每年4～6月气候最为宜人；7月和8月是最热和最干燥的时期，平均气温24.5℃～24.7℃，降水量14～22毫米，8月的日最高气温可以超过32℃。罗马人习惯在夏日离开炎热的城市出去避暑度假，以前的传统是8月份会停止许多商业活动，但这种习俗正在慢慢被改变，整个夏季罗马市仍旧正常运作，以便迎合日益增加的游客需求和罗马人自己工作习惯的改变；9月中旬至10月是最为晴朗的季节，被称为“罗马的美丽十月天”；10～12月是最潮湿的季节，降水量可达106～128毫米；12月的平均最高气温约为14℃，1月最寒冷，平均气温为6.9℃。

罗马的节日和一些重大活动

无论是具有宗教或历史意义的传统庆典，还是丰富多彩的艺术表演节，罗马总是充满了各种各样的活动。为守护神举行小规模庆祝仪式、使整个生活停转的宗教节日、不断增加的文化财富，无不向我们展示着罗马深厚而悠远的文化底蕴，引领我们更加真切地了解罗马，解读罗马。

新年

时间：1月1日

每年的元旦，罗马人民会纷纷走上街头，燃放烟花爆竹，载歌载舞，以示庆贺。值得一提的是，他们还会在地下陵寝秉烛游行。

主显节

时间：1月6日

主显节（Epifania）也称作三王朝圣节，是为纪念耶稣诞生后三王朝圣的著名活动而进行的庆典活动，一般在罗马最大的广场上举行艺术表演以及宗教演说。

圣约瑟夫节

时间：3月19日

圣约瑟夫节（Festa Di San

Giuseppe）虽不是正式的公共假日，但在罗马却十分流行。临近节日时，城里的蛋糕店里就会堆满叫做“bigne Di San Giuseppe”的蛋糕。节日时，一般会搭起小摊供应Fritelle（油酥面）。

复活节

时间：3、4月

复活节（Procession of the Cross）前一周的周五晚上，罗马人会在教皇的带领下到古罗马大斗兽场秉烛游行，在罗马圆形大斗兽场举行弥撒。在复活节周一，罗马人会去城门外，带上乳酪面包、蛋等食物享受节日。

杜鹃花展

时间：3月末4月初

每年当杜鹃花开的时候，西班牙广场的台阶上会用大簇的粉色杜鹃花装饰，节日气氛在杜鹃花中绽放，因此便称为杜鹃花展（Mostra Delle Azalee）。

罗马生日

时间：4月21日

罗马人民对自己的城市有着不同寻常的感情，罗马生日（Rome's Birthday）就是为了庆祝公元前753年罗马的奠基而举办的。这天，所有的文物古迹和各种展馆都会免费开放，各种宏伟建筑灯火通明，到处充溢着热闹欢快的节日气息。

五一音乐会

时间：5月1日

五一音乐会（Primo Maggio）在这天，由工会组织，14:00～23:00，一些最重要、最受人们欢迎的歌手和乐队将在圣乔凡尼广场举行传统的音乐会。

Birth of John the Baptist

时间：6月23日～24日

节日当天，会有许多人在拉特拉诺的圣约翰大教堂周围庆祝礼教徒约翰的生辰，搭建起特别的售货摊，还有许多美味的Porchetta可吃。

Festa De'Noantri/Festa Di Noantri

时间：7月第3周

这是传统的纪念工人阶级的节日，庆祝以纪念Madonna Del Carmine的游行开始，接着举行两周的艺术活动和街头表演。这个庆典以特拉斯特维莱为中心，最早还有美食、酒和舞蹈助兴，不过现在渐渐失去了原味。

Festa Della Madonna Della Neve

时间：8月5日

该节日是为纪念352年8月5日的那场传奇的降雪，节日当天，罗马人民会向在圣母玛丽亚大教堂做弥撒的人群身上抛撒玫瑰花瓣。

圣母升天日

时间：8月15日

圣母升天日（Ferragosto）当天，会举办盛大的8月节舞会（Gran Ballo Di Ferragosto）。城市的许多广场都将举办不同类型的专业舞蹈表演，音乐由现场演奏，公众也被邀请加入到舞蹈中来。人民广场是活动的中心。人们要在8月节前后度假，避过在一年中最热的时候。

Roma Europa Fesitival

时间：9～11月

这是罗马最富生命力的表演艺术节，上演的节目包括具有民族特色的音乐、舞蹈和戏剧，对于具有国际声誉的演出要提前很早就预订。

纳沃纳圣诞市场

时间：12月8日～次年1月6日

纳沃纳圣诞市场（Mercato Di Natale a Piazza Navona）的开办，是受从中世纪流传至今的传统的驱使。开办期间，大量货摊拥入纳沃纳广场，售卖玩具、糖果、节日装饰物，并且有街头艺术家表演，直到1月6日收市。

罗马经济水平

自从第二次世界大战以后，罗马就成为意大利最重要的经济中心。罗马的GDP在意大利各城市中位居第一位，占意大利全国GDP的6.7%，并以每年4.4%的速度继续增长，这在整个意大利也处在最前列。

如今的罗马拥有多样化而且充满活力的经济，包括国家管理、旅游业、服务业、科研、通信和个体经商业。旅游业是罗马的支柱产业之一，市内有众多的博物馆包括梵蒂冈博物馆、Borghese美术馆、Capitolini博物馆等。作为一个工业城市，罗马的工业产业集中在传统的纺织品和旅游纪念品，以及食品、医药、机械、造纸和冶金等新兴的行业。此外，罗马凭借良好的气候条件和保存完整的历史建筑，也成为影视业的重要基地，如《不设防城市》（罗伯托•罗塞里尼导演，1945年）、《罗马假日》（威廉•惠勒导演，葛雷哥莱•毕克与奥黛丽•赫本主演，1953年）、《平民天后》（希拉里•杜芙主演，2003年）等，都在这里取景拍摄。罗马同时也是银行业、电子工程工业和航空业中心。众多国际企业和组织将总部设在罗马，比如联合国粮食及农业组织、联合国国际农业发展基金会、联合国世界粮食理事会和联合国世界粮食计划署等。

2 去罗马旅游要办哪些手续

我国公民赴罗马旅游，需要办理一些相关的出入境手续，但是这些手续大体与到其他国家相差无几。

办理护照

旅游护照是发放给公民的普通旅行护照证件，16岁及16岁以上者有效期为10年，15岁及15岁以下者有效期为5年。

申请护照需要到本人户口所在地的公安局的出入境管理处办理，程序主要有：

1.填写中国公民因私出国（境）申请表——此表可以到各派出所、公安局出入境管理处网点领取，也可以到公安局网上下载。

2.提交申请——提交申请时要携带下列的材料：

A.本人户口簿原件及B5规格复印件（复印件提供首页、户主与本人页即可）、身份证原件与B5规格复印件、变更页及居民身份证的复印件；

B.填写完整的中国公民出入境申请表原件；

C.符合要求的彩色照片2张（护照专用照片（最好去公安局出入境管理处指定照相馆拍照，数码照片无效）；

3.领取护照。

公安局出入境管理处受理申请后，审批、制作和签发护照的时间是5个工作日。护照时，须携带本人身份证或者户口簿、护照回执和200元工本费。凡在回执上标明取证日期3个月后没有领取证件的，公安局出入境管理处将予以销毁。如果是找他人代领，需要携带《因私出国（境）证件申请回执》、本人身份证、护照申请人身份证复印件到出入境管理处领取护照。

若想选择快递上门，须在办理护照当天凭因私出国（境）证件申请回执到出入境管理处内的邮政速递柜台办理手续并缴纳快递费。快递范围以当地出入境管理处的规定为准。

小贴士 TIPS

✪ 在办理护照时，需要一些小的技巧。首先你需要穿一套整洁、体面的服装，在回答问题时要口齿清晰、简明扼要。

不过需要注意的是，即使你准备了完整的资料，也并不保证申请人能够获得签证。因为在办理的过程中，很可能会因为材料不清楚、不准确、不真实或其他方面的原因，要求申请人补充相关材料时请给予配合；凡申请过移民或非移民签证的客人，无论申请是否被批准，都要如实说明；申请人提供材料务必要详尽、真实，因申请人提供虚假资料导致拒签或引起的其他问题，责任由申请人本人负责。

办理签证

中国公民前往罗马之前，必须持由中国公安部颁发的有效护照，去中国国内的意大利大使馆、总领事馆等办理签证申请。在申请签证之时，根据入境目的不同，办理手续及提交的材料有所不同。意大利签证分国家签证和申根签证2类，国家签证又分为家庭团聚、工作、学习和再入境签证，而申根签证则分为旅游、访问、商务、过境签证等。

申请意大利旅游签证须知（须带材料）：

1.有效护照及复印件（护照须在签证后至少具有3个月的有效期）

2.签证申请表并附证件照片1张

3.往返机票预订单或机票

4.酒店确认单（整个行程）或者意大利担保人的担保信（原件）及担保人的身份证

5.资金证明（信用卡或旅行支票原件），在申根国家逗留每天至少50欧元

6.申请人户口簿复印件

7.申请人在职及准假证明（中国公司用公司抬头纸书写的英文信函，须有公章和签发证明信的负责人签名，以及公司地址、申请人职位、薪水等）

8.银行存折（原件和复印件）

9.境外保险，最低保额3万欧元（原件及复印件，必须在申根国家有效）

其他辅助材料有：

1.房产证、行驶证（如有）（复印件）

2.退休证（复印件）

3.结婚证（复印件）（当申请人和担保人已经结婚）

4.出生证（原件和复印件），须翻译成意大利语并被中国外交部认证（当担保人是申请人的子女）

5.工资条（原件和复印件）

意大利驻中国使领馆

使（领）馆名称	地址	电话传真	签证时间
意大利驻中国大使馆	北京市东城区东水井胡同5号北京Inn，2组团A座，9层A区，A901至919室	010-85327600 010-65324676	签证咨询时间：周一至周五14:30～15:30 签证处对外开放时间：周一至周五9:00～12:30
意大利驻上海总领事馆	上海市西藏中路336号华旭国际大厦21层	021-63901803	周一至周五8：00～15：00
意大利驻广州总领事馆	广州市城河区林和西路1号广州国际贸易中心3楼A-2单元	400820557	周一至周五9：00～11：30，周二和周四14：30～15：30

旅行前最好办一份保险

海外旅行人身伤害保险

在外地遭遇事故或者生病的时候，有1份海外旅行人身伤害保险就不用过分紧张了。海外旅行人身伤害保险是自愿加入的，保险期限一般是从购买保险进入旅游景点和景区时起，直至游客离开景点和景区。特别提醒的是，如果是跟着旅行社前往旅游地的话，一定要明确自己是否已获得此项权利。

保险的种类

海外旅行人身伤害保险，首先基本的合同是人身伤害保险（死亡、后遗症、医疗费用），另外还有作为特别合同的疾病保险（医疗费用、死亡）、赔偿责任保险（旅行中损坏物品、对别人造成伤害时支付）、救援者费用保险（本人遇到事故时作为别人救援的费用）、行李保险（旅行途中行李被盗、损坏时支付）等。

加入保险的明智方法

一般的海外旅行人身伤害保险，采用包括以上所有项目的组合形式，价格根据旅行时间长短和各个项目的保险金额不同。

最近使用信用卡提供的海外旅行人身保险的情况有所增多，但是这种情况下很少包括所有保险项目，因此建议单独加入保险。只要向旅游代理公司咨询，他们会提供明智的加入保险的方法的。

3 了解点罗马交通

罗马交通概况

罗马以地铁、巴士及出租车为主，也有专为观光客设计的市区观光巴士、马车和汽车服务等服务。由于市区多数街道狭小，路旁又停满了车辆，因此意大利人多使用迷你型轿车。市内单行道很多，在8:00 ~ 15:00，是交通的高峰时刻，连找出租车都不易；因此一般观光客游罗马，最好的办法就是步行，也只有走路才能仔细地观赏历史在罗马所留下的斑斑足迹。

罗马航空

罗马有2个大型机场，分别为费米齐诺机场（Fiumicino）和罗马洽米皮诺机场（Ciampino）。费米齐诺机场原名为达·芬奇机场（Da Vinci），始建于1961年，因机场位于小镇费米齐诺而得名，距离罗马市中心32千米，是意大利最大的飞机场，机场以国际航班为主，现已开通了与北京和上海之间的直飞航班。该机场有A、B、C3个中转站，提供超过100多家航空公司的服务。罗马洽米皮诺机场始建于1916年，距离市中心15千米，从2005年开始的机场扩建工程，以满足日益增长的乘客量，预计于2014年完工，机场现在主要运营欧洲及国内航班。费米齐诺机场和罗马洽米皮诺机场的指示牌都是意英双语的。

从机场到罗马市内

从费米齐诺机场和洽米皮诺机场到达市中心，可选择出租车、机场大巴、火车、巴士车等交通工具。

乘出租车

白色出租车为已得到机场授权的，从费米齐诺机场到罗马市中心出租车的参考费用为40欧元。

乘机场巴士

入境后，航站大厦右侧的巴士站，有一种深蓝色的Acotral专线巴士，全天候来往于机场和市中心的特米尼火车站（Stazione Termini）之间，5:00～6:30每半小时1班，6:30至午夜每15分钟1班，午夜至早上5点则每小时1班，行车时间约50分钟，票价9.5欧元/人，方便乘客到达罗马市内。另外费米齐诺机场和洽米皮诺机场之间已开设直达的巴士，价格在6.5～17欧元。

乘火车

从费米奇诺机场到罗马中心火车站有直达火车 Leonard Express，出关之后只要顺着“TRENI”的指引信号就能顺利地找到去市中心的火车站台。火车中间不停站，每 30 分钟 1 班，直到罗马主火车站特米尼火车站，票价为 9.5 欧元左右，30 分钟路程。可以在自动售票机器和柜台买票。火车站就在售票处的旁边，没有列车员，也没有任何入口的栏杆，所有人都是买了票就直接上车的，但记住在上车前要在站台上一个黄色的盒子里打一下卡，否则会被当作逃票。也有每站停靠的列车，从机场到蒂伯提那车站（Tibutina），全程约 40 分钟，全程票价 5 欧元。机场出发运营时间是 6:27 ～ 21:27，每 30 ～ 60 分钟 1 班，蒂伯提那车站出发运营时间是 5:36 ～ 20:36，每 15 ～ 60 分钟 1 班，21:36 ～ 22:36，每 30 分钟 1 班。沿途分别停于特拉斯特维雷（Trastevere）、奥斯汀塞（Ostience）、土斯克拉那（Tuscolana）。

罗马火车站

在整个大罗马市内共有5个火车站，但是一般提起罗马火车站，指的就是位于市中心的特米尼火车站（Stazione Termini），其余均被视为地方性的停靠点。特米尼是意大利国内和国际列车的主要交通枢钮，也是仅次于费米齐诺国际机场的外籍旅客集散点，整日人潮不断。

小贴士 TIPS

✪ 乘火车是在意大利旅游的最佳选择之一，但要注意意大利的火车出了名的误点，晚间乘车时必须格外留意。1张二等舱的3天火车通票大约140欧，26岁以下或2人以上同行，便宜至20欧元左右。

中央火车站（特米尼车站）

从意大利境外开来的火车，只在车内检查一下护照就算完成了入境手续。如果是夜间行驶的卧铺列车，由乘务员将护照提前收来保管，还在睡觉时入境手续就办完了的情况也是常有的。Termini在意大利语中是“终点”的意思，特米尼车站是根据墨索里尼的构想，用大量的大理石与玻璃建成的现代化车站。在5号站台前有旅游服务中心。沿左右两边的站台分别有行李寄存处、候车室、厕所。检票口旁边是小卖部、兑换处、酒吧、餐厅等等，再向前走是售票处和预约座位的窗口，它对面排列着自动售票机，背后是国家铁路问询处，左边是货币兑换处，非常方便。

通过正前面的玻璃可以看到五百人广场及广场上橘色市内巴士的总站——大巴士候车室和出租车乘车

处。沿着有M标志的楼梯到地下，就是可以乘地铁A、B线的地铁站。到市区最便捷的方法就是乘坐中央车站的直达列车，通常每小时1班，也可以乘坐列车到特拉斯特维莱、奥斯汀塞、土斯克拉那，晚间有通宵巴士开往土斯克拉那站。

市内交通

罗马的巴士系统由巴士、电车、地铁、城铁、近郊铁路等组成，车票通用，单程票在75分钟内可以自由换乘，但是地铁和近郊铁路只能搭乘1次（不出站转乘只算1次）。

车票

在车站和烟店都可以买到。单程票1欧元，使用时要将车票插入自动验票机打印时间。日票4欧元，三日票11欧元，周票16欧元。

地铁

罗马有2条地铁线路：橘色的A线和蓝色的B线，在特米尼车站交汇。地铁的标志是红底白色M符号，非常醒目。罗马的地铁设施在欧洲算比较简陋的，车厢外布满涂鸦，喜欢的人可能会觉得很波普。运行时间：5：30～23：30，周六延长至凌晨0：30，车次频密。

重要站点：

A线：Ottaviano（梵蒂冈），Spagna（西班牙广场），Barberini（威内特大道），Repubblica（共和国广场），S Giovanni（拉特拉诺•圣乔凡尼教堂）。

B线：Colosseo（圆形斗兽场、古罗马广场），Circo Massimo（卡拉卡拉浴场）

另外，罗马市区内还有城铁、国铁线路和站点，可以前往郊区。

巴士

橘色的市内巴士行驶时间是5：30～24：00，线路很密集，几乎涵盖整个市区。116、117路电车在古迹密布的市中心环线行驶，因为不排放废气，所以行驶线路可以非常靠近古代遗迹。夜间巴士行驶时间是0：10～5：30，编号上标有字母“N”。罗马还有一种蓝色的旅游巴士，团队游客必须乘坐这种巴士，票价比一般巴士贵，但直接到达景点，省时省力。

热门线路：

23路：由圣天使城堡沿台伯河往南，至特拉斯提弗列区的波特赛门；56路：由特拉斯提弗列区的Sonnino至威尼斯广场；64路：由特米尼车站至威尼斯广场和梵蒂冈（特别当心扒手）；75路：由特米尼车站至威尼斯广场和特拉斯提弗列区；85路：San Silvestro广场至Via Corso大道、威尼斯广场、圆形斗兽场、古罗马广场；90路：卡拉卡拉浴场至威尼斯广场；118路：古阿匹亚路至San Callisto墓窖、卡拉卡拉浴场、圆形斗兽场。

出租车

罗马正规的出租车都是白色或黄色的。在罗马街头很少看到空驶的出租车，在机场、火车站、景点和市中心的一些广场上有固定停车站。也可以电话预约，但车费要从出发地算起。车费：起步价2.33欧元，其后以0.11欧元的幅度增加。22：00～次日7：00起步价4.91欧元，周日、节日起步价3.36欧元，大行李每件1.04欧元，外环高速路1.29欧元/千米，内环0.78欧元/千米。

4 住在罗马感受风情

罗马住宿情况概览

罗马作为旅游热门城市，拥有种类、档次齐全的各种旅馆酒店，古老宫殿改造的奢华饭店和贵族宅邸改造的雅致旅馆各有特色；连锁经营的大酒店现代化设施齐全方便；小型的家庭旅馆舒适温馨；青年旅馆经济实惠；还有风格各异的特色酒店。因此游客需要比较各住宿区域的优缺点，再根据自己的实际需要，选择适合自己的住宿类型。

罗马的住宿服务都相当完善,不太需要担心没有地方住。但是在夏季等旅游旺季时最好还是提早酒店预订酒店。

当你入住房间时，要确认一下房门上贴的价格表与打听到的价格是否一致。双人房中只需1张床时，一般规定价格最多增加双人房价格的35%，这也最好问清楚。另外房价中包含早餐时，如果不需要，可事先通知店方，一般可以把早餐费退还。如果在住宿上产生纠纷，可以向旅游局（地址：Via Parigill 电话号码：48899253）申诉。可以说英语，那里会采取相应的措施。

在特鲁米尼车站的售票处附近有一块显示牌，上面有饭店、旅馆的空房情况和地址以及地图。这对于那些准备找饭店的旅客来说很方便，但是信息不准确的情况也比较多。另外，在车站内的问询处，不太忙时也提供住宿预约的服务。其他提供便宜的住宿信息的有为学生服务的旅行社CS（地址：Via Genova 16号）和 Relazioni UniVetsitarie（地址：Vi Palestro 11号)。

便宜的旅馆集中在特鲁米尼车站周围的 Via Montebello、Via Palestro、 Via Castefidardo，以及Via Princlpe Amadeo一带。从特鲁米尼车站中央大厅的左边出来，眼前是有巨大的吹喇叭者雕像的麦尔撒拉大街Via Marsala，隔着琴库埃欠特广场是波尔托鲁诺大街Via Volturno，这条大街后面有很多便宜的旅馆。这一带上午有市场，要买食品也很方便。尽管提着沉重的行李去乘坐拥挤的巴士和地铁很麻烦，不过到了梵蒂冈周围、托拉斯特维勒点波拿广场一带也能找到便宜的住宿处。

另外，以还规定有季节价格。一般而言，旺季是3～11月，淡季是11月末～次年2月。如果标L，就表示淡季是3万5000里拉，旺季是4万5000里拉。

顶级酒店

Exedra Boscolo Hotel Rome

Exedra属于Boscolo Luxury Hotel集团，238间客房全部都可欣赏优美的市区景观，无论客房或套房，都有华丽的布置和非常大的空间。Boscolo Hotel Exedra获权威旅游杂志《Conde Nast Traveler》评选的“2003年世界80佳酒店”之一。它位于罗马中心，附近即是3世纪的Diocletian浴池，靠近由米开朗琪罗设计的圣玛丽亚教堂，另外，离威尼托大街（Via Veneto）和西班牙台阶都非常近。接受信用卡VISA、JCB等。

地 Piazza Della Repubblica 47 电 06-4893-8012 交 地铁站Flamino和Spagna 都在步程内。由Termini火车站乘出租车只需数分钟。 价 双标间275欧元；高级双人间293欧元；豪华双人间363欧元

Aleph Boscolo Hotel Rome

拥有96间客房，设计上结合20世纪30年代到40年代意大利折中风格（Eclectic style）以及时尚极简风格， 全部客房皆备有现代化舒适和先进技科设备。接受信用卡VISA、JCB等。

地 Via San Basilio 电 06-422-901 交 驾车走Roma Nord出口，跟随往Via Salari，Centre，Via Veneto的方向指示，当经过美国领事馆后，右转入Via San Basilio。从火车站可乘出租车需5分钟或步行15分钟；从机场乘出租车需45分钟，收费约50欧元。乘火车到Termini站35分钟，车资约4欧元。可由Hotel Concierge安排豪华轿车接送。 价 双标间275欧元；高级双人间297欧元；豪华双人间363欧元

Grand Hotel Plaza Rome

位于罗马市中心，交通便利酒店客房宽敞典雅，各种服务齐全，采用古典的布置风格。这里曾经是好莱坞电影的场景，接待过教皇和皇室贵族。

地 Via Del Corso 126 电 06-67495 交 地铁站Flamino和Spagna 都在步程内。由Termini火车站乘出租车只需数分钟。

价 双标间265欧元；单人间230欧元；豪华双人间370欧元

Bernini Bristol Hotel Rome

建于18世纪，经过全新装修，酒店兼具古典魅力和现代化设施。还备有旧式的家具和装饰，客房环境雅致，气氛舒适幽雅。

地 Piazza Barberini 23 电 06-488-3051 传真：06-482-4266 交 乘坐地铁A号线至Barberini Fontana Di Trevi站下车即可到达 价 双标间275欧元

家庭旅馆

Hostel Alessandro Downtown

价格合理，服务人员热情，会提供给旅客一些在罗马游览的秘诀和忠告，因此这里被称为“真正的背包客天堂”。

地 Via C.Cattaneo 电 06-4434-0147 传真：06-4938-0534 网 www.hostelsalessandro.com Email：downtown@hostelsalessandro.com 交 乘坐有轨电车5、14路至Piazza Vittorio Emanuele即可到达 价 旺季带洗浴的双人标间90欧元/晚，无洗浴室的双人标间70欧元/晚；淡季带洗浴的双人标间56欧元/晚，无洗浴室的双人标间46欧元/晚

Casa Olmata

坐落在中央车站与斗兽场之间，在大阳台上可以观看罗马全景。旅馆拥有单人房、双人房、三人房及多人宿舍式房间。提供早餐，也有厨房，有气体火炉和微波炉，可以自己动手做饭。房间内可以上网。

地 Via Olmata 36 电 06-483-019 传真：06-486-819 网 www.casaolmata.com 交 从特米尼火车站左出口前往Giolitti 大街，在第一个路口处右拐来到Via Gioberti路，顺着 Via Gioberti路直走到圣玛丽亚马焦雷教堂，穿过广场继续直走到达Via Dell'Olmata，旅馆就在右手边。价 114欧元/间起

玛格丽达旅馆 Magelida

由一位上海人经营的，房间的布置有温暖的感觉，是除了那些上下铺的便宜旅店外，一个更安全的选择。女主人从事欧洲导游工作多年，会热情的给旅行者提供建议。

地 罗马唐人街。在火车站内，寻找去飞机场方向的25-29号站台沿着站台走到底，大约5分钟，可以看到2个黑色大楼，下楼出火车站，看见左手方为一黑色室内停车场，右边大楼唱片公司小鸟标志。沿Via Mamiani大街向前走，右边第二栋楼阳台下面大木门即是。

电 06-2240-2211 传真：06-495-8883

网 www.tangsinn.com Email：margherita@tangsinn.com 价 20欧元/间起

罗马家庭旅馆Rome Family House

这是一家华人旅馆，室内干净，整洁。有夫妻房间和男女房间。夫妻房间50欧元每天（包早餐和晚餐），男女房间20欧元每人每天（包早餐和晚餐）。在罗马火车站26站台有电话亭，客人可以打电话给旅馆。

地 位于罗马火车站附近，步行5分钟左右 电 06-700-0770

网 www.romafamilyhouse.com 交 乘坐有轨电车5、14路至Principe Eugenio/Manzoni下车即可到达

青年旅舍

罗马青年旅舍Foro Italico-AF Pessina

这家青年旅舍靠近台伯河畔，有334张床，地理位置比较优越，6～9月全天开放。

地 Viale Delle OlimpiaDi 61 电 06-3236-267 交 可乘A线地铁至尾站Ottaviano下车，再转32号巴士 价 18欧元/人

Ostello Della Gioventu Foro Italico

这是一家罗马最大的青年旅舍，就在奥林匹克体育馆附近，有300多个床位，从早上7：00营业至午夜。这里的服务很周到，老板态度也很友好。

地 Viale Delle OlimpiaDi 61

电 06-323-6267

网 www.ostellionline.org

交 乘坐巴士32、69、224、280路即可到达

价 床位和早餐18欧元/人，午餐、晚餐9欧元

特色酒店

Mecenate Palace Hotel

酒店由2个相连的建筑组成，经过重建后保持了建筑的旧日辉煌外貌和浪漫的内部。酒店有62个房间，并配备有全景的屋顶花园和私人停车场。它位于罗马的历史中心，距离广场，大剧场和歌剧院几步远，带有方便的公共交通到购物和商业中心如Barberini，Bissolati，Condotti和西班牙台阶梯。容易到达Fiumicino机场，靠近Termini中心火车站。支持信用卡付款。

地 Via Carlo Alberto 3 电 06-4470-2024

交 乘坐有轨电车5、14路至Napoleone III 即可到达

价 双标105欧元/间

Eurostars International Palace

酒店坐落于Via Nazionale中间，拥有117间客房。它位于罗马的心脏位置，离Termini中央火车站只有几百米，靠近共和国广场，这里有地铁站，十分方便。酒店是公务和旅游寻找住宿地的极佳场所，主要购物、文化和娱乐地点都在步行距离之内。酒店为19世纪末的建筑，采用文艺复兴式风格，翻修后将古典幽雅和现代结合在一起。支持信用卡付款。

地 Via Nazionale 46 电 06-4893-9960

交 乘坐地铁A、B号线至Termini站下车即可到达

价 标间70欧元/间

Hotel GlaDiatori

酒店小巧、独特而幽雅，酒店离竞技场只有几步，在这里会感觉回到了历史中，透过客房的玻璃就能俯视整个罗马帝国的变迁。酒店共有17间客房。友好的服务、丰富齐全的内部配备和独特的大理石所营造出来的温馨气氛令人难忘。支持信用卡付款。

地 Via Labicana 125 电 06-7759-1385

交 乘坐有轨电车3路至Labicana即可到达

价 390欧元起

Hosianum Palace

28间精致典雅卧室设备优良，气氛舒适写意。早餐在设有拱顶天花板的惬意厅房供应。不过夏天的时候，早餐服务会在5楼阳台供应，旅客可以欣赏Piazza Venezia的陶醉景色和罗马屋顶。邻近大堂的酒吧更可让旅客在典雅优美的环境中，享受众多类型的出色佳酿及小吃。

地 Via Dei Polacchi 23 电 06-697191 传真：06-6971-9604 交 乘坐有轨电车8路至Argentina站下车西行288米即可到达 价 100欧元起

Hotel Pantheon

酒店采用古董的布置风格，娱乐设施齐备，还有小型酒吧。位于罗马中心，距离万神殿很近，数个街区外便是纳沃纳广场、许愿泉池、西班牙台阶和罗马闻名的购物区。

地 Via dei Seminario 87 电 06-699-0294 交 乘坐有轨电车8路至Argentina站下车南行546米即可到达 价 200欧元左右

Hotel Lancelot

酒店的地理位置优越，早餐丰富，还有迷人的酒吧和客厅，共7层61间客房，可以在夜晚欣赏灯光笼罩的罗马圆形斗兽场。

地 Via Capo d' Africa 47 电 06-7045-0615传真：06-7045-0640 交 乘坐有轨电车3路至Labicana站下车向东北行192米即可到达 价 单人间56欧元，双人间88欧元，含早餐。

Residenza ZanarDelli

这家酒店坐落在Piazza Navona 北面19世纪广场上，老式的铁栅栏门电梯会把你带到这个只有1层的酒店，这里的主人像个建筑师，把房间里搞得全副武装：不仅有空调、电视，粉色大理石装饰的走廊里还陈列着新古典主义雕刻家Antonio Canova的浮雕作品。

地 Via Giuseppe ZanarDelli 7 电 06-6821-1392传真：06-6880-3802 网 www.hotelnavona.com 交 乘坐有轨电车8路至Argentina站下车南行748米即可到达 价 单人间和双人间都是85欧元

特别提示 TIPS

✪这一地区酒店的旺季是9月、10月和圣诞节期间，而从复活节到6月，酒店价格会下降10%～15%左右。尽管如此，住酒店的时候还是不要忘了试试讨价还价。如果不喜欢嘈杂喧闹，最好避免住在1层酒吧附近的客房。

住宿提醒 TIPS

✪礼仪：不能穿睡衣出房间

洗澡：意大利厕所都没有排水孔，洗澡时要把浴帘或淋浴门拉好，防止水溢出。

水龙头：在意大利，热水标志为C（Calda），冷水标志为F（Fredda）

旅店名片：无论你选择哪种类型的旅店，记得拿张旅店名片，如果迷路可按照名片地址返回。

5 吃尽罗马的特色美食

毋庸置疑，罗马是一个美食之城，2000多年的辉煌历史让这座世界名城汇聚了世界各地的美食。但既然到了罗马，就让我们暂时忘却其他吧，这里的美食足以满足任何挑剔的味蕾。和任何一个旅游城市一样，罗马有很多餐厅以旅游客人为主要对象，当地人很少光顾。要品尝正宗的当地美食，就要选择坐满当地人的餐厅，这些餐厅多集中在纳沃纳广场、费奥里广场和特米尼车站东侧的罗马大学，以及沿台伯河和特拉斯特维莱区。比萨饼和通心粉是意大利最著名的美食，单通心粉就有几百种，配上意大利人精心烹制的各式酱汁，十分美味。另外，意大利的面包、葡萄酒也同样享有盛誉。还有其他特色美食如Culash、StruDel、Cuscusu都值得尝试。意大利饮食中最重要的原料是番茄、洋葱、大蒜、深海鱼、橄榄油。罗马人最爱的料理包括面食（Pastas）、加入蛋、培根、胡椒的意大利面、Gnocchi Alla Romana等，而最受欢迎的主菜为小羊肉拌火腿与鼠尾草。典型的意式菜肴有意大利菜汤、肉末通心粉、比萨饼、红花米饭、馄饨、奶酪局通心粉等。而且身处在为全世界创造美味冰激凌的意大利首都罗马，你到处都可以品尝到最美味且最有特点的冰激凌。

罗马特色美食推荐

意大利面

意大利面几乎是意大利美食的代言人。面条是用当地硬小麦磨出的面粉制成，其蛋白质含量比一般的小麦高约50%，营养丰富且口感很有韧性。

据统计，意大利面仅形状就有400种之多，颜色也是红、黄、黑白、绿五彩缤纷，酱汁更是数不胜数。不仅每个地区都有独特口味，就是每个家庭也有自己的独门秘方。意大利人充分而大胆地运用大自然赐予的一切原料，又发挥了全部的天才想象力，把一盘面做到了登峰造极的地步。而且罗马人总是偏爱浓墨重彩的风格，即使是简单的番茄酱面也要拌进辣椒。

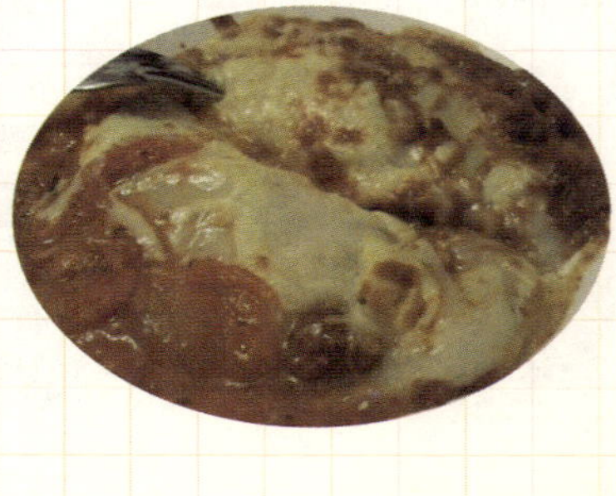

肉酱千层面

罗马当地的特色。喜欢加菲猫的朋友要注意了，这肉酱千层面

就是加菲的最爱啊！将宽幅的意大利面以一层面一层馅料（经常是碎肉、肉酱及奶酪）相叠数层后，再淋上肉末酱，放入烤箱中烘烤。配以蛋黄皮和自制番茄酱，肉的浓香和奶酪的香味成就了其不容动摇的“招牌地位”。

小牛肠番茄面

肥肥的、软软的小牛肠加上番茄酱炖煮，配笔管型的面条，口感滑嫩，香味浓郁。

羊乳酪面

浓浓的辣椒番茄酱，大量的羊乳酪和皮科利诺干酪，非常实惠、非常痛快的一盘端上来，只不知道那热辣的风情能否消受得起?

意大利比萨饼

比萨严格说来只是意大利薄饼的一种，不过却是最著名的一种。按意大利人的说法，比萨的面皮中含有许多植物纤维和碳水化合物，能让人活力迸发。而从营养的角度出发，比萨中的主料乳酪可以预防骨质疏松症，番茄能抗癌降脂、增强免疫力，比萨确实是健康食品。

传统的意大利比萨分薄皮和厚皮2种，罗马是“薄派”的代表，不但薄，而且脆。以前的食客都是将比萨折起来拿在手上吃，这至今是鉴定比萨手工优劣的依据之一。

比萨店：比萨以前多作为晚餐吃，现在白天也营业的比萨饼餐厅增加了。在特米尼车站周围和人多的地方，你肯定能找到某家速食比萨饼店将招牌上的Pizza Rustica写成al taglio，柜台里陈列着诱人的比萨。选择你喜欢的一种，叫服务员称算一下，买了当场就可以吃。不过通常要在拥有砖窑的、烧木材的店里品尝比萨，才能尝到最地道的美味。

在比萨专卖店里可以只点比萨和饮料，也可以配上烤蔬菜、酸菜之类的配菜。切记吃比萨要喝啤酒而不是葡萄酒，冰镇啤酒加热腾腾的比萨，才是地道的意大利吃法。

什锦比萨

罗马比萨的代表，原意是“反复无常”，除了正中央的蛋之外，每家店的材料都不一样，果然“饼”如其名。

意大利通心粉

通心粉源于意大利。传说在18世纪，那不勒斯城附近的一家经营面条和面片的店主叫马卡•罗尼。一天，罗尼的小女儿在玩耍时把面片卷成空心条并晾于衣绳上。罗尼将空心面条煮熟后拌以番茄酱，结果大受顾客欢迎。此后，罗尼兴建了世界上第一家通心粉加工厂，并以自己的名字为通心粉命名。于是这种“马卡罗尼”面食便渐渐传遍了欧洲和世界许多地方。

目前，通心粉已成为与比萨、意大利面同样家喻户晓的美食，来了罗马千万不要错过噢。

面包浓汤

意大利乡村面包浓汤，是以南瓜为主材料，用鸡汤做底料，是罗马很地道的特色菜肴，发展到今天，也有用牛肉、羊肉等汤汁做底料的。浓汤中最大的功夫就在于面包粒，用烤箱烤过，并覆盖了香草和奶酪的面包粒，与浓汤搭配在一起，实在美味。

蒜蓉烤面包

到了罗马，一定要尝尝Bruschetta这种蒜末烤面包。它是一种加了盐、蒜，还抹上橄榄油的一种面包。这种美味只有在意大利才能品尝得到。如果在这里面再加上番茄末，罗马人把它叫做Bruschetta Con Checca，非常美味，绝对可以作为食欲的催化剂。

冰激凌

意大利冰激凌大体可分4类。

意式冰激凌 Gelato以鲜牛奶为原料，配以各种水果，是意大利冰激凌最为传统的一款。

雪芭 Sorbetto纯鲜水果，不含牛奶。在正式的西餐中，每道菜之间都会提供柠檬雪芭，据说是用作清除上道菜的余味及提高味觉，以更好地品尝下一道菜的美味。

乳酪冰激凌 Yogurt：由新鲜酸奶制成，口感滑腻，还可帮助消化。

大豆冰激凌 Soya Gelato：无糖无奶，不含胆固醇。对于既要保持苗条、又难以抗拒冰激凌美味诱惑的人来说，也许是聊胜于无的选择吧。

意式咖啡

罗马拥有意式最经典的咖啡，一般一小杯有细小泡沫的浓香咖啡，放很多砂糖，不加奶就开始喝，这是罗马人喝咖啡的习惯。也有用汤匙舀沉淀在杯底的砂糖舔吃的人。

卡布奇诺：这款十分著名，是用蒸气加热，有泡沫加牛奶咖啡。有时上面还撒上可可粉。

咖啡拉蒂：是意大利版的牛奶咖啡。

卡摩米拉：是意大利人常用的香茶。对于轻微的头痛、腹痛、安眠很有效。

斯普来穆特：如果要补充旅途中不足的维他命,可以尝试喝点这个。罗马几乎所有的餐厅、酒吧都有这种咖啡提供 。

6 在罗马购物的独门秘笈

罗马可谓算得上是个购物天堂，在这里不仅有最具时尚潮流的品牌服饰、珠宝首饰等奢侈商品，还有平民化的商业区得以满足大部分人的需求。在这里，你可以找到物美价廉，性价比极高的商品，而且它的质量也是可以保证的。还有就是，罗马的大型百货商场并不是很好的选择，那些简易的小店反而往往能让你淘到心仪的宝贝。每年的年初的1个月和7～8月这两段时节是各个店商品大减价的时间。但是请注意不要在周日和周一的上午来购物，因为此时间商店都不营业的。若是想购买节日装饰物、糖果、玩具等新鲜有趣的小玩意可以在12月～次年1月份去纳沃纳圣诞市场购物。至于那些免税商店就更是不能错过啦！总而言之，在罗马购物，会是一种很好的享受，定让你不虚此行！

罗马购物地区推荐

孔多蒂街

在西班牙广场与波波洛广场之间的孔多蒂街（Via Dei Condotti）是罗马最有名的精品购物大街。许

多设计大师的品牌都在这里汇集，如LV、Max Mara、Gucci、Prada、Burberry、Armani、Versace、CK、Bvlgari、FenDi、Montblanc、Banana Republic、Giovanni Valentino等等，许多在国内认知度还不高的品牌在这里也都能一网打尽。孔多蒂大街和与其平行的波尔哥尼奥纳大街（Via Borgognona）、弗拉提纳大街（Via Bocca Di Leone）上组成了罗马的黄金购物区域，波尔哥尼奥纳大街是仅次于孔多蒂大街的专卖名牌服饰的商业街。Dolce & Gabbana、FenDi、Ferre、Givenchy 与Versac 在这里都有专卖店。还里连同附近的西班牙广场形成一个集中的购物区域，Frette、Mission 与Krizia也都在这里能够找到。

梵蒂冈地区

梵蒂冈地区的科拉迪里恩佐大街（Via Cola Di Rienzo）和奥塔维亚诺大街是罗马人最中意的购物中心。前者科拉迪里恩佐大街上布满了一家家的品牌精品店，是喜爱奢华，追逐潮流的人们不可错过的地方；而后者奥塔维亚诺大街则更趋于平民化，是普通罗马青年人休闲购物的场所，这里每家店铺都给人以亲切感，在这么轻松的环境下购物，肯定是一种很好的享受。

罗马的特色购物推荐

品牌服装及珠宝

罗马是时尚之都，到处充斥着世界著名品牌服饰，有些品牌奢侈品在罗马的售价还比较合理。布尔加里（Bvlgari）的珠宝、路易威登（Louis Vuitton）、芬迪（FenDi）都是不错的选择。

意大利面

意大利面食意大利人创造出来的精品美食，直到现在也是意大利人的主食。游览了意大利的首都罗马，怎能不带点当地的特产呢？况且意大利面一包只相当于人民币10元左右，并不太贵。

巧克力

这里的巧克力70%的成分都是可可，不但好吃，最主要的是不用担心发胖。想品尝美味又担心身材走样的美女们还在等什么？

古董古物

罗马2000多年的历史积淀留存了大量珍贵的古董古物，而且罗马有很多古董和跳蚤市场，在这里收集一些旧书旧画，也是很有收藏价值的。

罗马购物的小技巧和注意事项

退税

在罗马购物，在罗马同一家商店消费到155欧元，即可退10%～12.5%的税，下面是退税的一般步骤：

第一步，在商店内索取免税支票

要求服务员给你1张“免税支票”，然后请售货员在该免税支票上，准确地填上你的地址（城市、街道、门牌号）和你的护照号码，并把所购的每件物品在免税支票或发票上详细写明。若是写在发票上，售货员必须把发票粘于支票下面的附单上（发票不允许移开)，售货员也会在免税支票上写明你能得到的返还金额。为了避免在出边境时产生问题，记得把免税支票始终与发票一起保存。除了免税支票，你还得同时索取1张现款支付点的一览表（例如，免税信封）。

第二步，在海关出示物品与免税支票

当你准备直接离开欧盟国家时，必须在出境前把所购物与免税支票一起提交给边境海关，海关将出境印章盖在免税支票上，作已出口证明。

第三步，在机场出示印章和机票

向海关官员出示海关印章和欧盟之外国家的机票，证明你将直接离开欧盟而没有较长时间的中途停留，这时就可以把购买的物品放进箱子托运了。需要注意的是，为了有充足的时间输退税的有关手续，至少应该30分钟时间。

第四步，领取退还现金

在得到海关印记后，你可到欧洲免税商店的现金支付处，在那里，你即可取得现款，并得到你所希望的货币。在欧洲所有重要公路的边境处、客轮和机场上，都设有欧洲免税商店的现金支付部门。

需要注意的是购物和出口的间隔时间不能超过3个月，也就是购物日期和海关盖章日期的间隔时间不允许超过3个月。

特别提示 TIPS

✪ 期限：购物和出口的间隔时间，也就是购物日期和海关印记日期的间隔时间，不允许超过3个月，实际上，这是由你购物月份的月末算起的。这就是说，假如你是3月1日购买的，只要你在6月30日前把物品带出境，就能退到增值税。在你得到出口证明(海关印记)后，应立即在欧洲免税商店提交免税支票。不过基本上，欧洲免税商店都愿意支付3年内的支票。

注意营业时间

罗马商店的营业时间是9:00～13:00，16:00～20:00。周日和周一的上午几乎所有的商店都不营业，不要弄错了时间白跑一趟。

购物礼仪

1.罗马人在进入商店时都要跟店家打招呼，如果你想要得到更好的购物咨询或者想砍价时，那你进店之前先打声招呼则是必要的哦。早上说“早安”（Buongiorno），下午就说Buoan sera，这是午安的意思，离开时说再见（Arrivederci）

2.在罗马的商店，售货员1次只服务于1名顾客，建议你在人多的时候保持耐心，售货员只会在送走上一名顾客后才会为你服务。

3.买东西时，特别是买瓜果蔬菜时，最好不要随意乱摸，这里不像国内可以挑来挑去，最好直接告诉对方你需要什么。

7 罗马的特色娱乐

身处罗马，即使你只是坐在马路边上随意看看，就是一种很好的娱乐方式。罗马2000多年积攒的历史底蕴，不是一朝一夕就能体会完的。除了这种，在罗马的休闲娱乐方式也是五花八门，听戏剧、歌剧、看电影、泡酒吧、夜总会，或者是在比赛日欣赏一下罗马2支意甲劲旅的雄姿，都能让你感受到在罗马旅游的乐趣。

罗马的特色娱乐项目

聆听古典音乐会

罗马拥有浓厚的音乐艺术氛围，不失为一个聆听古典音乐会的好地方。Parco Della Musica音乐馆集新颖的建筑与完美的音像于一身，是一极具现代气派的建筑群。罗马的许多教堂市场举办免费音乐会，尤其是在复活节、圣诞节和新年时分。位子往往是先来先得，表演通常相当不错。有关节目的信息可查询报纸和各类指南列表。

罗马两大古典音乐机构是AccademiaDi Santa Cecilia和Accademia Filarmonica Romana。前者负责组办整年的节目，以单个作曲家的短期会演为其特点。Santa Cecilia乐队时常有世界级演奏大师加盟，在Parco Della Musica音乐馆或者夏天的时候在朱利亚公园上演精彩的表演。

Alexanderplatz

这个灯光昏暗，烟雾缭绕的地方完全符合对它的定位：罗马城里位居榜首的大众爵士乐娱乐场所。晚上时常演奏现场音乐，而且往往都是大牌演奏家，有意大利本地的，也有来自国外的。7、8月份，该俱乐部搬迁到Villa Celimontana，以庆祝Celimontana爵士节，这是罗马夏季最受人欢迎的节日之一。地址是Via Ostia 9，电话是06-3974-2171。

Parco Della Musica音乐馆

由意大利顶级建筑师Renzo Piano设计，这个音乐馆包括3个音乐主厅以及能容纳3000人的圆形露天看台。在3个主厅中，最大的是拥有2800个作为的SantaCeDilia厅，它是SantaCecilia乐队的主场。前往该音乐馆可从弗拉米尼奥大型露天广场坐2号有轨电车或者从特鲁米尼车站乘坐M线巴士车。M线巴士车的运行时间为17:00到最后一场节目结束之前，每隔15分钟运行1班。

罗马奥林匹克体育场

罗马奥林匹克体育场同时是罗马队和拉齐奥队2支“意甲”劲旅的主场，而拥有2支意甲球队也成为罗马人最为自豪的事情。每当比赛日到来，罗马队或是拉齐奥的球迷都会蜂拥赶往罗马奥林匹克体育场去支持自己喜爱的球队，特别是每年的“同城德比”，罗马与拉齐奥之间的较量更是吸引了所有罗马球迷的眼光，如果能在比赛日亲临奥林匹克体育场，即使作为游客也会非常激动吧！

8 罗马旅行必须知道的那些事

货币

意大利早期货币为“里拉”，1991年1月1日起，欧元作为新的货币在包括意大利在内的11个“欧元区国家”正式使用，并于2002年1月1日正式取代“欧元区国家”的货币。现在，罗马通用欧元。欧元用“€”表示，其纸币有5、10、20、50、100、200、500欧元等7种面值，尺寸和颜色各不相同。每种面值的纸币都显示一个欧洲建筑时期、一张欧洲地图和欧洲旗帜。欧元硬币有1分、2分、5分、10分、20分、50分，1元，2元等8种面值。欧元硬币除了有一面是相同的外，每个国家的欧元硬币另一面都不相同。意大利的欧元硬币另一面图案按面值分，分别是：1分/普利亚的蒙特堡，2分/都灵的安托内利尖塔，5分/罗马斗兽场，10分/画家桑德罗•波提切利的画《维纳斯的诞生》里的维纳斯头像，20分/波丘尼的未来主义雕塑《空间连续的独特形体》，50分/古罗马雕像《马可》/奥勒留骑马像，1元/达・芬奇的《维特鲁威人》，2元/画家拉斐尔所画的《但丁头像》。

截止到2011年11月3日，欧元与人民币的汇率为：1欧元=8.6907元人民币，1元人民币=0.1151欧元。

现金建议带小面额的欧元

意大利是一个信用卡普及的国度，一般购物、吃饭、住宿都使用信用卡。但在某些场合，还是会用到现金，如购买车票、给服务员小费都需要用到欧元。由于大的交易都会使用信用卡，因而携带现金的话，只需要携带小面额的现金，如1欧元、2欧元的面额。

兑换欧元，可以在国内的银行兑换，如果想到当地换的话，需要先在国内把人民币换成美元或者英镑，再到当地换成欧元，因为人民币在欧洲地区无法兑换欧元。为了避免麻烦，还是到国内兑换好比较好，而金额不要超过300欧元，最大面值不要超过20欧元。

信用卡最方便

前往意大利旅行，如果使用信用卡，不仅可以省去兑换货币的麻烦，也可以避免使用大量的现金，有很大的好处。

旅行支票也一样管用

旅行支票很像现金，具有良好的流动性，并能永久有效且无时间的限制，另外，旅行支票的购买和使用手续费低廉，它也不像信用卡那样会受到通信状况制约。最重要的是，旅行支票有多种币种选择，避免了汇率的损失。而购买了旅行支票，须本人在支票上签名，兑换时，只需再次签名即可，签名的笔迹必须上下相同。

目前，全球通用的旅行支票品种有运通American Express、VISA以及通济隆Thoma Scosk等，而印有中行字样的上述旅行支票能够在世界各地800余家旅行支票行兑行兑换，也可在各国的大商铺和宾馆、饭店直接使用。

邮政通信

●通信

1.从中国打到罗马

先拨国际冠码00，再拨意大利国家代码39，再拨区域号码以及电话号码。

拨打方法	国际冠码	国家代码	区域号码	电话号码
打一般电话	00	39	罗马06	电话号码
打手机	00	39	无	电话号码

2.从罗马打回中国

需要注意的是，意大利在不同的城市拨打电话收费的标准不一样，一定要问清楚，不然，电话费也会花费一大笔钱。建议在便利店或者机场购买“国际电话卡”，然后按照卡片上的指示拨打电话。此外，意大利还有一些公用电话可以先打电话后付费的，比较便宜。

拨打方法	国际冠码	国家代码	区域号码	电话号码
打市内电话	00	86	10（北京）、20（上海）	电话号码
打手机	00	86	无	国际直拨手机

小贴士 TIPS

✪中国的手机以及号码可以带到罗马使用，你只要在国内开通国际漫游便可以，不过费用不便宜，发1条短信就需要2元人民币。如果在意大利呆的时间比较久，可以在意大利购买当地的手机号码，比较实用。

3.从罗马打到罗马本地

从罗马打电话到罗马本地，与在中国打本地电话没有什么区别，都是先拨区域号码，需要注意的是周日 23:00 至次日 6:00 这个时候的电话费用比较低。

●邮寄

意大利邮政局一般从周一至周五开门 (8:30 ~ 12:30，14:30 ~ 17:30)，周六半天营业 (8:30 ~ 12:00)。主要的邮政服务有支付收费单，邮寄明信片、信件、包裹、电报、传真和挂号件，还有一些邮政银行服务。

到意大利邮寄东西，记住一定要寄特快或是航空带保险和签收的，否则的话，丢了就找不到的。因为意大利的邮局是出了名的散漫，邮寄速度也是非常不靠谱，所以没有特别的事情，还是自己把东西带回家比较保险。

不可不知的罗马风俗

必须了解的社交礼仪

罗马人在路上见面一般是握手或简单打个招呼，如果是称呼大学毕业生，要加上他们通用的头衔。罗马人在进行商业会面时要提前安排，但不一定准时，赴宴迟到是常事。因为意大利人的时间观念都不强，特别是出席宴会、招待会等活动时，经常迟到。他们晚到15 ~ 20分钟是很平常的事。如果迟到时间过长，他们常常会说：“交通太拥挤了，真是对不起。”。

罗马的男士都很有绅士风度，女士会受到尊重，在各种社交场合，这种优势就更明显了，宴会时，要以女士为先，只有女士先动刀叉进餐，先生们才可用餐。进出电梯时，要让女士先行。在意大利，交谈的话题一般有足球、家庭事务、公司事务以及当地新闻等，避免谈美式足球和政治。罗马人非常热情，因而会邀请你去他家做客，这时你最好别拒绝，因为这在罗马人看来是很不礼貌的行为；到罗马人家做客，特别是逢年过节，一般要带礼物。礼物可以不贵重，但讲究包装。当然，罗马人也很喜欢商务性的送礼，如果你去旅游，又刚好认识几个意大利人，可以带一点小礼物去，他们会很喜欢的，不过，千万不要触犯了禁忌。

打喷嚏也有讲究

在罗马，如果有人打喷嚏，旁边的人马上会说：“萨尔维！”意思是说：“祝你健康！”究其根源，是因为欧洲人十分害怕感冒，在欧洲发生过重感冒致死的事情，所以人们特别小心，最好不要感冒，如果

有一点感冒，希望马上就好，此外，当着别人打喷嚏或咳嗽，被认为是不礼貌和讨嫌的行为，所以本人要马上对旁边的人表示“对不起”。

不可不知的禁忌

罗马忌讳“13”和“周五”，认为“13”这一数字象征着“厄兆”，“周五”也是不吉利的象征。而对“13”和“周五”的不祥预兆起源于1307年10月13日、周五这一天。据说，这一天罗马教廷的教皇和法国国王联合执行了一条对圣殿骑士团的秘密处决令。圣殿骑士们因为被说成是异教徒而被判处死刑，失去了他们长期以来所拥有的权利。基督教大长老雅克•德沐莱被捕，他死前受尽了折磨，最终被钉死在十字架上。但也有传说认为是起源于基督教徒的信仰，即“13”是最后晚餐中聚会的人数，餐桌上第“13”个人也恰巧是叛徒犹大。

罗马忌讳菊花，因为菊花是丧葬场合使用的花，是放在墓前悼念故人和扫墓时用的。因此，人们把它视为“丧花”。因而送鲜花的话，切忌不能送菊花，如送礼品，也切忌不能送带有菊花图案的礼品。在送其他鲜花的时候，注意要送单数，但“13”这个数字一定要避免，红玫瑰表示对女性的一片温情，除恋人外，其他人不能送。此外，罗马忌讳用手帕作为礼品送人，认为手帕是擦泪水用的，是一种令人悲伤的东西。所以，用手帕送礼是失礼的，同时也是不礼貌的。罗马还忌讳别人用目光盯视他们，认为盯着别人是对人的不尊敬，可能还有不良的企图。在与不认识的人打交道时，忌讳用食指侧面碰击额头，因为这是骂人“笨蛋”、“傻瓜”。还忌讳用食指指着对方，讲对方听不懂的语言，这样做造成的后果将不可收拾。

必知的手势

罗马人热情、开朗，谈问题一般都单刀直入，不拐弯抹角。在谈话的时候，表情和手势往往很丰富。因而，你要去罗马，一定要懂得几种常见的手势，不然，会错意、表错情就出问题了。

罗马几种常见的手势是：

1.用大拇指和食指围成圆圈，其余三指向上翘起，表示“好”或“一切顺利”；

2.竖起食指来回摆动表示“不”、“不行”；

3.耸肩摊掌，有时还加撇嘴，表示“不知道”；

4.用食指顶住脸颊来回转动，意为“味道鲜美”；

5.五指并拢、手心向下、对着胃部来回转动，表示“饥饿”；

6.用食指侧面碰击额头，是骂人“笨蛋”、“傻瓜”。

小费

同其他西方国家一样，在意大利住旅馆、吃饭以后都要付一定的小费；付多少则视情况而定，一般住高级旅馆小费可多付一些，如果在旅馆住宿，通常每周给打扫的女工5欧元。坐出租车则不一定要特别给小费，把车钱凑成整数就行了。

付小费的方式有2种，一是直接给服务员，二是留在餐桌或客房中适当的地方。在咖啡馆酒吧，一般酒台上会放着专给你放小费的小盘子或存钱罐。

尽量避免的问题

1.天黑后，尽量不要只身前往的罗马火车站，因为在这个时段这里是臭名昭著的犯罪高发区。

2.在罗马尽量不要使用腰包。罗马的许多街头、地铁站和广场都是扒手泛滥的地方，他们最喜欢的就是这种游客放在视线内的包包。

3.在罗马开车不会让你变得更快捷，反而会成为你的烦恼，大部分旅游景点你是不能开车进去的，而且找停车位也是一件很伤脑筋的事儿。而且罗马人开车很疯狂，要小心。

4.不要把钱包放在后面的口袋里，特别是在巴士上。如果带有相机或包包尽量放在胸前。

5.一定要当心三五成群、看起来像心怀不轨的人。他们以吉普赛人为多，这些人的招数都差不多，比如其中的某个人会手持报纸、小商品或其他东西挡住你的视线，或跟你大吵大嚷以转移你的注意力，另外2人会分别拉住你的胳膊，然后明目张胆地在你的口袋中大肆搜刮。

6.租房时最好选择楼下设有管理员的公寓，以保安全。

7.有些歹徒会乔装成警察、宪兵，借检查之名窃取被害人财物。这时一定要认清此人身份，切不可随便让其搜查物品。

健康指南

在旅行途中，因为种种原因会遇到水土不服等各种情况和一些生病的麻烦，因此要事先掌握一些急救的措施和手段，避免意外的情况发生。

如果你需要紧急的医疗服务，可以直接拨打急救电话，如果是头脑发热的小病，可以到药局买药，就跟在国内药店一样，只要你叙述一下症状，就能购买到一些小药品。

在罗马，除了标有“非饮用水”（Aqua Non Potabile）标志外，其他水都能喝。食物多半很安全，不过吃没有煮熟的海鲜是比较危险的。

如果突然出现牙疼等紧急状况，要去医院看牙医，那最好做好心理准备，因为罗马多数牙科医生是私人的，所以费用比较高。

海关检查

入境

进入罗马时，旅客在个人行李中携带的消费品可免关税，但此类物品不得具有贸易进口性质，其总价值不得超过175欧元。15岁以下未成年人携带物品最高限额为90欧元。

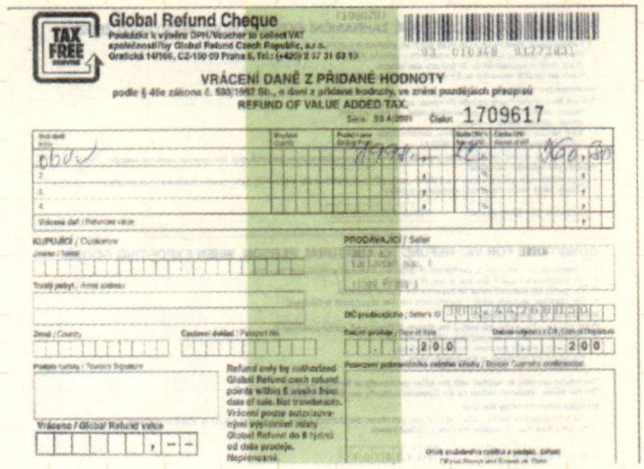

另外对某些特定商品（酒类、烟草等），旅客可携带的免税商品数量限制如下：

1.烟草类：可携带下列四项中的一种

（1）香烟200支

（2）卷烟（每支重量不超过3克的雪茄）100支

（3）雪茄50支

（4）烟草250克

2.酒精饮料类：可携带下列两项中的一种

（1）超过22° 的蒸馏、酒精饮料或纯度超过80%的非变性酒精1升；

（2）等于或小于22° 的蒸馏、酒精饮料，开胃葡萄酒，香槟，烈性葡萄酒2升以及低度葡萄酒2升。

3.香水类：香水50克清新剂250毫升

4.咖啡类：可携带下列两项中的一种（1）咖啡500克；（2）咖啡精或浓缩咖啡200克。

5.茶类：可携带下列两项中的一种（1）茶叶100克（2）茶精40克

上述物品不被计算在175欧元的免税物品中。

如果旅客进入罗马时携带的物品超过了上述规定的限制，应向海关申报；超出免税额的部分应当缴纳关税。

出境

罗马对出境商品无任何价值限制，但应遵守目的地国的有关规定。

凡居住在非欧盟国家的旅客在罗马购买的商品享有减免增值税优惠，但需满足以下条件：

1.商品价格在155欧元以上（含增值税）；

2.商品仅供个人或家庭使用，并携带在旅客的个人行李中；

3.商品发票上写明商品的名称、旅客的个人资料及其护照或其他旅行证件的详细情况；

4.商品在购买之日起3个月内离开欧盟区；

5.旅客应将申请减免税的商品及发票一并送至欧盟海关出境办公室，该办公室会在发票上加盖海关签证（Visto Doganale），以证明该商品将出境；

6.经加盖海关签证的发票在商品购买之日起4个月内退还给零售商；

7.退税时需本人当场签字领取现金。

减免增值税的商品不一定由旅客随身携带出境，也可通过航空公司托运至目的地。在这种情况下，运输公司会给旅客开具一份航空运输证明（LTA）。

办妥托运手续后，海关出境办公室在核实以下情况均属实的条件下，才会加盖海关签证：

1.航空运输证明与商家开具的发票对商品的描述一致；

2.商品的寄件人与收件人一致；

3.航空运输证明与商家开具的发票上注明的旅客本人的身份资料（护照或其他同等效力的证件）一致。

由于退税手续繁杂，现在有专门的公司负责办理减免增值税业务，可即时办理，退还现金，旅客则不必亲自将发票退还商家。当然这些公司将从退还给旅客的增值税里抽取一定比例的佣金。另外在贴有退税服务（Tax Refund）的商店购买商品可直接要求商家开具退税单，这样就可以直接在海关签字领取现金。

掌握一些简单的意大利语

在旅馆：

一晚上多少钱/Quanto costa per una notte?

包括早饭吗？/Inclusa la colazione?

有（安静点的/便宜点的）房间吗？/Avete una camere(tranquilla/meno cara)?

能看看房间吗？/Posso vedere la camera?

好的。就这个房间吧/ Va bene.Prendo questa camera

我想住（3个晚上/1周）/Vorrei rimanere(3 notti/una settimana)

吃饭：

今天晚上预定两个人的位子。/Vorrei prenotare per 2 persone per stasera.

我们有4个人，有空桌吗？/Siamo in 4 avete una tavola libera?

今天晚上 20:00 预定两个人的位子。/Abbiamo prenotato per 2 persone alle 8.

购物：

我正在寻找适合这件衣服的外套。/Cerco una giacca che vada bene con questo vestito.

这件我不喜欢。/Questa non mi piace.

多少钱？/Quanto costa?

这里可以用信用卡支付吗？/Qui si fa CASH SERVICE con la carta Di creDito?

健康：

最近的药店在哪里？/Dov，e la famacia piu vicina?

我（头/胃/牙/肚子）疼。/Ho mal Di(testa/stomaco/denti/pancia).

我发烧/感觉冷/拉肚子。/Ho febbre./Ho freddo/Ho Diarrea.

我身体不舒服，请找医生。/Sto male.Mi chiami un meDico，per favore.

我想找讲英语的医生给我看病。/Vorrei un meDico che parla inglese.

附录

I ♥ ROME

罗马旅行实用及应急电话

罗马应急电话			
名称	电话	传真	备注
中国驻意大利大使馆	06-841-3458	06-8535-2891	地址：罗马布鲁塞尔路56号 工作时间：周一至周五 9:00~12:00
救护车	118		
火警	115		
报警	112		
公路急救	116		
海上急救	1530		
罗马警察局	39667691		

罗马服务电话		
名称	电话	备注
罗马观光局办事处	06-488-991	
罗马火车站	06-4890-6300	工作时间：8:00~21:00
费米西诺机场	06-6595-6074	工作时间：8:00~21:00
罗马出租车	06-6645或06-4994	
罗马城市交警	06-67691	